JN028363

法の世界へ

第9版

池田真朗・犬伏由子・野川 忍・
大塚英明・長谷部由起子［著］

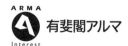

ARMA
Interest
有斐閣アルマ

第9版　はしがき

　本書は，1996年3月の初版以来，幸いに多くの読者の好評を得て，2000年3月の第2版，2004年3月の第3版，2006年2月の第4版，2012年3月の第5版，さらに2014年10月の第6版，2017年3月の第7版，2020年3月の第8版刊行を経て，全国で100校以上の大学・短期大学で教科書採用される実績を積み重ねてきた。

　しかし，社会の国際化，電子化，高齢化などの進展や，家族観や取引観の変化は，多くの分野で法改正の動きを一段と加速させている。常に最新・最良の情報を提供することが本書の責務と考える私たちは，初版から満27年となるこの機会に，第9版を刊行して読者の便宜に供することにした。

　内容の主な改新点は以下のとおりである。まず第1章では，事例をアップデートして成年年齢引き下げへの対応をより具体的に記述し，第2章では，クーリングオフが2021年の特商法改正によって書面だけでなく電子メールやアプリ等でも可能となったことを明記した。第3章では，Business ethics（企業倫理の重要性）や賃金のデジタル払いについて紹介し，データを更新した。第4章では，再婚禁止期間の規定の削除や，同性婚カップルについての裁判例（憲法違反とするものとしないもの）の紹介，夫婦別姓に関する判例，離婚後の共同親権や養育費の履行確保などについての検討を加えている。第5章も全体的にアップデートし，*Column*「株式の価値」「総会屋」を追加している。第6章では，2022年の民事訴訟法改正

に関連して，*Column* に「裁判におけるウェブ会議利用」を追加し，新設された「法定審理期間訴訟手続」について解説し，訴状のインターネット提出が可能になったことにも触れている。第7章では，⑨「個人情報の保護」で個人情報保護法の改正（2020年）があったことを紹介し，⑭「コンピュータ社会と法」では，マイナンバーカードの普及手段を紹介し，さらに本文中に「IT化社会からDX化社会へ」の記述を追加した。

これらの加筆・修正によって，本書はまた，さらに多くの読者をわかりやすく「法の世界」にいざなうための装いを整えられたと思う。今後も私たちは，法改正に合わせ，また世の中の動きに合わせて，常に最適な情報を提供し，この四半世紀を超えるロングセラーとなった「信頼され親しまれる入門テキスト」の座を守り続けたい。

第9版の出版にあたっても，旧版と同様，有斐閣書籍編集部の藤本依子氏と島袋愛未氏に大変お世話になった。記して深く感謝する次第である。

2023年2月

著 者 一 同

　人生において，「出会い」は大切なものである。人との出会いはもちろんのこと，書物との出会いも，また重要である。

　皆さんは，今後，あるいはご自分の専門でない法律学に関係する本をほとんど手にしないかもしれない。それならばなおさらのこと，この「たった一冊の本」で，法律学とよい出会いをして，「学んでよかった」「興味が持てた」「役に立った」というような，よい思い出を作ってほしい。私たちは，そんな気持ちで本書を執筆した。

　本書は，主として法学部以外の学部で教養科目（総合教育科目）あるいは教職課程設置科目として法学を学ぶ人たちのテキストとして書かれたものである。しかし同時に，広くこれから法律の学習をはじめようとする人たちが独習する入門書としても適するものになっていると考える。

　本書は，読者を魅力のある「法の世界」へ楽しくいざなうために，そして同時に大学の法学テキストとしての適性も高められるように，以下のような特徴を備えている。

　①他の法学テキストにない大きな特徴は，本書の全体の内容が，大学生諸君の日常生活や，諸君が経験し，また将来経験していくであろう出来事を追って構成されていることである。具体的には，日常生活の中での契約やアクシデントの話にはじまって，アルバイト，就職，結婚などの話，そして，会社の話，訴訟の話と続いているの

である。したがって，読者諸君は個々の項目について身近な実感を持ちながら学習でき，無駄なく必要かつ有益な知識を得られるだろう。

②本文も豊富な例示や設例を使ってわかりやすい説明がなされているが，その例にも大学生諸君が登場する。読者は，これは僕のこと，私のこと，と思えるような例に出会うだろう。また，角度を変えて問題を見たりエピソードに触れたりする*Column*や，少し細かい説明をつける コメント など，記述が平板にならないような工夫もこらしてある。

③本書は，読者の生活に密着した法学テキストとなるよう，民事法中心の法学入門という内容になっている。本書で学べる法律は，法学部の科目名でいえば，民法（総則，物権，債権，親族，相続）をはじめとして，労働法，商法，民事訴訟法，消費者保護法などである。

④一方，各大学の総合教育科目あるいは教職課程科目の「法学（憲法を含む）」のテキストとしての適性を失わないよう，第7章に「法学フラッシュ」という章を置いて，ここで伝統的な法学で講義される内容や，憲法についての基礎的な内容を記述している。従来から，法学部生のための法学テキストでは，いわゆる法のしくみや概念，分類，解釈方法などを記述する部分が中心となっていたが，これは法律学を専門に学ぶ学生諸君にとっては詳細に学習すべき内容ではあるものの，他学部生にとっては法学を実感のないつまらないものと感じさせていた部分であることは否めない。そこで本書ではこの部分を一章に圧縮して，（いわばフラッシュニュースのように）

見開きで短く学習していけるように工夫したのである。本章は同時に，憲法や刑事法など，第6章まででであまり触れられなかった分野の導入的紹介にもなるであろう。

　本書をテキストとしてお使いになる先生方には，上に掲げた私たちの意図をご理解いただき，さらによりよい教育効果をあげるために，それぞれの学生諸君のニーズに合わせて適宜講義の中で解説を補足していただければ幸いと考えている。またそれぞれの大学のカリキュラム，講義時数によっては，本書の一部の章のみをお使いになることも可能となるよう，各章の導入部にそれぞれの工夫をして，章ごとにある程度の独立性を持たせてある。本書をより良く，またより使いやすいものとしていくために，お気づきの点はご助言をいただきたいと思う。

　本書の成るにあたっては，有斐閣書籍編集部の藤本依子，中條信義，中村曜子の三氏に大変お世話になった。本書は，藤本・中條両氏の優れた企画に，著者一同のアイディアを重ね合わせてできたものである。三氏に対してここに心からの感謝の意を表したい。

　1996 年 1 月 10 日

著 者 一 同

本書を読む前に

[1]　法律を学ぶ際には，手元に『六法』（法令集）は欠かせない。『六法』といっても6つの法律だけがのっているわけではないし，かといってすべての法令が収録されているわけでもない。大小さまざまな『六法』がいろいろな出版社から出されているが，必要最小限の法令がのっていて，小型で手に入りやすい『六法』をいくつか紹介しよう。ただし，法律というものは，社会の動きに従って頻繁に変わるものなので，『六法』も年版となっていることに注意してほしい。

　・『ポケット六法』（有斐閣）

　・『デイリー六法』（三省堂）

　・『法学六法』（信山社）

　　最後の『法学六法』は初学者用で前二冊よりも掲載法文は少ない。

[2]　本文中では，名前の長い法令は，通称で示してある。例えば，正式には「特定商取引に関する法律」という名前の法律を，本文中では簡単に「特定商取引法」としてある。もっとも，読者が『六法』で条文にあたりたいと思ったときに，さほど手間取らないように省略したつもりである。

[3]　索引は，単に項目を50音順に並べるという通常のものとは異なり，近接・対峙・包含関係にある概念をまとめて置くようにした。

法律をはじめて学ぶ読者が，調べる際に索引をよい手掛かりとして
ほしい。

4 読みやすさ・わかりやすさのために以下のような工夫をした。

　　　　　　：本文を読む際に具体例をイメージしながら読み進めて
　　　　　　　もらえるよう，適宜設例を置いた。

　ゴシック：法の世界におけるキーワードや，覚えてほしいポイン
　　　　　　　トを，太字で示した。なお，見出しの言葉は本文中では
　　　　　　　太字にしていないが，これもキーワードであると思って
　　　　　　　読んでほしい。

　　←　　：本文中で補足的な説明をする際に小活字で示した。

　コメント：少々専門的と思われる説明などを，欄外にコンパクト
　　　　　　　にまとめた。

　Column：知っておくと得する豆知識や，法の世界から社会をみ
　　　　　　　るために必要な基礎知識などを，気楽に読めるように短
　　　　　　　くまとめた。

（→　）：学習の便宜を図るため，関連する説明などの参照して
　　　　　　　ほしいところを，文中にできるだけこまめに示した。

目　次

著者紹介 (執筆順)

池田真朗 (いけだ まさお)
　1949 年 5 月 11 日生まれ
　1973 年　慶應義塾大学経済学部卒業
　1978 年　同大学大学院法学研究科博士課程修了
　現在, 武蔵野大学法学部教授, 慶應義塾大学名誉教授
　　第 1 章, 第 2 章, 第 7 章 ⒁ 執筆

〔読者へのメッセージ〕
　私が法の世界に入るきっかけとなったのは, 経済学部 2 年生のとき
の教養科目としての法学の授業でした。人々が契約によって自分の
意思で作る法律関係の面白さに引かれたのです。現在までの研究は
民法の中の権利の移転の問題, とくに債権譲渡をメインテーマにし
ています。実務に正しい方向性を与える民法理論を構築するのが目
標です。読者の皆さんには, 本書を読んで法律学の面白さを知って
いただけたら幸いです。ちょうどあの頃の私のように。

野川　忍 (のがわ　しのぶ)
　1955 年 4 月 24 日生まれ
　1979 年　東京大学法学部卒業
　1985 年　同大学大学院博士課程単位取得
　現在, 明治大学大学院法務研究科教授
　　第 3 章執筆

〔読者へのメッセージ〕
　国際労働法の構築と, 雇用に関する法体系の再構成をめざしていま
す。皆さんへのアドバイスは 1 つ。社会人になってから, 「学生時代,
もっと遊んでおけばよかった」などと後悔することはまずありませ
ん。ほぼすべての卒業生が, 「もっと勉強しておけばよかった」と後
悔するのです。「勉強にのめりこむ」学生生活を送るつもりでいれば,
ちょうどバランスのとれた, 充実した青春になります。

犬伏由子（いぬぶし　ゆきこ）

1953年3月18日生まれ
1975年　大阪大学法学部卒業
1977年　同大学大学院博士課程前期修了
現在，慶應義塾大学名誉教授
　第4章，第7章 ① 〜 ⑬ 執筆

〔読者へのメッセージ〕

　女性も一生続けられる仕事を持ちたいと思い，さらに，人々の権利を守ることができる職業である弁護士になれたらいいなあと思って法学部に入りました。その後，ふとしたきっかけで法の世界の深みにはまりこんで現在に至っています。そして，研究者としてスタートして以来，夫婦の財産関係に法がどこまで介入する必要があるのか考え続けています。読者の皆さんは，法とはこんなに当たり前のことを定めていたのかと思うかもしれませんが，法は当然のことを当然だと主張できるためにもあるのだということを覚えておいてください。

大塚英明（おおつか　ひであき）

1956年12月19日生まれ
1980年　早稲田大学法学部卒業
1987年　同大学大学院博士課程修了
現在，早稲田大学大学院法務研究科教授
　第5章執筆

〔読者へのメッセージ〕

　ちょうどバブル経済の発展期だった私の学生時代，日本は大躍進を遂げていました。そんな中で経済活動の担い手である「企業」というものの正体を探ることにおおいに興味をおぼえました。まさかそれを一生の仕事にするとはつゆしらず……。現在は，合併，乗っ取りなど，企業の集合離散の動きに法的な関心をもっています。なんといっても，とてもダイナミックですからね。読者の皆さんも，さまざまな世間の仕組みの何か1つに目を向け，学生として時間の余裕があるうちに探ってみるとおもしろいですよ。

長谷部由起子（はせべ　ゆきこ）
1957 年 7 月 4 日生まれ
1980 年　東京大学法学部卒業
現在，学習院大学大学院法務研究科教授
　第 6 章執筆

〔読者へのメッセージ〕

　法律に特に興味があって法学部に入ったわけではない私が，今，法律を教えているのは，法律学の世界には，数学の公理系に似た論理の組立もあれば，文学に通ずる巧みな筋の展開もあることを知ったからだと思います。

　法律は，人間によって造られ，使われ，変えられていくものです。

　人間に興味のある人，人間を知りたい人に，法律を学んでほしいと思います。

第1章 日常生活と契約

1 契約で結ぶ人間関係

●契約と民法

> 人と人の法的な
> つながり

人は，1人で生きているのではない。たとえ家族も友人もいない，ひとりぼっちの人であっても，この社会に暮らす以上は，名前も知らない無数の他人と，さまざまなかかわりをもちながら生きている。その「かかわり」の多くが，実は「法律的な関係」なのである。そして，さらにその「法律的な関係」の多くを，私たちは，誰かが決めたルールによってではなく，自分たちで，自らの意思によって作ったルールによって結んでいるのである。そんなつもりはないけれど，と君はいうかもしれない。それでは，これからそのへんのことをわかりやすく説明していこう。現代社会に暮らす私たちが知らなければいけない「法の世界」へ，私たちは今，扉を開けて入っていく。

さて，次のようなA子さんの1日を考えてほしい。この中でA子さんはどんな法律関係をどれだけ結んだのだろうか。

> A子さんは，この4月から大学生となり，東京で1人暮らしをはじめている。ある日，朝起きて電車に乗って大学に向かい，途中，銀行でキャッシュカードを使ってお金を下ろし，大学の前のカフェで軽食をとって支払はQRコード決済にして，大学では友達から本を借り，夕方まで授業に出て自分のアパートに帰ったところ，実家の母親から食料品を詰めた宅配便が届いていて，階下に住む大家さんが預かってくれていた。

　上の例の中には，A子さんと他の人とのいくつもの法律的な関係があり，そういう関係を発生させているのは，「**契約**」というものである。まず，定期券や入金済みのSuicaなどと名付けられた非接触ICカードを改札口の読み取り機にかざして電車に乗るのは，鉄道会社と旅客運送契約を結んでいることになる。銀行預金をキャッシュカードで引き出すのも，銀行との預金契約に基づくものである。カフェで食事をするのも，カフェのオーナーと，代金を払って引換えに食事を提供してもらう契約をしている。QRコード決済やバーコード決済というのは，決済アプリの会社と契約して，決済アプリの口座に入金をしておいてそこから引き落とさせたり，クレジットカードや銀行デビットカードの契約を介在させて，キャッシュレスで代金の支払をしているものである。大学の友人に本を借りたのも，ただで借りたのであれば使用貸借という名の契約である。母親からの宅配便を大家さんが預かっていてくれたのも，委任という名の契約に基づくものとみることができる。

このようなさまざまな契約は，**民法**をはじめとするいろいろな法律によって規定されているが，契約は，これからの説明でわかってくるように，法律が決めたとおりに従うものではなく，基本的には当事者の**意思**，すなわちＡ子さんや鉄道会社や銀行やカフェなどの意思に基づいて作られているのである。←法律用語では「意志」ではなくて「意思」を使うことに注意したい。とりあえず，「意思」とは何かをしたいという考えをいい，「意志」は「どうしてもこうしたい」という積極的な意欲を指す，と区別しよう。

私法の基本法としての民法

　上の例でわかるように，Ａ子さんの日常的な社会生活の多くの場面に関係するのが，民法という法律である。民法は，人が特定の誰かに対して何らかの行為を要求できる権利（債権）とか，人が自分の持ち物を直接支配できる権利（物権）とかの身近な財産関係を規定するばかりでなく，親子とか結婚，相続などの家族関係まで幅広く規定している法律で，私法の基本法とよばれる。私法というのは，公法に対する言葉で，公法が国家と個人の関係を規律するものであるのに対して，私法は，個人と個人のヨコの関係を規定するものである（→第7章④）。したがって，たとえば刑法や道路交通法などは公法に属し，民法や商法などは私法に属する。

　では，民法が私法の基本法だというのはどういうことか。たとえば，いちばんわかりやすい，私たちが品物をお金で買う，売買契約を考えてみよう。この売買契約については，民法に規定がある。しかし，一般の人ではなく，商人同士がその商売として売買契約をす

る（たとえば卸商が小売商に商品を売る）のであれば，商法にある売買契約の規定が先に使われる。セールスマンが個人の家に訪ねてきて，そこで品物を売る場合には，特定商取引法という法律にある売買の規定が先に使われる。こういうふうに，民法は広く一般的に売買について定めているのだが，ほかに何らかの限定をつけて売買について定める法律があれば（そういうものを民法に対する特別法という）そちらを先に適用し，そこに規定がなかったら民法の規定を参照するのである（民法は特別法に対して一般法ということになる。特別法は一般法に優先して適用される。→第7章①）。したがって，民法は，個人の社会生活関係全般に関する一般的なルールを規定し，そこから多数の特別法を派生させており，それらの法律の判断の基礎になっているという意味で，私法の基本法なのである。

　なお，わが国の民法典の財産法部分は，1896（明治29）年公布以来，カタカナ・文語体で書かれていたが，2004（平成16）年に現代語化され，2017（平成29）年に債権関係の部分が大改正を受けた（2020年4月1日施行）。

民法という法律の特徴

そこで次に，法律をはじめて学ぶ人たちに是非知っておいてもらいたいことがある。それは，民法をはじめとする私法の特徴的な性質についてである。

　みなさんは，法律というものをどういうイメージでとらえているだろうか。堅い，杓子定規，権威主義的，いやでも強制させられる，等々の印象をもっているのではないだろうか。確かに，法律の中には，いやでも守ってもらわなければならない規定も多い。たとえば，

道路交通法で，信号は青が進めで赤が止まれであると決めているのなら，「自分たちの間では赤を進めにしよう」などと，法律と違うルールを自分たちで勝手に作るわけにはいかない。そんなことを認めたら，たちまちあちこちで交通事故が起こってしまう。ごく当然のことながら，交通法規というものは，社会の安全な交通秩序の維持のために，当事者の意思で曲げることのできない規定なのである（こういうものを**強行規定**という）。これに対して民法は，全部ではないが，かなり多くの部分で，当事者が自分たちの意思でルールを作れば，それが反社会的なものでない限り，民法の規定と違っていても自分たちのルールのほうを優先することができるものなのである。こういう，規定があっても当事者の意思でそれと異なる定めをすることができる（その限りで法律の規定が排除される）ものを，**任意規定**という。民法という法律は，とくに取引関係を作る契約に関するものを中心に，こうした任意規定をたくさんもった法律なのである。

　どうしてこういう任意規定があるかといえば，近代民法の基本的な理念は，国家が作った法律で人々の社会生活関係までを規律しようとするのではなく，平等な個人と個人は，自由な意思でお互いの社会生活関係を自治的に作っていくべきだというところにあるからである。こういう考え方を，**私的自治の原則**とか，**意思自治の原則**という。

| 契約と債権の発生 |

　それではここで，私たち個人がお互いに作り出す法律関係のうちの，財産的やりとりに関するものの基本になる，契約の概念について説明しておこう。

まず，法律上，特定の人が特定の人に特定の行為を請求できる権利を，**債権**といい，その裏返しに，特定の人に対して特定の行為をしなければならない義務を**債務**という。したがって，請求できる側の人は債権者，請求される側の人は債務者とよばれる。このような債権債務を発生させる原因になるものは，民法上4つある。そのうちの最多のものが，この**契約**である。次に多いのは，**不法行為**である（たとえば，交通事故で相手に怪我をさせられたら，被害者は加害者に治療費などの損害の賠償を請求できる。→第2章1）。残りの2つは，不当利得と事務管理というものであるが，これらは数は少ない。

> **契約の成立**

　この「契約」というものは，個人と個人の，自由な合意（意思表示の合致）によって成立する（主体となるのは個人でなくて会社などであってももちろんよい）。もう少し詳しくいえば，契約は，たとえばAがBに対して「この時計を君に1万円で売る」といい，BがAに対して「この時計を君から1万円で買う」というように，それぞれが相手方に対して，特定の法律的な効果（権利や義務の発生）を意欲する意思表示をして，その意思表示の内容が一致することによって成立する。この場合，先にした意思表示を「申込み」，それに答えるほうを「承諾」とよぶが，中には両方から同時に申し込むこともありうる。上の例では，時計の売買契約が成立し，AにはBに対して代金を請求できる債権と，時計を引き渡す債務が発生し，逆にBには，Aに対する時計の引渡請求権と，代金支払債務が発生することになる。

　なお，申込者が承諾の意思表示を不要としていたり，取引慣習で

承諾の意思表示がいらないとされている場合には，相手方が承諾の意思表示と認めるべき行為をした事実があったときに契約は成立する。これを意思実現とよんでいる。たとえば，ある品物の製作を依頼して材料を送ったという場合に，その材料を受け取って作り始めたりする行為が承諾の意思表示と認められるのである。

| 契約自由の原則 |

すでに述べたように，私たちは，契約によって特定の相手との間に自由に法律関係を結ぶことができる。これを契約自由の原則という。契約は債権の発生原因だから，別の表現をすれば，私たちは契約によって，千差万別さまざまな内容の債権（債務）を発生させることができるのである。ただ，反社会的な内容の契約はできない。たとえば，禁制の麻薬を売買する契約は無効であって，そのような契約から債権は発生しない。この点を民法は，90条で，公の秩序・善良の風俗（公序良俗）に違反する法律行為は無効であると規定している（法律行為については次の **2** で学ぶ）。

Column① 契約は本当に自由か？

契約自由の原則は，本来平等な両当事者の自由な合意を想定したものだが，現代の社会では，経済的な力関係などから，一部ではその自由が失われている。たとえば電気や鉄道などの契約は，企業側でその内容を決めてあるし，銀行預金なども，銀行側が細かい約款（契約条項）を定めたものに預金者は従うだけである。このような，一方の当事者が契約内容を決め，他方の当事者はそれに従うだけという契約を附合契約とよぶ。附合契約にも，それなりの合理性はあるのだが（電気やガスの契約条件を利用者1人ひとりと交渉してバラ

バラに決定するのは迅速性や公平性に問題が出てくる），決定権のない
側の当事者の不利にならないよう，行政が指導をしたり，紛争にな
った場合に裁判所が各条項の正当性をあらためて判断したりする。

2 自由で健全な意思が結ぶ契約関係
●意思表示と契約主体の能力

未成年者は契約を
結べるか

民法ことに債権法は，私たちが，個人と個
人の自由な意思に基づく約束によってお互
いの間のルールを自由に作り，それによっ
て相互の生活関係を規律していくことを考えている。それを「意思
自治の原則」とか，「私的自治の原則」ということはすでに述べた
とおりである。そうすると，このような意思による自治が行われる
ためには，私たち1人ひとりが，まず自分の意思を的確に周囲の人
に伝えられることが前提として必要である。さらには，その前段階
として，そもそも自分がそのような意思によって権利関係を作り出
す主体となりうるかが問題になるし，そういう権利を享受しうる
主体であるかも問題になるはずである。

それでは，たとえば未成年者は契約を結んで高額の商品を買った
りすることができるのか。答えは，法定代理人（親がいれば親）の
同意があれば有効に契約ができるが，同意なしにした場合は，契約
を取り消して，なかったことにすることができるのである。以下で
はこのようなことを法律的に説明しよう。

最初に，**意思表示**という，民法で大変よく使われる用語について，もう少し詳しく学ぼう。自分の意思を相手に伝えて，つまり表示して，一定の法律関係を作り出すものが意思表示である。ここで注意したいのは，一定の法律的な関係を作り出すという効果をもっているものが民法でいう意思表示であるから，思っていることを相手に伝えることがすべて民法上の意思表示になるわけではないということである。たとえば，A子さんがボーイフレンドのB君から，「君が好きだ，愛している」と告白されたとする。これは，いくらB君が重大決心をして口に出したものであっても，ここでいう意思表示ではない。逆に，駅の売店で100円を出して「このチョコレートを下さい」と告げた場合，これは立派な意思表示である。なぜなら，それは，100円でチョコレートを買うという売買契約を発生させるための申込みで，売主が承諾すれば売買契約が成立して，チョコレートの売主と買主という法律関係ができあがり，双方に債権・債務が発生するからである。チョコレートを100円で買いますという申込みも意思表示，それに対して承諾するのも意思表示，ということになる。

　さて，次に**法律行為**という言葉である。民法学では頻繁に出てくる用語だが，これもそれほど難しいものではない。上に述べた意思表示を要素として，つまり，意思表示によって，その意思表示の内容に対応する法律効果を発生させるものを法律行為とよぶのである。したがって，法律行為の代表的なものは上に挙げた契約である。契約は，たとえば，それをいくらで売りましょう，それをいくらで買いましょう，という，反対の向きで一致した2つの意思表示によっ

て構成される法律行為，ということになる。法律行為にはほかに，遺言（一般的には「ゆいごん」と読まれているが，法の世界では「いごん」と読むことが多い）のような単独行為がある。つまり遺言では，遺言者が自分1人で遺言書の中でこれを誰々に与える，というような意思表示をし，そのとおりの法律効果が発生するのであるから，こういうものを**単独行為**という。それから法律行為の中にはもう1つ，**合同行為**という種類がある。これは，会社の設立のように，何人もの人がいわば意思表示の矢印を1つの同じ目的に向けて合意するというものである。したがって，法律行為という言葉の中身は，契約と単独行為と合同行為，ということになる。

| 意思能力と行為能力 |

民法3条1項は，私権の享有は出生にはじまると規定している。私たちは，生まれたときから人間としての権利を享受することができるというのである。しかし，積極的に自分の意思を他人に伝達して他人と法律的な関係を作るためには，自分自身で意思決定をできる能力をもっていることが必要であり，これは幼児などはもちえない能力である。民法学ではそういう能力を**意思能力**とよぶ。そして，それら未成年の子どもや，大人であっても意思能力のない人，つまりたとえば精神に障害があったりして十分な判断ができない人など（**意思無能力者**）を保護するために，民法は，意思無能力者が他人と契約をしたりしても，それに基づく法律関係は否定できるとしている（2017年の民法改正で，無効とすると明文化された。3条の2）。ただ，1つひとつのケースで，その特定の人が意思能力をもっているかどうかを個別に

確認しなくてはならないとしたら，大変な手間もかかるし，判定が困難な場合も出てくる。そこで民法は，正しい判断による意思に基づく法律行為を自分の判断でできる能力（これを**行為能力**とよぶ）をもっている人とそうでない人を一定の基準で分類して，意思能力を欠いている人やそれが十分でない人を**制限行為能力者**とし，それらの人を保護する目的で，制限行為能力者が法律行為をすることを制限したり，誰かの同意や支援なしに法律行為をしても取り消せるという規定を置いている（民法5条～18条）コメント。ただ，一面ではそういう人と知らずに契約した相手方を保護する必要もあるので，そのための規定もある（20条・21条参照）。現在のこれらの規定は，高齢者や障害者の福祉増進のために成年後見制度（→第4章4）を創設した民法改正（1999年12月成立，2000年4月施行）によって修正されたものである。

制限行為能力者の保護

当初民法が行為無能力者（現在の制限行為能力者）として定めていたのは，**未成年者**（当時満20歳未満の人），禁治産者，準禁治産者であったが，1999年改正後の制限行為能力者としては，禁治産者は**成年被後見人**に，準禁治産者は**被保佐人**に改められ，さらに**被補助人**の制度が設けられた。たとえば，精神上の障害によって物事を理解し判断する能力

コメント　法律は，会社のようなものを人になぞらえて「法人」とよび，権利や義務をもちうる法主体と考えている。したがって，会社のようなものも法律的に意思能力があり，行為能力があると擬制されるのである（→第5章1）。なお，法人に対して私たち人間のことを「自然人」ということもある。

（法文では事理を弁識する能力という）がない状態の人について，家庭裁判所が，配偶者や近親者などの申請によって後見開始の審判をした場合，その審判を受けた人は成年被後見人となり，**後見人**がつけられる。後見人は成年被後見人のした法律行為の取消しができる（民法7条～9条）。また，成年被後見人ほどではないが物事の理解判断能力が著しく不十分な人については，審判によって**保佐人**をつけ，軽度に能力を欠く人の場合は，審判によって**補助人**をつけ，それぞれ程度に応じて一定の行為をするのに保佐人や補助人の同意を必要とする等が定められている（11条～18条参照）。

　さて，未成年者や成年被後見人などのした法律行為を取り消せるという場合の**取消し**というのは，（取り消すまではいちおう有効な法律行為を）遡って最初からなかったことにする，ということである。たとえば，もし，高校生がセールスマンに勧められて何十万円もする品物を買う契約をしてきてしまったときにどうしたらよいか，という例で考えてみれば，民法5条により，未成年者は，契約などの法律行為をするには，法定代理人（法の定める代理人）である親の同意を得なければならず，同意なしに法律行為をした場合は，それを取り消してなかったことにできる，ということになる（代理については後述する）。もっとも，親が何に使いなさいと目的を定めて処分を許した財産や，小遣いのように目的を定めなくても処分を許した財産は，未成年者が随意に，つまり自由勝手に処分できる（5条）。したがって，A子さんが未成年者であったとしても，親からの仕送りを使って定期券を買ったりカフェで食事をしたりする契約をすることは何ら問題がない。ただし，アパートの賃貸借契約などは親

の同意を要するということになる。なお、以前は、未成年者も婚姻つまり結婚をすると成年者になったとみなされる成年擬制とよばれる制度があったが（旧753条。婚姻については、→第4章1）、後述のように2018年改正によって婚姻適齢と成年年齢が一致したので、この制度は不要になり、753条は削除された。

その未成年者の年齢については、日本では従来20歳未満とされていたが、世界的な趨勢にあわせて、成年年齢を18歳に引き下げることを内容とする民法改正が2018年になされ、2022年4月1日から施行されている（4条参照）。18歳以上ならばクレジットカードの契約やアパートの賃貸借契約なども親の同意を得ずにできるようになったのである（ただその結果、未成年者取消権は18歳未満までしか使えなくなり、若者への金融教育などの必要性が大きくなった）。ただし、民法改正前から20歳未満の者に飲酒や喫煙を禁じている法律（未成年者飲酒禁止法など）は、成長期の健康への配慮等から、成年年齢の引き下げに連動する改正は行われなかったことに注意する必要がある（法律名は「二十歳未満ノ者ノ飲酒ノ禁止ニ関スル法律」などと変わった）。

なお、従来婚姻適齢（何歳から結婚ができるようになるか）について、男性が18歳、女性が16歳と差がつけられていたのが（2018年改正前731条）、女性の婚姻適齢についても18歳に引き上げる改正がなされ、これも2022年4月1日から施行された。

| 問題のある意思表示 |

さて、A子さんが18歳以上の成年者で自分の意思を的確に表示できる健全な人であ

るとしても、相手に向けて伝えられた具体的な意思表示が、A子さんの本当の意思を表していない意思表示であった場合はどうなるか。完全な言い間違いであるとか、人にだまされたり強制されてした意思表示だったという場合である。民法は、自分でしっかり判断できる大人が自由な意思を相手に伝えてルールを作ったのならそれは守らなければいけない、とまず考えている。そして、すでに述べたとおり、自分ひとりでしっかり判断できない制限行為能力者の場合はそういう人の保護を規定しているのだが、しっかり判断できる人でも、思い違いや本意でなく伝えた意思ならば有効性を否定できることを規定している。これが、意思表示の瑕疵（かし）や不存在の問題である（瑕疵というのはキズのことである）。

意思表示の瑕疵や不存在

一般の成年者で、行為能力があり、判断力も問題のない人でも、意思表示に瑕疵のある場合や、表示されたとおりの意思が存在しない場合には、意思表示の効力を認めるわけにはいかない。まず、**詐欺や強迫**（民法では刑法の脅迫罪と異なり強迫と書く）によって、つまりだまされたり強制されたりして、たとえば売りたくもない家を売るといったような場合は、その意思表示は取り消すことができる（民法96条）。それから、**錯誤**といって、完全な間違いで、本心にないことを表示してしまった場合、たとえば、ゼロを1つ少なく書き間違えて売値をつけてしまった場合なども、その意思表示を取り消すことができる（95条）。一方、人はわざと嘘をついたりすることもあるが、これは相手がそれを信じてしまうので、**心裡留保**（しんりりゅうほ）といって、わかっていな

がらわざと冗談や嘘の意思を表示した場合も有効とする（「心裡」は心の内にという意味）。ただし相手がこれを冗談だと知っていればもちろん無効とする（93条）。もっと込み入ったものでは，相手とぐるになって（通謀して）嘘の意思表示をすることがある。AとBの間で，Aの財産を少なくみせかけるためにAの所有する土地をBに売ったことにしておく，などというのがその例である。これは**虚偽表示**（通謀虚偽表示）といってその意思表示は無効となるが，この場合に，それを信じた善意の（事情を知らない）Cという人がさらにBから土地を買ってしまったような場合，A・Bの売買が無効だとするとCが不利益を受けるので，こういうときはA・Bは，虚偽表示の無効を善意の第三者Cに主張できない（94条）コメント。

　さらに，消費者が事業者と結ぶ契約については，消費者契約法が，民法の詐欺・強迫や錯誤というまでには至らないものでも，一定の場合に消費者に取消権を与えて保護している（→第2章4参照）。

代理——契約主体の
拡張

先に，未成年の子が法律行為をするには代理人としての親の同意が必要であると述べた。考えてみると，別に未成年者のように法律行為が1人では十分にできない人でなく，一般の行為能力のある成年者でも，自分に代わって契約などをしてくれたりする人がいれば，取引の上で便利であろう。これが代理の発想である。

　したがって代理には，法律が必要だとして規定する**法定代理**と，

コメント　法律学で「善意」というときは事情を知らないという意味で，「悪意」というときは事情を知っているという意味である。

人が自分の意思で契約によって誰かに自分の代理人としての権限（代理権）を与える**任意代理**がある。

　以下，任意代理のしくみを説明しよう。①まず，本人Ａが代理人Ｂに対して代理権を授与する。②Ｂが，自分はＡの代理人であるということを明らかにしてＣと契約をすると，③Ｃとの契約の効果はＢにではなく直接Ａに帰属する。つまり，ＡがＣと契約したことになるというのである（代理人による契約で本人に効果を帰属させるためには，代理人が「自分は誰々の代理人である」と明らかにしていることが必要で，これを<ruby>顕名主義<rt>けんめい</rt></ruby>という。民法99条）。

　もっとも，代理権を得ていないＤが勝手に「自分はＡの代理人だ」と名乗って契約しても，これは**無権代理**といって，Ａに効果は帰属しない（113条）。ただし，もしその無権代理人Ｄが本当に代理権があるような外観をもっていて，それを相手方Ｃが信じたのだとしたらどうだろう。たとえばＡがＣに（事実でなくても）「Ｄに代理権を与えた」と表示していた場合とか，過去には本当にＤに代理権を与えていたとか，土地を売る権限は与えていないがＡの収穫物を売りさばく権限は与えていた，などという場合である。民法は，同じ無権代理でもこういう場合は，**表見代理**といって，相手方がその外観を正当に信頼したのであれば効果が本人に帰属することを定めている（109条など）。

契約の拘束力と
契約関係の解消

さて，Ａ子さんがカフェで軽食をとっている頃，ボーイフレンドのＢ君はラーメン屋で，野菜ラーメンを注文しておいて，

できあがってからみそラーメンが食べたくなったとしよう。このとき B 君は、みそラーメンに取り替えてくれ、といえるだろうか。これは、いえない。契約には拘束力があって、ラーメンの契約（これは売買というより製作物供給契約というべきか）は、注文の段階で、野菜ラーメンを目的物にして成立しているからである。では、もしまだ具を料理していない段階で、B 君がみそラーメンにしたい、といい、ラーメン屋さんがそれではみそラーメンにしていい、といった場合はどうなのか。これは、法律的には、最初の野菜ラーメンでの契約が B 君とラーメン屋さんの合意によって解約されて、別の新しいみそラーメンでの契約が結ばれた、とみるのである。**合意解約**というのは、「最初の契約をやめるという契約」である。

| 債務不履行 |

それでは次に、B 君は野菜ラーメンで気が変わらなかったとして、①ラーメン屋さんが注文を受けてから野菜を切らして勝手にチャーシューメンを出してきた、②運ばれてきた野菜ラーメンに虫が入っていた、という場合はどうだろう。これらの場合は、いずれもラーメン屋さんのほうが、自分の落ち度で契約どおりの履行（りこう）をしていない（②の場合も不完全な履行といえる）。こういう場合は、まずは完全な履行をするように請求できるし（①ならあくまでも野菜ラーメンをと請求し、②なら虫の入っていないラーメンを作り直すように請求する）、完全な履行をラーメン屋さんがしない、あるいはそれがもう不可能という場合なら、債務不履行ということで、B 君は法律的には契約を**解除**したり**損害賠償**を請求できるのである。この解除というのは、相手方に債務の

不履行があった場合に，B君が一方的に契約をやめて白紙に戻すことを意思表示できるもので（民法540条），上に述べた両当事者の合意解約とは異なる，単独行為である。解除すると，**原状回復義務**といって，両方の当事者に，契約がなかった状態に戻す義務が発生する（原状とは原初の，つまり元の状態。「現状」と間違えないように）。したがって，もしB君が代金をすでに払ってあったら，その代金は返還されるのである。そして，それ以外に，もしその不履行によって損害が発生していたら，法律的には損害賠償も請求できる。お昼のラーメンを食べ損なって授業に出たくらいでは，おそらくあまり立証できる損害は発生しないだろうが，これがたとえばある工場が注文していた部品が届かなかったために丸1日製品が作れなかったという場合などでは，明らかな損害が発生していることになろう。

Column ② 損害賠償の範囲はどこまで？

損害賠償を請求する場合には，その損害がその債務不履行から起こった，という因果関係（事実的因果関係）のあることが必要である。それでは，事実的因果関係のあることなら何でもよいのかというとそうはいかない。買った家の引渡しが遅れたのでホテルに泊まったところ，そのホテルが火事になって火傷して入院したら，入院先の投薬ミスで内臓を悪くして長期入院になって会社をクビになって……というふうに，因果関係の連鎖がどこまでもたどれて賠償の対象になるのでは問題である。そこで民法は，416条で，通常生ずべき損害と特別事情による損害を分け，通常損害と認められるものは当然賠償の対象になるが，特別損害については，債務者がそういう事情を予見すべきであった場合に限って賠償の対象になるとしている（判例はこれを「相当因果関係の範囲内」と表現する）。実際には

ケース・バイ・ケースで判断しなければならないが，たとえば買った家の引渡しが遅れてその間アパート暮らしをした場合であれば，その家賃は通常損害になることが多いだろう。けれど，買主が（普通の会社員なのに）その家をさらに高額で別の人に転売する約束だったのに引渡しが遅れてその転売契約がだめになったという場合の転売利益は，特別損害として債務者たる売主の予見可能性（そのような転売約束があると予見できたか）を判断することになろう。

3 買うか借りるか──こんな契約，あんな契約
●契約自由の原則と典型契約

契約自由の原則と
民法の典型契約

すでに述べたように，私たちは，契約によって特定の相手との間に自由に法律関係を結ぶことができる（契約自由の原則）。したがって，私たちの周囲には，千差万別の契約がある。けれども，民法はとりあえず，代表例と考えられる 13 種類の契約について規定を置いた。これを典型的な契約という意味で**典型契約**とよぶ。典型契約は民法で名前がつけられている，という意味で有名契約ともいう（この「有名」は famous という意味ではない）。そこでこれ以外の契約は非典型契約（無名契約）とよばれるが，今日では非典型（無名）のものでも重要なものがある（リース契約やクレジット契約など）。くりかえすが，典型契約の規定は，当事者がルールを定めておかなかったときに補充的に使われるもので，当事者がルールを決め，そ

れが公序良俗に反するものでなければ，民法の典型契約の規定と違うことを取り決めてもよいのである。

それでは，以下では典型契約を中心に，いくつかの契約に共通する特徴などを勉強していこう。

契約の分類

売買契約のように，両者に債権も債務も発生する契約を**双務契約**とよぶ。これに対して，贈与契約の場合は贈る側にのみ引渡債務が発生して，もらう側には債務が発生しないので，こういうものを**片務契約**とよぶ。さらに契約については，当事者の間に対価になる給付があるかないかで有償契約と無償契約の分類ができる。売買（品物とお金を交換する）や賃貸借（利用する対価として賃料を払う）は**有償契約**，贈与や使用貸借（ただで貸して使わせる契約）は無償契約である。この分類は，後述する目的物についての担保責任などに違いが現れるので重要である。また，契約を成立させるために意思の合致だけで十分な契約を**諾成契約**，実際に目的物を渡したところではじめて成立し効力をもつ契約を**要物契約**という。今日の社会では諾成契約が圧倒的に多いが，この分類は有償・無償の分類と結びつくところがあり，要物契約は無償契約の一部にみられる。

さらに，契約の中には，売買のように1回きりで終わってしまうものや，アパートの賃貸借のように長期に継続するものがある。

双 務 契 約

双務契約の場合には，両方に債務があるのだからお互いに不利にならないようにする

には，双方の債務が引換えに履行されるのが望ましい。つまり，お互いに「あなたが履行するまでは私も履行しない」と主張できることが必要である。民法はこれを**同時履行の抗弁**として規定している（民法533条）。相手が自分の債務を提供しようとしないで履行請求してきたときには，この抗弁権（請求に対して反論し拒める権利）で相手が履行するまで自分の履行を拒めるのである。もっとも，何らかの事情でどちらかが先に履行する特約を結んでいた場合には，その約束が優先するので同時履行の抗弁は使えない。

　もう1つ，双務契約の場合は，契約をしてから履行の約束の時期までに，一方の債務が当事者の責任ではない理由で履行ができなくなった場合に，相手の債務はどうなるかという問題がある。たとえば，契約後履行期までに売る約束の家が山火事で燃えてしまった（売主にはまったく責任がない）という場合，相手方買主の代金債務もなくなってよいか，という問題で，これを**危険負担**という。これは当事者が契約の中で決めておくのがいちばんよいのだが，民法は，2017年の改正で，当事者双方の責めに帰することができない事由によって債務を履行することができなくなったときは，債権者は，反対給付の履行を拒むことができる（つまり，家の給付を請求する債権者である買主は，家がもらえなくなったら代金は払わなくてよい）と定めた（536条1項）。

　双務契約で相手方が約束を破ったり履行をしなかったりしたときは，債務不履行になるので解除や損害賠償が請求できることはすでに述べた。

とくに**売買契約**の場合には，世の中で頻繁に行われる契約であり，売主は代金を得て売るのであるから，目的物がそれ相当の価値のある物でなければならないはずである。したがって，もし目的物に思いもよらないキズがあったりしたら，これは売主に責任がなかったとしても，売主は損害賠償をしたり，場合によっては契約解除に応じるべきであろう。従来の民法では，こういう観点から担保責任とよばれる規定を置いていたが，2017年の改正で，これについても**契約不適合責任**という概念を採用して，一般の債務不履行責任と同様の処理をすることにした。なお，売買の規定は基本的にはほかの有償契約に準用されるので（559条），ほかの有償契約でもこのような契約不適合責任があることになる。これに対して，贈与や使用貸借（ただ貸し）のような無償契約では，もらうほうや使わせてもらうほうが一方的に得をするのだから，その物がキズ物でもがまんすべきなので，もともと上記のような担保責任は負わない。

賃貸借契約

それでは，いくつか典型契約の代表的なものを勉強しておこう。売買契約については以上の記述で代えるとして，次に重要なのは**賃貸借契約**である。これは，賃料という対価を払って目的物を借りて利用する契約である。レンタカーを借りるのも賃貸借だし，アパートやマンションを借りる，というのも賃貸借である。ただし，建物の所有を目的とする土地の賃貸借や，建物の賃貸借については，特別法（借地借家法）が作られている。なお，賃貸借契約は一定の期間をもった継続的契約

関係であるため，賃貸借契約の解除は，将来に向かって契約の効力を失わせるものであり，売買契約のように遡ってはじめから契約がなかったことにするものではない。

ここで，アパートやマンションを借りる場合に問題になる**敷金**や**礼金**について述べておこう。敷金というのは，賃貸借契約の開始時に貸主に預けられる金銭で，契約期間中の借主の賃料不払や建物を壊した場合の賠償債務を担保するためのものである（民法622条の2。したがって，何もなければ契約終了時に全額返還される。もっとも，近年は敷金から清掃代を差し引く業者も多かったが，この点は，2017年の民法改正で，賃借人の原状回復義務について，「通常の使用及び収益によって生じた賃借物の損耗並びに賃借物の経年変化を除く」と明示したので〔621条〕，貸主は，カーテンの黄ばみなどの経年変化を理由にして原状回復を要求し，その費用を敷金から差し引くことは認められなくなった）。礼金は，契約時に貸主が取得する金銭で，需要供給の関係で慣行的に存在するものであり，法律上の規定があるわけではない（したがって，礼金は地方によってはまったく要求されないところもあるし，首都圏でも礼金なしという物件もある）。敷金を取らないケースはまずないだろうが，敷金・礼金はともに契約自由の原則によって当事者の合意のもとに授受されるものだから，当事者が不要と合意すればそれでよい。

Column ③ **賃借人は保護されすぎたか** 〰〰〰〰〰

民法の賃貸借契約の規定では，居住のために土地や建物を借りる人の権利が弱すぎた（期間が短い，解約がされやすいなど）ために，1921年に借地法と借家法という2つの特別法ができ，借りる側の権利の強化をはかった。これらの法律はその後何回かの改正を経て，

貸主のほうは自分が使用するなど正当な理由がないと解約の申入れができないとか，黙っていると契約は法の定めによって更新されてしまう，など，借主の権利はかなり強化された。しかし，今度は，貸した側はよほどのことがないと借主に出ていってもらえない，という弊害も現れた。1991年に新しくできた借地借家法は，そのあたりを考慮し，たとえば50年経ったら借主の権利をまったく残さずに土地を返還させる定期借地権などという新しい権利形態の契約方法なども盛り込んで，貸す側の便宜もはかっている。ただし，新法成立以前の借地・借家契約については，廃止された旧借地法・借家法がそのまま適用されている。

請負契約と委任契約　　大工さんに家を建築してもらうのは**請負契約**である。請負というのは，一定の仕事の完成を目的とする契約である。一定の仕事というのは無形のものでもよいので，音楽家に演奏をしてもらうのも請負である。ただ，請負は仕事の完成が目的なので，頼まれた仕事をいくら一生懸命やっても，仕事が完成しなければ（たとえば，家が建たなければ）履行したことにならないのが特徴である（ただし2017年の民法改正で，仕事が途中で終わっても，注文者がそこまでの可分の利益を得られる場合には，その部分を仕事の完成とみなして，請負人は報酬を割合的にもらえるように規定が修正された。634条）。

これに対して，弁護士さんに訴訟行為を頼んだりするのは，**委任契約**という。委任は昔は専門家に専門的な仕事を頼む契約を指していたが，現在では，ベビーシッターに乳児の世話を頼むのも委任と

考えられている（規定ではこういう事実行為の委任は「準委任」といっているが，解釈上の区別はないと考えてよい）。委任の場合は，仕事が完了したかどうかではなくて，頼まれた仕事を誠実に実行すればよいのであるから，途中で終わることになった場合も，報酬の合意があれば当然そこまでの分がもらえる。また，委任契約は，頼まれた人が自分の裁量で仕事をするところに特徴がある。この点，人に雇われてその人の指示で仕事をする場合は雇用契約（こよう）ということになるが，今日では雇用関係はほとんど労働法の規定によっており，民法の規定は家庭のお手伝いさんのような人に適用になるくらいで，重要性は低い（→第3章参照）。

4 不動産取引と住まいの法律知識

●人生の一大イベントと所有権の移転

| 不動産の取引 |

A子さんの家は，これまで社宅住まいだったのだが，社宅を出て新しい土地付き一戸建て住宅を購入することになった。A子さんの両親にとって念願の買い物である。ボーイフレンドのB君に話したら，都会派のB君の家では，これまでもマンション住まいだったのだが，今度も新しいマンションに買い換えるのだという。そこで2人は，この機会に自分たちも少し家やマンションに関係する法律の勉強をしようということになった。売買契約についてはもう知識があるのだが，家やマンションといった不動産については，まだ勉強していない。調べてみると，所有権とか区分所有権とかが問題になることがわか

った。そして，所有権というのは民法の物権編に規定されていることがわかった。また，不動産を買うのに銀行からお金を借りる場合は，その不動産を担保にしてお金を借りたりすること，担保についても担保物権という物権が問題になること，などがわかってきた。さらに，マンションについては，民法以外に区分所有法という特別法があることも知った。

物権の定義と物権法定主義

本書ではここまで，契約とそれによって発生する債権について述べてきたが，民法はもう1つの柱になる権利として，物権について規定している。たとえば自分の腕時計を所有している場合に，その腕時計を自由に使用したり，それによって収益を上げたり，それを自由に処分したりできるというように，「人が，ある物を直接に支配できる権利」を「**物権**」という。ここで物というのは，土地や建物などの不動産と，それ以外の動産とを含む。先に学んだ売買契約は，目的物を引き渡させる債権と，代金を支払わせる債権を発生させるが，その債権が実行された結果，買主は目的物の所有権を取得することになる。所有権は代表的な物権である。

それでは，物権も債権と同様，千差万別でいろいろなものがあるのかというとこれはそうはいかない。それは以下のような理由からである。人がある物を直接に支配できる権利としての物権は，当然，その物の支配について，他の人から邪魔をされない性質，世間の誰に対しても主張できる性質をもつことになる。これが物権の**排他性**とか**絶対性**といわれるものである（これに対して債権のほうは債権者・

債務者の間しか拘束しない相対性をもつものである）。そうすると，このような世間の誰に対しても主張できる権利は，周囲の人間に影響を与えるわけだから，人々に勝手に作り出されては困る。したがって，民法は 175 条で，「物権は，この法律その他の法律に定めるもののほか，創設することができない」と定めた。これは，契約などによって，民法その他の法律の定めたものとは異なる種類の物権を作り出すこともできなければ，物権の内容を民法その他の法律に定められているものとは違ったものとすることもできない，という意味である。これを**物権法定主義**という（それゆえ物権の種類および内容に関する規定は，当事者意思では変えられない強行規定ということになる）。

物権の種類と性質

それでは民法の定める物権の種類についてみてみよう。**所有権**は，いわば完全な包括的な形の物権である。それでは，完全な包括的な形ではない物権とはどういうものか。たとえば A さんが所有権をもっている物について，その物に対する権利の一部を他人の B さんがもつ，ということができるのである。ここで注意してほしいのは，もともと 1 つの物については，所有権は 1 つしか存在しえないということである（1 つの物について同じ種類の物権は 1 つしか存在しえない。これを一物一権主義という）。たとえば 1 つの物を兄弟で所有する，という場合には，1 つの所有権を共有しているのであって，所有権が兄弟に 1 つずつあるわけではない。

そこで，1 つの物についての 1 つだけの所有権は，機能として，使用，収益，処分などの権能を包括的にすべて含んでいるわけであ

るが，そのうちのいくつかの権能を切り離して他人がもつことができるのである。これが所有権以外の**制限物権**とよばれるものである。その中の種類として民法が定めているものに，他人の土地をその上に建物などの工作物を築造したりして自由に使える地上権とか，他人の土地を耕作または牧畜のために利用する永小作権，自分の土地の便益のために他人の土地を通行したり水を引いたりというように利用できる地役権，一定のグループの人達で土地を共同で使ったりできる入会権という，いずれも土地に関して他人の物を利用する4種の制限物権がある。これらは，一般に**用益物権**とよばれる。

　これに対して，他人の所有物を実際に使用することはしないで，ただその物の価値だけを利用するという内容の制限物権がある。実際には，債権者が，自分の債権を回収する担保として，債務者の所有物の価値を把握するというもので，これは**担保物権**とよばれる（つまり，債務者がお金を借りるときに自分の財産に担保を設定し，期限にお金を返せなかったら，その担保に提供しておいた物を競売で売り払って，その売上金の中から債権者は貸したお金を回収する，というようなやり方をするのが担保物権である）。民法の定める担保物権は，さらに2種類に分かれ，契約によって発生する約定担保物権と，一定の状況に立ち至ったときに，法が与えてくれる法定担保物権とがある。約定担保物権としては，動産つまり一般の品物について設定されることの多い**質権**（質権は不動産にも債権などにも設定できる）と，不動産つまり土地や建物についての**抵当権**がある。質権では，設定する（質に入れる）物を相手に引き渡さなければならないので，設定するとその物を使えなくなってしまうが，抵当権は，設定しても持ち主は

そのままその不動産を利用することができるという利点がある。一般に「土地や建物を担保にお金を借りる」というのはこの抵当権を設定することである。

| 物権の移転と対抗要件 | さて，物権は世間の誰に対しても主張できる権利なので，逆にいえば，周囲の人が，

何らかの方法で，誰が権利者なのかを認識できなければ困る。したがって，物権については何らかの方法で公にその存在を知らせる，いわゆる公示方法がとられる必要がある。このように，物権の変動には必ず公示を伴わせるという考え方を，**公示の原則**とよぶ。さて，この公示が必要とされる点は，今日では諸外国でも共通なのだが，問題はその公示のもつ意味である。

　日本民法においては，所有権などの物権は，当事者（売買ならば売主と買主）の間では意思表示だけで移転する（民法176条。物権変動の**意思主義**という）。しかしそれを当事者以外の世間の誰に対しても主張対抗するためには，法の定めた手続，すなわち対抗要件を備えなければならない。これを**対抗要件主義**という。そして不動産についての対抗要件は**登記**であり（177条），動産についての対抗要件はその物の**引渡し**（引き渡されたものを**占有**していること）である（178条）。つまり，たとえばAさんがCさんからその所有する土地を買うときは，「売りましょう」「買いましょう」というお互いの意思表示が合致して契約が成立しただけで，C・Aの間では，Cさんの土地はAさんのものになる。しかし，それが自分のものになったのだとAさんが周囲のすべての人に主張し，対抗できるためには，

ＡさんがＣさんから登記を移してもらわなければならない，ということになる。登記がＡさんの名義に変わることによって，Ａさんは自分が権利者である，という公示ができるわけである。

二重譲渡と対抗問題

ここでちょっと難しい話をしておこう。Ａさんが土地と建物を購入する相手が信用のおける不動産業者ならば問題はないことだが，世の中では，同じ不動産を二重に売却したりするケースがある。そのような二重譲渡の場合，覚えておいてほしいのは，上記の説明でわかると思うが，優先するのは先に譲渡契約をした買主ではなく，先に登記を得たほうの買主である，ということである。

　そうすると，Ａさんは，売主Ｃと契約して安心してしまってはいけないのであって，登記までしっかり移転してもらわなければいけない。したがって一般には，不動産の取引では買主は一部の金額だけを先に払い，残金は移転登記と引換えにすることが多い。

　なお，不動産ではなく動産の場合には，占有が対抗要件なのだから買って自分に引渡しを受ければ問題がない。万一売主が正当な権利者でなかった（たとえば人から預かったものを売った）ような場合でも，民法は，**即時取得**といって，善意で（事情を知らずに→15頁 コメント 参照）取得し占有を得た人は，引き渡されたとたんに権利（売買ならば所有権）を取得する，と定めて，動産の取得者を保護している（民法192条。この考え方は，**公信の原則**とよばれる）。

宅地建物取引業法

わが国では，不動産業者を規制するために，宅地建物取引業法（宅建業法）という法律がある。この法律によって，業者は営業所には必ず宅地建物取引士という専門知識をもった人を置かなければならないし，買主に販売する物件についての重要事項を説明した書類を交付することや，契約する際には契約書を作成交付することが義務づけられている（ちなみに，民法の売買契約の規定では契約書の作成は義務づけられていない）。
← なお，信頼できる不動産業者を探す1つのめやすとして，業者の免許の更新回数（登録番号の前にカッコつきの数字で示されている）をみるということがいわれる。しかしそれよりも大事なことは，業者まかせにせず，契約条件を十分に確認し，契約書をよく読んで契約することである。

区分所有法

マンションの所有や利用関係については，区分所有法という法律がある。この法律によって，1棟の建物のうちで構造上，利用上の独立性を有する部分について，その部分を1個の建物とみて個別単独の所有権が認められるようになった。これを**区分所有権**という。この法律で，区分所有権の目的となる建物の部分は「専有部分」とよばれる。それ以外の部分は「共用部分」となる。共用部分の利用方法などは，マンションの管理組合が決めることになるのだが，管理組合の組織や議決方法なども，この区分所有法が定めている。

Column ④　ベランダは自由に使えない？

マンションの建物の構造にもよるが，建物から張り出したベランダは，専有部分ではないものが多い。それらは法律的には共有部分

で，ただその居室の専有者に「専用使用権」を与えているのである。この場合には，ベランダの使用方法には管理組合の規約によって制限が加えられる。たとえば，ベランダに勝手に物置などを置いてはいけないとか，勝手に構造物（衛星放送のアンテナなど）を取りつけてはいけないなどと規定されるのである。

5　お金の取引——便利さと怖さ

●キャッシュカードから連帯保証まで

カードの落とし穴

キャッシュレス時代とか，カード時代といわれるようになって久しい。銀行で口座を開いたことがあれば，当然のようにキャッシュカードを作ることを勧められた経験があるだろうし，学生向けのクレジットカードをもうすでに君ももっているかもしれない。けれど，こんな例もある。

　B君は，大学生になって仕送りを受ける銀行口座を開設し，自動預金預払機（ATM）で払戻しを受けるためのキャッシュカードも作った。そのうち銀行で，クレジットカードの作成利用も勧められたので，ちょっとえらくなった気分で，クレジットカードも作った。最初はこわごわ使っていたのだが，慣れてくると財布に現金がなくても買い物に不自由しないのでつい使う頻度が増えた。そのうち，コンビニや電器店でもクレジットカード作成を勧められ，利用をはじめて，気がついたときには引き落とされる銀行口座の残金が不足してしまった。あわてたB君は自宅の両親に臨時の送金を頼んだが，入金はしてくれたもののアパートにやってきた父親にしかられ，クレジットカードは取り上げられてしまった。

でも，B君は傷が深くならないうちでよかったのである。クレジットカードを使いはじめてその便利さについ返済能力を超えて品物を買い込んでしまう人は多い。また最近のクレジットカードは，キャッシュサービスも受けられるようになっているので，カードを機械に差し込めばお金が出てくるが，これはまさにかなりの高利でお金を借りていることなのである。カード地獄に陥って個人破産の申請をする人もいる。それらの人たちの特徴は，カードを何枚も作っていることと，自分の欲求を抑える意志が弱いことだという。

| キャッシュカードは
安全か |

　銀行預金のキャッシュカードは，暗証番号を必要とすることで，安全を確保している。したがって，このキャッシュカードを落としても，暗証番号がわからなければ引き出されたりはしないはずである（かつては，盗取者が特殊な機械でカードから暗証番号を読み取って預金を引き出したというケースもあったが，現在はカードの中には暗証番号のデータは入っていないように改良されている）。けれども，もし君がたとえば誕生日を暗証番号にしていて，誕生日が書いてある学生証と一緒にキャッシュカードを落としたら？　拾った人は簡単に暗証番号を割り出して預金を引き出してしまうかもしれない。さらに，暗証番号を隠しカメラで盗み見た上でカードを偽造する犯罪まで出てきている。それらの場合はどうなるのか。結論からいうと，これまではほとんどの場合，銀行は免責された（つまり，君は銀行に再度の払戻しは請求できない）のである。

　とにかくキャッシュカードを落としたら君はすぐ銀行に連絡をし

なければいけない。届出を受けた銀行はオンラインでそのカードの利用を停止する措置をとる。けれどもその前に払い出されていたら，残念ながら君は銀行には何も文句がいえないというのがかつての結論だった。これは法律的には以下のような説明になる。

君は銀行と預金契約（銀行取引契約）をし，キャッシュカードを利用する契約をしている。銀行側が作った契約書（カードと一緒に送られてくる）には，払出機でカードと暗証番号を確認して支払った場合は銀行は責任を負わない，と書いてある。それは銀行が勝手に作った契約書で，正当かどうか疑問があるという主張も可能なのだが，それに対しては，最高裁判所がこの約款（契約条項）を正当と認めた判決が出ているのである。しかし，近年は偽造や盗難のキャッシュカードによるATMからの預金不正引き出しの犯罪が続発したため，それに対して金融機関が補償する，偽造・盗難カード預貯金者保護法が作られた（2006年2月施行）。これによって，暗証番号をカードに書き込むなどの重過失がない限り，偽造カードについては全額補償，盗難カードについても，原則は全額補償だが，生年月日を暗証番号にしていて何度も変更を促されたのに変えなかったなどの過失があれば75％が補償されることになった（原則として預金者の届出から30日前までの被害が補償される）。

なおこの法律は，偽造・盗難カードによる払出しだけを対象にしたもので，盗まれた通帳による被害や，インターネットバンキングで預金を不正に引き出される被害は対象外となっている。そして，それまでの判例では，それらのケースは約款や民法478条の適用の結果銀行の免責が認められていたので問題が残っていたのだが，全

国銀行協会は2008年に業界の自主ルールを定め，預金者に過失が
ない場合，通帳やインターネットを通じた被害も原則，この偽造・
盗難カード預貯金者保護法に準じて補償することになった（なお，
民法478条は，「債権の準占有者」〔誰が見ても債権者らしく見える人〕に
善意・無過失でした弁済は有効とするという規定だったが，2017年の民法
改正で，「債権の準占有者」という表現は廃され，「受領権者としての外観
を有するもの」に対する弁済と変わっている）。

クレジットカードは安全か

それではクレジットカードはどうか。クレ
ジットカードは裏にサインをしてあって，
利用のときに伝票にサインをし，そのサイ
ンを照合することによって本人確認がされる仕組みになっている。
ところが，わが国ではこのサインの照合が非常にいい加減なのであ
る。伝票にサインをするのはカードを返してもらってから，という
場合さえある。だから，クレジットカードも簡単に不正使用されて
しまう危険性が大きい（そこで近年は署名ではなく，ICチップをつけて
暗証番号を使う方式にして安全性を高めているカードが増えている）。こ
れも，落としたらカード会社にすぐ連絡しなければいけない。最近
では，届出の60日前までに生じた損害は不正使用を調査して補償
してくれるカード会社が多いが，登録暗証番号が使われてしまった
ケースなどは補償の対象外である。なお，クレジットカードのデー
タを盗むスキミングという犯罪もあるので，カードの管理には十分
注意したい（→第7章⑭）。

クレジットカードによる購入契約の仕組み

それでは，ここでクレジットカードによる購入契約は法律上どうなっているのかを説明しよう。クレジットカードを作ることによって，君はカード会社と立替払をしてもらう契約を結んだことになる。たとえばある小売店でカードで買い物をした場合，カード会社は君に代わってその小売店に代金を支払う。そして，君はカード会社にその立て替えてもらった代金を，一括で，あるいは何回かの月賦などで返済するのである（なお，分割払いには利息がつくことに注意してほしい。「リボルビング払い」という，毎月の支払額を一定にするなどの支払方法でも，手数料や利息がつく）。

さて，君にとっての債権者であるカード会社は，たとえば君の月賦の支払が2ヵ月以上滞ったりすれば，カード作成時の約款（契約条項）によって，残金の一括返済などを求めることができる。そして，不払のトラブルを起こすと，その会社のカードが使えなくなるばかりか，ブラック・リストといって，他のクレジット会社にも情報が流れて，別のカード会社でカードを作ることもできなくなってしまうのである。クレジットカードの利用は，くれぐれも慎重にしなければならない。

いずれにしても，すでに述べた成年年齢引き下げによって，18歳，19歳の人たちは，カード契約やその他の金融取引の契約をした場合に取り消すことができなくなっていることに注意したい。

さて，お金の取引の怖さという意味でもう
1つ是非知っておいていただきたいのが，
保証である。保証とか保証人とかいう言葉
は，生活の中でけっこう耳にするので，知っているつもりでいる人
は多いが，いざ聞いてみると，正確な知識が乏しい人が多い。是非
ここで正確に理解をしておいてほしい。

こんな例で考えてみよう。BはK銀行からお金を1000万円借り
ようとしたが，誰か保証人が必要だといわれて，Cに保証人になる
よう依頼してきた。Bが，「ほかにも保証人がいるから貴方には迷
惑をかけない。だからこの紙にハンコだけ押してほしい」というの
で，Cは軽い気持ちで「**連帯保証人**」と書いてあるところに記名し，
捺印した。さてこの場合，①Cは誰と保証契約をしたのか。②も
しほかに1人も保証人がいなかったとしたら，Cは話が違うといっ
てこの保証契約をやめられるか。③連帯保証人はただの**保証人**とど
こが違うのか。この3つの問いに君は答えられるだろうか。

まず，①の答えは，K銀行とである。Bとではない。**保証債務**は，
債権者と保証人の間の保証契約によって発生する。主たる債務者B
のもってきた紙は，K銀行と保証人Cとの間の保証契約書であっ
たはずである。BとCの間には，保証を委託する契約があること
になるが，この保証委託契約はあってもなくてもC・K間の保証契
約とは関係がない（頼まれないで，つまり保証委託がないのに進んで保
証人になるケースもある）。②の答えは，やめられないというのが正
解である。①で述べたように，B・C間の保証委託の関係はC・K
間の保証契約の内容に関係していないのだから，Bがどんな説明で

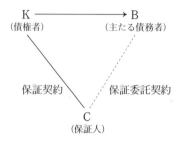

C に依頼をしたのかは K と C の契約には影響しないのである（C が，自分は B の嘘の説明によって保証人になったとして，K 銀行に対して保証契約の錯誤による無効〔2017 年の民法改正後では，取消し〕を主張しても認められないとした判例もある）。そして③の答えは，とにかく連帯保証人のほうが圧倒的に負担が重いと答えられなければならない。詳しくは後で説明するが，「連帯保証人は何人もの人が連帯するので 1 人分の負担はただの保証人より軽い」と考えていた人がいたら，それは大変な間違いである。連帯保証人というのは，「主たる債務者と連帯して債権者に対して債務を負担する人」で，何人もの保証人が連帯するわけではない（つまり連帯保証人は 1 人でもよい）。そしてこの連帯保証人の場合は，普通の保証人のような補充的な役割では済まないのである。以下では，これらのことを少し体系的に説明しよう。

保 証 債 務

保証については，民法の中の債権編に規定があり，法学部の民法の授業では「債権総論」という部分で学ぶ。そこには，多数当事者の債権債務関係（つまり 1 つの債権債務に当事者が複数いる場合）の規定があり，保証債務は，連帯債務の後に出てくる。基本的には，保証人は，主たる債務者が債権者に対して債務を履行しないときに，債権者に対して，主たる債務者の代わりに債務を弁済する責任を負う者である。これはほとんどの人が知っていることだろう。このことを法律的に説明す

ると，保証人（普通の保証人）は債権者に対して2つの抗弁（請求に対して反論し拒める権利）をもっているということがいえる。つまり，催告の抗弁と検索の抗弁というのがそれで，前者は，もし債権者が主たる債務者より先に保証人に弁済の請求をしてきたら，保証人は，「先に主たる債務者のほうにいってくれ」といって弁済を拒めるというものであり，後者は，同じくもし債権者が主たる債務者より先に保証人の財産に強制執行（財産の差押えなど）をかけてきたら，保証人は，「主たる債務者にも財産はあるはずだから，先に主たる債務者のほうに強制執行をかけてくれ」といって執行を拒めるというものである。その意味では，保証には**補充性**があり，いわば保証人は主たる債務者の後ろに控えている者ということになる。なお，保証債務は，主たる債務に付き従うものだから，主たる債務が弁済などで消滅すれば，保証債務も消滅する。保証債務のこういう性質を，**付従性**という。

| 連帯保証 |

それでは，連帯保証とはどういうものか。これは，先に述べたように，保証人が主たる債務者と連帯して，債権者に対して債務を負担するもので，債権者との関係では，連帯債務者と同じ関係になると民法は規定する。どういうことかというと，**連帯債務**というのは，たとえばある人が友人と2人で共同事業をはじめようと思って銀行から「連帯債務者」と明示して1000万円を借りたとして，仲間うちでは500万円ずつ返す約束をしていたとしても，銀行から請求をされたら，どちらも1000万円全額の返済義務を負う，というものである（つまり銀

主たる債務者と
普通の保証人

主たる債務者と
連帯保証人

行は好きなほうに全額の請求ができる。もちろん合計2000万円とれるわけではない)。連帯保証人はこれと同様の関係になるというのである。法律的に説明すれば，連帯保証人は前記の2つの抗弁ができない。だから連帯保証には補充性がないということになる(付従性はある)。つまり，連帯保証人は主たる債務者の後ろに控えている存在ではなく，主たる債務者の横に並んでいる存在で，銀行としては，期限がきたら，主たる債務者にでも連帯保証人にでも，全額の弁済請求ができるのである(コメント)。

これを前記の例でいえば，Cは連帯保証人になったのだから，期限が来て銀行がCに全額の請求をしてきたら，先にBに請求してくれ，とはいえず，無条件に支払わなければならないのである。これは大変負担が重いことになる。保証人になることは非常に慎重であるべきであるし，連帯保証人というのは，なおのこと，主たる債務者と同列の立場で直接お金を借りる(直接債務を負う)のと同じだ，という意識で注意してほしい。配偶者同士でも，2人で家を買うなどという場合に妻が夫の(あるいは夫が妻の)銀行ローン債務の保証人になることはあるだろうが，事業のための借入金などについて保

(コメント) 保証人が2人いれば負担は半分で済む，というのは，連帯保証ではなく「共同保証」の話である。普通の(連帯でない)保証人の場合には，「分別の利益」といって，確かに2人なら2分の1，3人いれば3分の1の負担で済むし，債権者に対して「保証人が2人いるから500万円だけしか払わない」といえる。けれども，連帯保証人の場合には，何人いても，債権者との関係では請求されたらとにかく全額支払う義務が各人にあるので，分別の利益はない(払ってから主たる債務者や他の連帯保証人に求償することはできるが)。

証人になることは，家庭の崩壊を招くことさえありうるので，極力避けるべきである（2017年の民法改正では，会社と関係のない個人が事業債務の保証をする場合には，公正証書でその旨の申述をさせることにした。465条の6）。

このように，保証は保証人に一方的に負担を負わせるものであるので，2004年の民法改正からは，保証契約は書面でしなければならないこととし（446条2項），さらに個人が，**根保証**といって，一定の額までは主たる債務者が何回金銭を借り入れても保証する契約をした場合については，極度額（最高限度額）の定めがなければ無効とし（465条の2），債務を負う期間についても，元本確定期日といって，3年または5年経つとその段階で債務者が負っている債務額で保証対象額が確定し，それ以降債務者が借り入れをしても保証人の保証債務額は増えないという規定を置いている（465条の3）。

身元保証　上記の保証契約に似ているものに，身元保証とよばれる契約がある。たとえば君が会社に就職するとき，身元保証人という人を立てるようにいわれることがある。これは，君がもし会社に対して損害を与えた場合は，その保証人が賠償責任を負うというものである。これは，いわゆる保証契約が，主たる債務者の債務額に対して責任を負うものである（したがって主たる債務者の債務額以上にはならない）のに対して，もし損害を与えたらそれを（いくらになるかわからないが）賠償する，という点が異なる。したがってこれは一種の損害担保契約とされる。ただ，そうすると身元保証の場合には保証人の責任が広範で無限定

```
            身 元 保 証 書

        現住所　東京都台東区浅草○丁目2番3号
        氏名　　甲野太郎
                平成 10 年10月1日生
  このたび上記の者が貴社に採用されますにあたり，身元保証人と
して，貴社の就業規則を遵守して忠実に勤務することを保証いたします。
  万一，本人がこれにもとる行為をし，その他規則をみだし，貴社に
損害をおかけしたときは，本人をしてその責任をとらせるとともに，
その損害を賠償する責任を負担することを確約し，その証として本書
を差し入れます。
    令和　年　月　日
                    本人　　　　　甲野太郎　㊞
            保証人
            現住所　東京都台東区浅草○丁目2番3号
            氏名　　　　　　甲野一郎　㊞
                        昭和45年5月15日生
            本人との続柄　父

    東京商事株式会社代表取締役　乙山一男殿
```

なため，保証人に過酷な結果を生じる例も多かった。

　そこで，1933 年に身元保証法という特別法が制定され，身元保
証人に一定の保護を与えるようにした。具体的には，契約期間の制
限（当事者が期間の定めをしたときも5年を超えられない。期間の定めが
なければ通常は3年とする）とか，使用者の通知義務と身元保証人の
契約解除権（被用者に不適任・不誠実な行いがあったときには保証人に通
知しなければならず，また保証人はそのような通知があったら身元保証契
約の解除ができる）などを定めている。

　最近ではこの身元保証はかなり形式的なものになってきてはいる
が，参考までに就職の際の身元保証書の書式例を掲げておこう（就
職することそれ自体の法律的な問題は第3章で学ぶことになる）。

1 交通事故

●不法行為と民法・自賠法

ある日突然の
アクシデント

日常生活の中で，ある日突然に襲ってくるアクシデントといえば，交通事故がその最大のものであろう。すべての人は交通事故の被害者になる可能性があるし，逆に，車を運転している人はもちろんのこと，自転車に乗っているだけでも加害者になる可能性もある。この交通事故によって損害賠償の債権や債務が発生することは，民法では債権各論の中の不法行為というものにあたる コメント 。また，自動車事故の場合は，後に述べる自動車損害賠償保障法という特別法も適用される。

コメント ことに最近は自転車による交通事故が増えている。自転車も車両なのだから（道路交通法 2 条で軽車両とされている），信号無視などをしてはいけない。自転車で歩行者をはねて 1 億円近い損害賠償が判決された例もある。

民法の不法行為の規定では，この予期せぬ被害，予期せぬ加害をどのような判断で処理しようとしているのだろうか。また，民法以外に知らなければいけない法律知識にはどんなことがあるだろうか。さらに，運悪く被害者となった場合には，具体的にどんな対応が必要なのだろうか。

とりあえずの対応

　次のC君の例で考えてみよう。C君はどう対応すればよかったのだろうか。

> 　C君は，バイクで交差点を直進しようとしたところ，左折しようとしたトラックに接触した。C君は道路に投げ出されてバイクのミラーが壊れたが，トラックもすぐに急停止したので，それだけで済んだ。立ち上がったC君は，少しめまいがしたが，肘を擦りむいたほかはとくに外傷はなさそうだった。トラックの運転手が「大丈夫か」と聞いてきたが，C君に大した怪我もなさそうだと見ると，「これで修理もできるよな」といって1万円札を何枚か差し出した。C君は気が動転していたので，その数万円を受け取って「大丈夫です」と答えた。トラックはそのまま走り去った。C君は家までバイクで帰ったが，帰宅後気分が悪くなって入院することになった。

　これは困ったことになる。とくにC君が頭の中に大きな怪我などしていたら，大変だ。C君はまず，現場を保存し，警察に来てもらって「事故証明」というのを発行してもらわなくてはならない。相手の連絡先を確認することはもちろんだが，事故証明がないと，後述する相手の自動車損害賠償責任保険ももらえないことがある。もし大きな怪我や後遺症が出て，保険金では足りないとなって不法行為の損害賠償を請求するとなったら，事故証明なしでは，事実関

係の立証が難しくなる。

不法行為とは

最初に，一般的な不法行為の規定から学ぼう。不法行為は，民法の債権編が規定する4つの債権発生原因の中に規定されている。民法709条は，「故意又は過失によって他人の権利又は法律上保護される利益を侵害した者は，これによって生じた損害を賠償する責任を負う」と規定している(コメント)。要するに，わざと，またはうっかり，他人に損害を及ぼしたらそれは「不法行為」というもので，その損害の賠償をしなさい，というのである。

　1つ注意してほしいのは，ここでいう損害賠償は，刑法でいう罰と違って，損害の正当な塡補，つまり穴埋めをさせるものであるということである（同じ行為が民法の不法行為にも刑法の罪にもあたることも多いが，刑法上の犯罪と民法上の不法行為は制度の目的も成立する要件も異なるので，刑法上の罪になっても民法上の不法行為にならなかったり，その逆になったりすることも当然にある）。このような不法行為の具体例は大変幅広く，交通事故や公害などのような**事実的不法行為**とよばれるものだけでなく，営業利益の侵害とか契約の横取りのような**取引的不法行為**もある。賠償の対象となる損害は，財産的な損害ばかりでなく，精神的な損害（いわゆる**慰謝料**）も含まれる。もっ

(コメント)　2004年改正までの民法709条の条文の表現は「他人ノ権利ヲ侵害シタル」となっていて，古くは，権利といえないものを侵害したら不法行為にはならないのか，ということが問題になった。現在ではこの点は，次の成立要件のところでも説明するように，「違法に他人に損害を与える」という意味と解釈されており，2004年改正ではその趣旨が条文上明らかになるように修正された。

とも，後で述べるように，その損害を与えたことに違法性がなければならないから，たとえば柔道の試合でルールどおりに技をかけて投げたら相手が骨折した，というような場合は不法行為にはならない。では，どういう場合に不法行為が成立するのかを次に学ぼう。

| 不法行為の成立要件 | 民法709条に示された一般的不法行為の成立 |

民法709条に示された一般的不法行為の成立要件は，まず第1に**故意または過失**の存在である。ここには，民法の3大原則の1つといわれる，**過失責任の原則**が存在する。つまり，私たちは故意や過失の有無を問わずに責任を負わされるというのでは個人の活動の発展が阻害されるので，個人の活動の自由を確保するためにも，故意・過失のあった場合のみ責任を負わせる，という考え方である〔コメント〕。この考え方は基本的には今日も生きているが，取引社会が高度化し，さまざまな局面で損害が発生するようになった現代では，部分的には無過失責任

〔コメント〕 不法行為の損害賠償では，加害者に故意・過失があったということは賠償請求する被害者が立証しなければならない（立証責任が被害者にある，という）。民法でもう1つ損害賠償の問題が出てくるのは，第1章*2*で学んだ債務不履行の場合だが，この場合には債務者側の故意・過失などの帰責事由の存在は，成立要件ではなく，賠償請求する債権者は立証の必要がない（債務者側に，自分のほうには帰責事由がなかった，という立証責任が負わされ，それが立証できない限りは債務者は損害賠償させられる）。これは，契約当事者は信義に従い誠実に債務を履行すべき関係なのだから（民法1条2項はこの「**信義誠実の原則**」を規定している），不履行があったときは債権者は不履行の事実だけ明らかにして賠償請求すればよいのに対し，不法行為はほとんどがそういう関係になかった者同士の問題であるから，賠償請求するためには被害者が加害者の故意・過失の存在を証明しなければならないとされるのである。この点は不法行為のほうが賠償請求者にとって不利であるといえる。

の考え方も導入されてきている（さらに後述の**3**製造物責任のところの考え方も比較してほしい）。なお，過失の概念については，かつては主観的に個々の加害者の心理的な不注意をいうと考えられていたが，今日では，予見ができて注意すれば防げた結果について，回避する義務を怠ったという，客観的に判断できる**結果回避義務違反**ととらえられている。

第2には，先に条文の表現でもふれた，**違法性**という要件である。スポーツ中の事故とか，正当な取引行為とみなされる場合とかは，この違法に損害を与えたという要件にあたらないことになる。

第3の要件は**損害の発生**で，たとえば故意に他人を傷つけようとしても，結果的に損害がまったく発生しなければ不法行為にはならない（刑法上の罪になるケースはありうる）。この損害は前に述べたように財産的損害と精神的損害を含む。また財産的損害の中には，交通事故の治療費のような被害者が現実に出費する**積極的損害**と，怪我で仕事を休んで収入が得られなかったという**逸失利益**のような消極的損害とがある。さらに侵害される利益の中には，名誉やプライバシーなどの**人格的利益**も含まれる。

第4の要件が，加害行為と損害の発生の間に**因果関係**があることである。つまりその加害行為によってその損害が発生したという原因—結果の関係があることが必要である。

以上4つの要件が揃ってはじめて不法行為が成立する。

| 責任能力 |

そしてもう1つ，これは成立要件とは少しニュアンスが異なるが，不法行為の損害賠

償責任を負うためには加害者に責任能力があることが必要とされる。つまりその者が，知能ないし判断能力について最低限一定の能力を備えていることが必要で，それのない者は**責任無能力者**として責任を免除されることになる。民法が規定している責任無能力者は，未成年者のうちで**行為の責任を弁識するに足りる知能を備えない者**（民法712条）と，**精神上の障害により自己の行為の責任を弁識する能力に欠ける状態の者**（713条）である。前者は，1人ひとり個別的に判断しなければならないが，大体12歳前後が一応の基準と考えられている。後者は，故意または過失によって一時的に弁識能力を欠いたときは除かれるので（713条ただし書），たとえばわざと酒を飲んで泥酔して人に怪我をさせた場合は賠償責任を免れることはできない。←これらの責任無能力者のした不法行為については，それらの者を監督する法定の義務のある者（たとえば子どもであれば親）が賠償責任を負う（714条）。

| 特殊の不法行為 | 民法は，709条の一般的不法行為以外に，いくつかの特殊な不法行為を定めている。

それらはいずれも成立要件において多少無過失責任的な要素をもっているのが特徴である。たとえば715条の**使用者責任**は，事業のために使っている人間（被用者）のした不法行為について，被用者自身ももちろん責任を負うが，その者を使っている使用者，あるいは使用者の代わりに監督している者も一緒に責任を負うというものである。ただし，この場合も使用者や監督者がその被用者の選任・監督について相当の注意をしていたと認められる場合は免責されるし，被害者に賠償をした使用者や監督者は，不法行為をした被用者に求

償できるという規定もある（715条3項）。ただこの求償の規定については，結局最後には被用者が全部払わされるのでは不当なケースもあるので，信義則からして全部は求償できない場合もあるというのが最近の判例・学説の考え方である。

また719条は，**共同不法行為**といって，たとえば数人に殴りかかられてそのうちの誰かの拳が当たって失明したなどというときには，加害者が特定できずに賠償請求できないとなれば被害者の保護に欠けるので，このようなケースでは殴りかかった数人が各自連帯して責任を負う，と定めている。さらに同条2項では，そそのかしたり手伝ったりした者（教唆した者・幇助した者）も共同行為者とみなすとしている コメント 。この共同不法行為は，交通事故でも問題になる。たとえばP車とQ車が衝突して，歩道を歩いていたRに怪我をさせた，という場合には，Rは，PとQの共同不法行為として，両者に損害の賠償を請求できる。この場合は，双方ともに全額の賠償義務を負うことになり，たとえば治療費など賠償金額が100万円だとしたら，Rは，Pに100万円請求しても，Qに100万円請求してもよいし，適宜分けて請求してもよい。

不法行為に関するその他の規定

不法行為の賠償方法は金銭賠償が原則だが（民法722条1項），とくに**名誉毀損**の場合には新聞紙上の**謝罪広告**などが判決によって

コメント 「みなす」というのは，法がそう決めるという意味で，当事者が反対の証明をすることが許されない。これと異なり「推定する」という場合は，当事者が反対の証明ができればくつがえせる。

命じられることもある（723条）。なお，交通事故などで，被害者側にも落ち度があった場合，**過失相殺**といって，裁判所はそれを考慮して賠償額を決めることができる（722条2項）。たとえば，損害が100万円で事故発生についての過失割合が7対3で，被害者にも3割の過失があったと認定された場合には，賠償額は70万円という判決が下されるわけである。

なお，不法行為の損害賠償請求権については，行為の時からは20年，損害および加害者を知った時からは3年という，二重の時効期間が定められている（724条）。さらに人の生命・身体を害する不法行為については，3年ではなく5年とする（724条の2）。したがって，たとえば交通事故で怪我をして，相手も損害もわかっていたのに賠償請求をせずに5年経ってしまうと，もう法律上請求できなくなる（事故の後しばらく経って後遺症が現れたという場合は，後遺症についてはそこで損害を知ったことになるので，そこから5年と計算する）。

| 自動車損害賠償保障法

さて，不幸にして交通事故の被害者になってしまった場合，加害者が自動車に乗っていた場合には，自動車損害賠償保障法（**自賠法**）という民法の特別法が関係してくる。この法律では，①運行供用者という概念で，自動車の保有者など，実際の運転者以外の一定の範囲の人にも人的損害についての賠償責任を負わせる（実際の運転者は当然民法709条の不法行為の責任を負う），②強制的な損害賠償責任保険（自賠責保険と略される）の制度を作って，自動車の保有者に必ず加入させ，そこから賠償金が払われるようにする（ひき逃げの場合も被害者は政府の

損害賠償保障事業により賠償を受けられる），などという被害者保護の方策をはかっている。この法律は3条で，運行供用者すなわち「自己のために自動車を運行の用に供する者」は，自己および運転者に過失がなかったこと，被害者または運転者以外の第三者の故意・過失があったこと，自動車の構造上の欠陥や機能上の障害がなかったことをすべて証明しなければ責任を免れないという，実質的に無過失責任に近い厳しい責任を課している。したがって，自動車事故の被害者は，通常の場合，まずこの自賠責保険から損害額の回収をはかり，不足分を民法の不法行為によって損害賠償請求していくことになる（それゆえ自動車の運転者は必ず任意保険にも加入しておくべきである）。

　この自賠法3条にいう**運行供用者**になるかどうかは，自動車の運行に支配を及ぼし，その運行から利益を上げているという基準で判断される。したがって自動車の保有者は一般に運行供用者であるといえるが，自動車が盗まれて運転された場合には，泥棒運転者が運行供用者になる。また判例は，被害者保護のためにこの運行供用者概念を広げる傾向にあり，レンタカー会社を運行供用者としたものや，同居する未成年の子どもに自動車を買い与え，保険料その他の経費なども払っていた父親を運行供用者としたものなどがある。

Column ⑤　妻は他人？

　自賠法3条では，運行供用者および運転者を除く「他人」の人身損害について賠償責任が生じることになっているので，事故車の同乗者がこの「他人」にあたるかどうかが大きな問題になる。判例は，被害者保護の観点からこの「他人性」も拡張する傾向にある。たと

えば，1972年の最高裁判所判決は，夫の運転する自動車に同乗中の事故で負傷した妻もこの自賠法3条にいう「他人」にあたるとして，夫の掛けた保険に対して妻が保険金を請求できるとしている。

なお，自賠法3条では物的損害は対象にしていないので，被害者の衣服・持ち物などの損害は民法709条の不法行為で賠償請求することになる。また，自賠法4条は責任成立要件以外については民法の規定を適用すると定めているので，死傷による賠償範囲・賠償額などについても不法行為の一般原則に従うことになる。

2 医 療 事 故
●医療行為とインフォームド・コンセント

医療事故の発生

　私たちは，医師の医療行為によってずいぶん命を助けられたりしているのだが，不幸なことに医療上の事故によって大きな被害を受けることもある。それは，医師や看護師の単純な過失によって起こる場合もあるが，その当時の医療水準では十分に解明できなかった理由によって起こることもある。さらには，たとえばある手術がそもそも何十％かの危険をもっているものなのに，それを知らされずに手術を受けて予後不良となり，トラブルが生じたというケースもある。これらについて法律的に勉強してみよう。

患者が医者に治療を依頼するのは，民法でいえば契約である（民法に規定されている典型契約の種類でいえば委任契約に含まれようが，特殊な要素もあるので，いちおう医療契約という別の名称をつけておこう）。そうすると，医師側に過失等の帰責事由があって，たとえば明らかに処置や投薬を間違えて患者に損害を与えたというのであれば，これは，契約上の債務不履行（不完全履行）にもなるし，交通事故のところで述べた不法行為も成立することになる。患者としては，どちらを理由として損害賠償請求してもよい。ただ，一般論としては，前にコメントでふれたように（46頁(コメント)参照），不法行為の場合は賠償請求する被害者（この場合は患者）が加害者（医師側）の故意・過失を証明しなければならないのに対し，債務不履行の場合には，債権者（患者）は債務者（医師側）の帰責事由を証明する必要がないので（債務が履行されていない事実だけ立証すればよい），債務不履行による賠償請求のほうが楽であるといえる。←こういう，複数の法的根拠で請求できる場合を「請求権競合」というが，その場合も損害の２倍を請求できるわけではない。

　ただ，医療契約の場合で問題なのは，そういう明らかなミスではないケースである。そもそも，医療契約における医師側の義務（法律用語でいえば債務）とはどういうものだろうか。これは，大工が家の建築を請け負う請負契約のような，仕事を完成させる義務，つまり「患者を完全に健康体にして退院させる」義務ではないだろう。「患者が健康体になるように最善の努力をする義務」であるはずだ。←請負のように，一定の結果が達成されることが要求される債務を結果債務といい，これに対して医師の医療債務のように，経過において最善を尽くすべき債

務を手段債務という。

　そうすると，医師の債務が履行されたかどうかは，患者が健康になったかどうかではなく，最良と思われる医療行為をしたかどうかということになるので，医療事故の場合は，そもそも債務不履行があったかどうか（結果として治癒しなかったことが債務不履行にあたるのか）の判定や立証が難しい場合があるのである。

医療事故の代表例 　わが国での医療事故で大規模な訴訟になったものとしては，未熟児が保育器の酸素管理の不備のため失明する未熟児網膜症（1970年代に多発，その後多数の訴訟が続いた）や，乳幼児期に風邪などで筋肉注射を受け，足や肩の筋肉が発達しなくなる筋短縮症（1978年提訴，94年に和解）などがある。未熟児網膜症に関する訴訟において，最高裁判所は，その治療法（光凝固法）が確立した以前のケースでは，医療水準からして医師の処置を違法とはいえないとして損害賠償の請求を認めていないが，治療法確立以後のケースでは請求を認めている。

医師の説明義務 　医師に限らず，弁護士，不動産鑑定士などのいわゆる専門家には，業務にたずさわる上でその専門の者としての高度の注意義務が課される。加えて医師の場合には，たとえばある手術の成功率や後遺症の出る可能性などを説明せずに手術をして，成功しなかったり後遺症が出た場合，あらかじめ説明する義務があったのにしなかったとして，医療契約の債務不履行を認めたり，不法行為の要件としての過失を認めるとい

う考え方が一般である（弁護士や金融商品のリスクを説明しなかった金融機関の担当者などが説明義務違反に問われる例も増えている）。

インフォームド・
コンセント

医師の説明義務の問題は，より広く「バイオエシックス（生命倫理）」の問題につながる。そのバイオエシックスの基本的原理の1つとして，患者の「自己決定の原理」というものが挙げられる。医療において，各個人の自由権に基づき，自らの生命および身体に関する治療処置については，患者自身が最終的な判断をするべきだということである（→第7章⑦）。この原理を具体化するものとして，インフォームド・コンセント，つまり十分な情報に基づく同意の必要性が提唱され，定着するようになった。医師が診断や治療にあたって，患者に病状や治療の方法，手術の成功率などを伝え，患者がそれを理解し同意して治療に参加するというものである。上記の医師の説明義務は，その1つの法的な位置づけといってもよい。

Column ⑥　インフォームド・コンセントの実施

　わが国では1992年に成立した医療法改正案の附則の中に，インフォームド・コンセントの内容が盛り込まれ，94年2月には，民間・国公立約2500の病院で構成されている日本病院会が，5項目の指針を定めて各病院に指示した。そして97年の医療法改正によって，医療者が適切な説明をして患者の理解を得る努力義務が初めて明記されるに至った。ただ，がんの告知などについては，諸外国では告知されるのが普通になってきているが，日本では死生観や宗教の違いなどから，患者個人とその環境をよく見極めてから行われ

るべきであるという意見も強い。

~~~~~~

3　欠陥商品による被害

●製造物責任

家のテレビが
火を吹いた！

本書のここまでの記述を思い出しながら，次のような設例を考えてほしい。①②それぞれに，A子さんの家族としては誰を相手にどのような法律的手段がとれるのだろうか。

> A子さんの実家に，買ってから1年半ほどのテレビがある。近くのP電器店で買った，Q社製のものである。A子さんが実家に帰った久しぶりの一家団欒の夜，そのテレビが突然火を吹いた。さあ，どうなる。
>
> どうなる，といってもここは法律の話である。もう少し冷静に考えよう。まず，火を吹いた結果どうなったかの場合を分けて考えよう。
>
> ①A子さんがすぐにコンセントを抜き，テレビは内部が一部焼けてもちろん壊れたが，それ以外は何も被害が出なかった。
>
> ②テレビから出た火が後ろのカーテンに燃え移って，A子さんと家族で急いで消し止めたのだけれど，部屋のカーテンや家具がいくつか燃え，また部屋中が水浸しになって畳やカーペットがだめになった。テレビ本体はもちろん黒焦げである。

　損害賠償の請求先として考えられるのは，テレビの売り主であるP電器店と製造メーカーのQ社といったところだろう。それとも泣き寝入りするしかないのだろうか。契約とか不法行為とかの法律

的な構成に基づく説明ができれば，民法の理解がだいぶ進んでいるといえる。

まず，A家がテレビを買った相手はPなのだから，A・P間には売買契約がある。そうしたら，Pに対しては，変なものを売ったという売買契約上の責任の追及ができるはずである（正しい履行をしなかったという債務不履行責任による損害賠償の請求や，売買契約で価格に見合わないキズ物を売ったという契約不適合責任による損害賠償の請求など。→第1章）。ただ，債務不履行といっても，小売店であるPには，メーカーであるQ社製の新品のテレビが欠陥品かどうか知るよしもないし，いちいち調べなくても過失があるとはいえない。そうすると，契約不適合責任といっても，小売店Pには，たかだかテレビ本体の価格くらいまでしか損害賠償請求できない可能性がある。すると，①のケースならこれでもよさそうだが②のケースでは家具などの損害賠償まではとれないことになる。

それでは次に，テレビのメーカーQ社に対する損害賠償請求を考えよう。もともと素人考えでも，小売店Pに賠償請求するよりは，造ったメーカーのほうに責任もあるし賠償の資力もあると考えられる。けれども，ここで困るのは，A家とQ社との間には，直接の売買契約上の関係はないということである。そうすると，売買契約に基づく債務不履行の損害賠償請求などはできないことにな

る。もっとも，一般に電気製品については，メーカーは保証書をつけている。Ａ家でもテレビ購入の時，Ｐが店のハンコを押して保証書をくれた。この保証書は，別にＰが保証するのではなく，Ａ家とＱ社との間の品質保証契約であり，保証期間については故障が起こっても無料で修理する，というものである。したがって，保証期間内ならば，通常の利用方法で利用していたのに修理不能なほど壊れたのなら，新しい別のものと取り替えてくれることになるだろう。これができれば①の場合は簡単に決着がつく。ただ，このテレビの場合は保証期間は１年だったので，これは使えない。けれど，欠陥品を造っておいて保証期間が過ぎたら何も責任追及されないのはおかしい，と誰もが思うだろう。

　そこで，次に考えるのが不法行為である。火を吹くようなテレビを造ったのだからＱ社には少なくとも過失があるはずだ。だから不法行為の損害賠償を請求すればよい。不法行為ならば，故意または過失によってその不法行為で与えた（因果関係のある）損害はすべて賠償させられるのだから，②のケースでも損害分は全部払ってもらえるはずだ，となるのだが，ここで困ったことが出てくる。不法行為では，すでに学んだとおり，加害者に故意や過失があったことは，被害者が立証することになっている。電気器具についての詳しい知識があるわけではないＡ家の人々にとって，Ｑ社の製造工程のどこでどういう過失があったなどという証明は大変難しいことになる。なお，大規模な公害などでは，複数の被害者が共通の被害を受けているので，蓋然性の証明といって，こういう廃液が流れなければこういう病気は起こらなかったはずだ，などと大体の証明をす

れば後は加害者側がそれを否定する証明をできない限り過失が立証されたことにする，という立証責任の転換も行われているが，個々の事故については，そのような裁判上の配慮もなかなか難しい。テレビ1つについて，発火という事故が自分たちの使い方のせいではなくてメーカーの製造上の過失のせいなのだと証明することは，実はそう簡単なことではないのである。では不法行為による損害賠償請求もうまくいかないのか。ここでA子さんは，はたと困ってしまうのである。

　実は，困るのはA子さんだけではない。たまたまテレビを例に挙げたが，このような問題は，自動車でも，加工食品でも，スポーツ用品でもと，さまざまな製品について起こりうることである。そして，日本だけでなく全世界で問題になることである。こういう問題を，より容易に解決できる法律はないものか。

製造物責任法の登場

　そこで立法されたのが，特別法としての製造物責任法（PL法）である。←英語のProduct Liability（製造物責任）の頭文字を取ってPL法と一般によばれることがある。世界各国で類似の内容で立法されてきたこの法律が，日本でも1994年7月1日に公布され，95年7月1日から施行された。この法律は，端的にいうと，不法行為でいう「過失」の要件を，製造物の「欠陥」という概念に置き換えて，引き渡した製造物の欠陥によって他人の生命，身体または財産を侵害したときは，これによって生じた損害を賠償する責任を負うとしたものである（PL法3条）。ただし，その損害が当該製造物についてのみ生じたとき（つまり，

前の例なら①のテレビだけの損害の場合）はこの法律によっては責任を負わない（3条ただし書）。もちろん，この法律は民法と併存するものだから，その場合も上に説明した民法上の契約責任や不法行為責任が追及できることは当然である（6条参照。被害者にとって救済の道が増えたということになる）。

　これは，理論的にいえば，民法全体に共通の原則である「過失なければ責任なし」という「過失責任の原則」を，製品事故の分野において製造過程の過失の有無を問わず製品に欠陥があれば責任を問えるという「欠陥責任」に変更したもので，これによって被害者がメーカーなどの過失を立証する必要はなくなった。ただし，この製造物責任法でも立証責任が被害者側にあることは不法行為と同様と解されており，A家のほうでテレビの欠陥の立証をしなければならないが，一般論としては過失の立証を欠陥の立証に変更することによって相当に立証責任が軽減されると考えられている（「欠陥」の定義は，「当該製造物が通常有すべき安全性を欠いていること」（2条2項）とされているので，通常の使い方で火を吹いたテレビとか，振ったとたんにグリップのゴム部分だけ残って先が飛んでいった金属バットなどのケースを考えた場合，欠陥の立証は常識的に考えてもそれほど難しくないだろう）。

　なお，この法律で「製造物」とは，製造または加工された動産をいうと定義されるので（2条1項），加工された食品類も含まれるが，加工していない魚肉や農産物などは含まれないことになる。また，この法律で「製造業者等」とされる者は，当該製造物を業として製造，加工または輸入した者をはじめ，（たとえ自分で製造していなくても）自ら製造業者としてその製造物に氏名，商号，商標その他の表

示をした者（同条3項）などが含まれる。ただ，どんなに高度な技術でもわからなかった欠陥によって生じた被害まで賠償の対象となるのでは製造者側にも酷になるので，この法律では，「開発危険の抗弁」といって，その製造物が引き渡された時点における科学技術によっては欠陥の認識ができなかったということを製造業者等が証明すれば，賠償責任を免れることになっている（4条1号）。

| 企業はどう対応
すべきか |

さて，本書の読者諸君も就職して製造業者側の一員になるかもしれないから，企業は製造物責任にどう対応すべきかについてふれておこう。企業は，何よりもまず製造物責任が発生することを事前に防止する体制を充実させておく必要がある。つまり製品の安全対策を怠らないようにしなければならない。欠陥には，「製造上の欠陥」「設計上の欠陥」「指示・警告上の欠陥」の3種類がある。最後の「指示・警告上の欠陥」については，説明書や注意ラベルなどをつけるわけだが，その「表示方法」と「表示内容」の双方について検討をしなければならない。次に，もし欠陥事故が起こってしまったときのためには，**生産物賠償責任保険**に加入しておくことが必要である。無用の裁判沙汰を避けるために，自社製品による事故に対する消費者相談（苦情受付）窓口を充実・強化させておくことも有益であろう。さらに近年は，自動車メーカーや家電製品メーカーが，資金を出し合い，弁護士や学者に依頼して中立的な ADR 機関（→第6章*3*）を作っているケースもある。

4 悪徳商法による被害

●特定商取引法・割賦販売法

ある日，B君の電話が鳴った。非通知だったが出てみると，若い女性の声で，「おめでとうございます。あなたは今年成人を迎えた人の中から，幸運の当選者になりました。海外旅行に3万円で行けます！」というのである。なんだかわからないが，ずいぶんラッキーなことらしい。ついては詳しい説明をするから印鑑をもって駅の近くの会場に来てほしい，という。電話の女性の声がとても魅力的だったので，ついB君はいわれたままにアポイントをとり，その会場へ向かった。

指定された部屋には，2人の女性がいて，B君の両側に座り，本当に3万円で海外旅行に行けるという。ただ，「君，海外ははじめて？　じゃあ英語を少しやっておかないと。これがとってもいいのよ」ということで，英語の教材とレッスン料でワンセット30万円コースというのを勧誘された。3万円の旅行はフライトの空きがないとキャンセルになるが，この教材を買えばフライトも特別に確保するという。「ね，絶対お得よ」という声に押されるように，B君は契約書にサインをしてアパートに帰った。

喜んでガールフレンドのA子さんに電話をしたB君だったが，彼女は一瞬の沈黙の後で，「それって悪徳商法よ。そんなお金，バイトしたって払えないでしょ。いつ契約したの。早くクーリング・オフしなくちゃだめ」と早口でB君の知らない英語まで使ってたしなめてきた。

悪徳商法のいろいろ

こういう悪徳商法には，いろいろな手口がある。青少年を相手にする単純なものとしては，繁華街でアンケートに答えさせて，それならこういうものがあると映画鑑賞のチケットや化粧品を売りつけるキャッチ・セール

スとか，上記の例のように一人暮らしの大学生などに電話をして喫茶店などによび出して英会話教材などの購入を勧誘するアポイントメント・セールスなどがあり，異性にとり入って「君にはこれが似合う」などといって商品を購入させるデート商法というのもある。さらには，主婦などを相手に密室状態の会場で卵やティッシュペーパーなどの先着順の投売りをして一種の集団催眠状態を作り，最後にその勢いで羽毛布団のような高額商品を買わせてしまう催眠商法，姓名判断や手相見からはじめて厄払いの壺や多宝塔などを売りつける霊感商法，実際には到底居住などできない荒れ地をさも値上がりする土地のように見せかけて購入させる原野商法など，実にさまざまなものがある。

| 契約の拘束力と 民法上の処理 |

これらの悪徳商法に共通しているのは，巧みなセールス・トークや状況設定で，消費者が買う気のなかったものを買わせてしまうというところである コメント 。これが完全な嘘をついて消費者をだましていることが明白なら，話は比較的簡単になるのだが，そうではないところが問題なのである。勧誘者は，消費者に「購入すればもうかる」とか「購入しなければ不幸になる」などと思い込ませているのだが，契約の申込み自体は表面上は消費者の意思でさせて

コメント セールス・トークでよく例に出されるのは，一見制服らしきものを着た人が，「消防署のほうから来ました」といって消火器を買わせる，というケースである。「消防署のほう（方角）から来た」のであって，「消防署から来た」のではないというのである。実際に消防署が消火器の訪問販売をすることはない。

いるのである。

　そうすると，これを民法上で評価するとどういうことになるか。第1章で学んだことを復習してみよう。

　民法は，当事者の意思による自治ということを基本に考えているから，判断力のある成年者が自分の自由に形成した意思で契約を結んだ場合は，とにかくこれを守る義務があるとする（約束どおり履行しなければ債務不履行で損害賠償をさせられる）。ただ，判断力のない未成年者などであれば，それらの者を保護する趣旨で，親などの同意を得ていなければ意思表示の取消しを認めているし（民法5条），成年者でも，自由な意思形成がなされなかった場合，つまり詐欺や強迫による意思表示の場合はこれを取り消せるとし（96条），契約書にゼロを1つ多く書いてしまったというようなまったくの（意思のない）勘違いによる表示の場合は，これを錯誤として取消しができるとしている（95条）。したがって，悪徳商法にひっかかった被害者が未成年者ならば，取消しが可能なわけだが，問題は成年者の場合である（上記のB君の例も成人式を迎えた人を対象に勧誘している）。多くの悪徳商法では，消費者の意思形成を巧妙に誘導しているが，完全にだましたり脅したりして意思表示をさせているわけではないので，詐欺にも強迫にも錯誤にも該当しにくいというケースが多いのである。したがって，このような問題を民法で完全に解決することは難しいことなのである（コメント）。

（コメント）　このほかに民法による対処の手段としては，これもすでに学んだ公序良俗（公の秩序・善良の風俗）違反の法律行為は無効とするという規定（民法90条）がある。これは，たとえば禁制の麻薬の売買契約であるとか，殺人を依

そこで登場するのが，消費者保護のための特別法である。これには，たとえば**特定商取引法**（訪問販売や通信販売等の形でされる取引が対象）や**割賦販売法**がある。これらは，本来は業者の規制のために作られた法律であるが，何度かの改正を経て，消費者保護のための法律という色彩を強めてきている。それらの法律では，業者に対して，契約時には契約条件を明示して契約書を必ず作成交付することなどを義務づけているが，中でも消費者保護のための代表的な規定といえるのが，後述のクーリング・オフという制度である。

さらに，個別法ではない包括的な形でより消費者の保護をはかろうと，2001 年 4 月には**消費者契約法**が施行された。もともと事業者と消費者との間では，情報や交渉力に格差があり，消費者は，事業者からの勧誘が適切なものでなければ，契約締結のための正しい意思決定ができないおそれがある。そこで，消費者契約法は，事業者が消費者に不実の（嘘の）事実を告げる等の不適切な勧誘を行い，これによって消費者の自由な意思決定が妨げられた場合には，消費者は契約を取り消すことができることにした。具体的には「**誤認**」と「**困惑**」という 2 つの類型を規定し（同法 4 条），これで，民法の詐欺や錯誤あるいは強迫にあたらない程度の不適切な勧誘行為があ

頼して報酬を払う契約などは公序良俗違反で無効である（債務が成立しない）とするものであり，これも明らかな暴利行為などの場合には使えるのだが，当事者がもうけようという意図をもっている射倖性のある契約の場合には，なかなか公序良俗違反とまではいえない。また，前述の不法行為にあたる場合もあろうが，これも当事者が納得して契約している場合には，勧誘者の故意過失を認定することがなかなか難しい。

った場合でも取消しを可能にしたのである（ただ，「困惑」にあたるのは，勧誘者の不退去や監禁行為があった場合などとされている）。

クーリング・オフ　クーリング・オフは英語の cooling-off で，off は電気のスイッチの on-off という場合と同じ意味だから，「頭を冷やして契約をやめる」という制度であると考えればよい。本来の民法理論でいけば，拘束力のある契約を結んだ以上，勝手にやめるわけにはいかない。売主に債務不履行があれば買主は解除ができるが，売主が品物をもってきているのに買主がお金を払わない，ということは本当はできない理屈である。けれども，上記の悪徳商法の例では，消費者は，巧妙な売主の話や状況設定によって一種のパニックに陥り，冷静な判断力を制限された状態で契約しているのである。こういう消費者は，一定の期間内であれば，再考の結果無条件で契約の申込みを撤回したり契約を解除したりできるというのが，クーリング・オフ制度の趣旨である。

　クーリング・オフできる期間は取引形態によって異なり，訪問販売・通信販売や割賦販売の場合は契約書の受領後 8 日以内（特定商取引法 9 条，割賦販売法 35 条の 3 の 10〜35 条の 3 の 12），後述のマルチ商法の場合は 20 日以内である（特定商取引法 40 条）。なお，従来はクーリング・オフは必ず書面でしなければならなかったが，2021 年の特定商取引法の改正で，FAX や電子メール，アプリ上のメッセージ機能，事業者ウェブサイトの専用フォーム利用，などでもよいことになった（2022 年 6 月 1 日施行）。

　けれども，この制度も決して十分ではない。上記の B 君の例や，

催眠状態で羽毛布団の購入契約をして，家に帰って家族に諭された，というような場合なら8日間で間に合うだろう。だが，これがもっと複雑な契約形態になると，自分が被害者になったと気づいた時にはもうひと月もふた月も経ってしまっている，という場合も多いのである。その複雑な悪徳商法の例として，次のマルチ商法がある。

マルチ商法

典型的なマルチ商法というのは，たとえば何かを販売する会員にならないかと勧誘するのだが，そのシステムが，商品を販売することよりも，別の新しい会員を入会させることによって利益が得られる形になっているものである。これは，マルチレベル（多重層）の販売という意味でマルチ販売とよばれるのだが，古くからあるネズミ講のバリエーションと思えばよい。ネズミ講というのは，入会金を払って講とよばれる組織に入り，原則として2人以上の新しい会員を加入させると今度は自分にその入会金の一部が入ってくる，というものである。これは確かにたくさんの子（1代下の会員）や孫（2代下の会員）を加入させれば自分がもうかるのだが，この場合，会員がまさにネズミ算式に増えるので，計算上は27代続くと日本の人口を突破してしまう。もちろん，1人の市民の交際範囲はもっと狭いから，実際には数代くらいですぐ行き詰まってしまうのである。これを商品販売という形でカムフラージュしたのがマルチ商法と思えばよい。

このマルチ商法の場合，複雑な契約の仕組みをよく理解できないまま，新会員を何人も加入させれば大変な利益が得られるといわれて，喜んで入会金を払って加入する。そのときは，他の人にもこう

いうおいしい話を広めようという意識さえあり，職場や大学などで進んで勧誘をする。それが自分の周囲の人間を何人か会員にしたところで行き詰まって，思ったような収入が得られず，はじめて自分はだまされたのかと気がつくのだが，そのときにはもうクーリング・オフの期間は過ぎており，しかも自分が入会させた知人らも，少しも新会員を勧誘できず，損失を被る結果となっている場合が多いのである。結局，四面楚歌となって友人も職場も失う，というような悲惨な被害が待っている。

　マルチ商法は，やはり民法の契約や不法行為の関係の規定だけでは対処しきれないので，特定商取引法で連鎖販売取引という名称で規制している。ただ，悪徳商法の勧誘者は，法律の規制に抵触しないように工夫をしてくるので，注意が必要である。

Column ⑦　悪徳商法の被害に遭わないために

　悪徳商法の勧誘者は，言葉巧みに，人の心のスキを突いてくる。いちばん危ないのは，「絶対」と「ちょっと」が一緒になったときだと覚えておこう。「絶対もうかりますから，ちょっと買ってみませんか」といわれたら，はっと冷静になってみることだ。絶対もうかるのなら，セールスマンが自分ですればよいのである。ちょっと，という誘いに乗ると，どんどん被害が大きくなる。

　悪徳商法は，マスコミで報道されると下火になるが，また何年かして市民の意識が希薄になると盛んになるという傾向がある。

　もし友人が悪徳商法の被害者になってしまった場合は，全国各地の消費生活センター（都道府県や主要都市にある）に相談するよう，助言してあげよう。

第3章

雇用社会のルール

1 はじめに

●新しい雇用社会

21世紀になって四半世紀, 働くことの意味は大きく変わった。かつての日本では, 働き手の中心は青壮年の男性であり, 働き方の共通の原理は「身を粉にして会社に全力投球する」というものであった。これに応じて, 企業の人事制度は, いわゆる年功制賃金を軸とした長期雇用中心の形態が通常であり, 女性労働者やパートタイマーは基幹的労働者とは考えられていなかったのである。

しかし, 国際化の拡大やIT（情報技術）の進展など経済環境自体が多大な変貌をとげるのに応じて, 私たちをめぐる雇用社会のあり方も急速な変化を続けている。長期雇用を前提とした人事システムから, パートタイム労働や有期雇用など多様な雇用形態の労働者が縦横に活躍できるしくみの定着へ, 青壮年男性中心から女性, 高齢者, 障害者, 外国人等もそれぞれ重要な役割を与えられる全員参加の雇

用社会へ，そして労働者は会社に人生のすべてをゆだね，会社は労働者を可能な限り保護するという「社会的合意」から，個人の選択を重視し，職業生活と家庭生活を調和させるという理念の実現へ。さらに，猛烈な規模で定着してしまった少子高齢社会に対応する雇用や社会保障の枠組みも，これまでとは基本的に異なるものとならざるをえまい。

　このような新しい雇用社会の中で，私たちは「働く」という行為によって人生を営んでいくことになる。その働き方も，「雇われて給与を得る」，つまりは「**労働者**」になるという形態をとることがまだまだ通常であるといってよかろう。ということは，私たちの圧倒的多数は，間違いなく労働法の適用を受け，その直接的なコントロールの下に生涯をおくるということなのだ。さらに，仮に将来自立して，逆に人を雇う立場に立ったとしても，今度は「**使用者**」という存在として，改めて労働法の適用を受けることになるのである。雇用という現象についての法のシステムを知ることは，したがって，私たち自身の人生を満足のいくものにするための不可欠の条件だといってもよい。そして雇用社会をつかさどる「労働法」との出会いは，実は学生時代からすでにはじまっている。

2 労働法との出会い

> ほとんどの学生が
> 馬鹿をみている！

まず次の事例を読んで，自分や先輩につき思いあたる節はないだろうか。

①Aさんは大学の近くのコンビニエンス・ストアーで，毎週土曜と祝日に，時給1000円で1日8時間働いている。ある日店長が，同僚の男子学生が休んだので申し訳ないが2時間残業してくれというので，彼女は計10時間働き，その日は1万円を受け取って笑顔で帰宅した。

②B君は卒業を翌年に控え，夏休みを利用してインターンシップに参加した。そこで一生懸命指示された仕事に打ち込んだのが功を奏したのか，その後の就職活動を通して首尾よく内定の知らせを受けた。B君が勇んで会社に赴いて説明を受けると，「最初は3年間の有期ですが，その後問題がなければ正社員として待遇します」と言われた。B君は，3年の教育訓練期間があるということかな，と気軽に考えて同意書を提出し，「これで就職も決まった！ さあ卒業まで遊ぶぞ！」と張り切っている。

以上の2つの例を読んで，AさんもB君も労働法を知っていたら違う対応ができたのではないかということがすぐ理解できた読者はどれほどいるだろうか。

> Aさんのあやまち

まず①については，実はAさんは，その日に受け取るバイト料（正確にいえば「賃

金」）から 500 円も差し引かれているだけでなく，場合によっては使用者であるコンビニエンス・ストアの店長を犯罪者にしてしまう可能性もあるのだ。なぜならば，**労働基準法**（以下「労基法」）32条2項は，「使用者は，1週間の各日については，労働者に，休憩時間を除き1日について8時間を超えて，労働させてはならない」と定め，これに違反した場合には，同法119条により最高6ヵ月の懲役を科することとしている（令和7年7月16日までに拘禁刑に移行）。さらに同法37条によれば，8時間を超えて働かせた場合には，使用者は，通常の賃金に対して一定の割増率で計算した額の「**割増賃金**」を払わなければならないことになっており，現在時間外労働に関する割増率は25％以上でなければならないとされている（なおこの割増率については，時間外労働〔1日8時間もしくは1週40時間を超える労働〕の時間数が月に60時間を超える場合は50％以上となる）。したがって，Aさんの，8時間を超えた部分の**労働時間**に対しては，最低でも1時間あたり 1000 円×1.25＝1250 円で賃金が支払われなければならず，結局Aさんは，総計 10500 円をその日の賃金として受け取る権利があるのに，みすみすそれを放棄したということになる。しかもこの労基法37条違反についても，32条違反と同じ刑罰が用意されているのである。

B君の間違い

次にB君については，「3年間の有期」ということの意味がわかっていれば，会社と自分とがどのような法律関係に置かれることになるのかを理解した上で，同意書を提出するかどうかについてももう少し慎重な対応が

できたであろう。このままでは，少なくとも彼自身が考えるほど彼の立場は安定したものとはいえず，場合によっては3年後に会社を出ていかねばならないことになるのである。この場合には，Aさんの例とは異なり，労基法ではなく「**労働契約法**」（以下「労契法」）がポイントとなる。まず，B君と会社とが同意した「労働契約」は，「3年の期間を定めた」ものであって，3年という期間が満了したところで自動的に契約も終了する（B君と会社との関係は終わる！）。そのあと改めて「正社員」として（こちらは通常期間を定めない契約を結ぶ）労働契約が結ばれるかどうかは，会社がなおB君を必要と思って契約を締結し直す意思をもつかどうかによるのが原則だが，労契法19条によればB君の意思だけで更新される可能性もあるのだ（→95頁）。少なくともB君がこのようなことを知っていれば，会社の説明に対してももっときちんとした対応ができたであろう。

|無知から脱出
するために| 以上から明らかなように，私たちはすでに学生時代から，アルバイトや就職をめぐっていろいろな労働法の法律，判例法理により守られている（ただし後で述べるように責任や義務も負っている）。したがって学生時代に労働法の基本的な体系や考え方を身につけることは，単なる知識の習得ではなく，自分の生活や未来を充実させるための最も有効な武器を獲得することになるのである。それでは労働法とは，どのような特徴をもつ法体系なのだろうか。

「雇用は契約である」

まず大前提となるのは，雇用関係は契約関係である，という事実だ。

左の図のように，雇用関係とは，働く側（労働者）が「使用されて労働する（相手の指示に従って働く）」ということを約束し，雇う側（使用者）が「賃金を支払う」ということを約束して成り立っている「労働契約関係」なのである（労契法 6 条）。アルバイトをする場合でも，学生は「ここで採用されるということは，ここの仕事を，店長などの指示に従って行うことなんだな」ということは認識しているはずだし，雇い主も，「この学生がちゃんと働いてくれれば所定のバイト料を払うことになる」と認識しているであろう。そのような認識の一致があれば，別に「契約を結ぶ」という明確な形をとっていなくても，契約は成立しているのである。そして，契約関係にある者は互いに対等で平等であるというのが近代社会の大原則であるから，本来は労働者と使用者との間に上下関係はないのである。

しかし，使用者と労働者との間には，現実には力の格差があり，「契約」といっても結局は労働者が使用者の要請をすべて受け入れて合意する，というのが実際の姿である。そこで，近代社会ではどこの国でも，このような不均衡から生じる問題を克服するためにさまざまな法律を作って対応してきた。日本でも，まずは国家の最高規範である憲法が，労働契約関係の特殊性から生じる不都合を克服するための原則をいくつか定めている。

使用されて働く　→

←　賃金の支払い

労 働 者　　　　　　使 用 者

憲法の 27 条と 28 条を見てみよう。この 2 つの条文が，労基法や**労働組合法**（以下「労組法」）をはじめとする労働関係の法律の基盤となっている。その見取図は 78 頁に掲げてあるので見てほしいが，基本的には 27 条が，労働施策総合推進法や労基法など，国の雇用政策や労働者保護のための法律の制定を促す内容となっており，また 28 条が，労働組合法など，主として労働者個人ではなく労働組合を対象とした法律の根拠条文となっている。要するに，労働法も，日本国憲法の体系・秩序にしっかりと立脚した法体系なのである。

　まず憲法 27 条が定めているのは，主に①「**勤労の権利**」，つまり働く気のある者は働く場を提供してもらえるという権利と，②「**労働条件の法定**」である。

　はじめの①「働く権利」を憲法で認めるということは，一方で，国は国民が働きたくとも働けなくなる事態を避けるような雇用政策を追求しなければならないという趣旨であるし，他方では，国に対して，運悪く失業してしまった者でも最低限生活できるような所得を保障し，さらに少しでも早く新しい職につけるような手助けもしなければならないという責任も課している。「**職業安定法**」や「**労働施策総合推進法**」というような法律の名前は読者もどこかで聞いたことがあると思うが，たとえば，失業した場合に**公共職業安定所**（通称は「ハローワーク」）へ行って求職の手続をとれば，仕事を紹介してくれるとともに求職者給付などのお金を支給してくれる現在のシステムは，この勤労の権利に基づく職業安定法と雇用保険法によって成立し，運営されている。

また②「労働条件の法定」というのは，要するに賃金や労働時間などの中心的な労働条件については法律で最低基準を決め，その基準を下回るような労働条件で労働者が使用されるような事態を防ぐための原則である。労基法はまさにこの目的のために制定され，**労働時間**や**年次有給休暇**（以下「年休」）や**解雇**などについて労働者を保護するための基本ルールや最低基準を定めている。それだけではなく，実は他の面でも重要な役割を果たしている。それは，「契約自由の原則（→第1章 *1*）の重大な修正」ということである（→79頁以下）。

　また，憲法が以上のように働く国民を守ってくれているのは結構なことだが，それでは国民は，困ったときには国が助けてくれるという依存体質になりかねない。そこで憲法28条が登場する。この条文が「**団結権**」，「**団体交渉権**」，「**団体行動権**」という，いわゆる「**労働三権**」を保障しているというのは読者もどこかで聞いたことがあると思うが，これらの権利の意味は，「資本主義社会の中でどうしても弱い立場に立つ労働者が労働組合を作った場合には，この労働組合に特権を与えることで強い立場の使用者と対等の力をもつチャンスを保障しましょう」ということである。一例として，28条を根拠とする最も基本的な法律である「労組法」は，労働組合の結成とその活動をいくつかの面から保障しているが（→*3*），その保障の内容は，たとえばストライキを打って使用者に莫大な損害を与えても，それが労働組合の行為として「正当な」ものであるとみなされる限り，労働組合は刑事上の責任を問われることはない（これを「**刑事免責**」という）し，いっさいその損害を賠償する責任を負わ

ない（これを「民事免責」という）などという強力なものである。要するに日本の憲法は，労働組合を作ってがんばる労働者を，そうでない労働者よりも優遇する立場をとっているといえるのである。

───────────
雇用社会の入り口での
権利と義務
───────────

今までの論点を，改めて整理しておくと次のようになる。

第1に，労働法という法体系とその考え方は，普通は就職する前の学生時代には関係がなさそうであるが，実はアルバイトなども十分にカバーするものであり，これを理解するかどうかで学生生活の中身も左右されかねないということである。第2に，労働法は憲法に直接的な根拠を有する法であり，憲法27条と28条の定めから，体系的にさまざまな法令が制定されており，それらは働く国民が自分たちの力で強くなれるよう工夫されているということである。そして，**4**で述べるような，国際化や多様化をはじめとする雇用社会の新しい状況に応じて，これまでの労働法の枠組みに納まり切れないような問題が生じており，それらへの対応がこれからの労働法の中心的課題になるということにも，注目しておいてほしい。

このように，学生時代といえども労働法は守ってくれているのであるが，学生の側にも権利に伴う義務が生じていることを忘れてはならない。たとえば設例の①でAさんは，確かに割増賃金を請求する権利を有するが，それはたとえアルバイトであっても会社との間ではきちんとした労働契約関係にあることが前提となっている。したがってAさんのほうも，労働契約上の義務を負うのであり，

労働法の体系

```
         ┌─ 27条　勤労の権利と義務　→　労働市場法
         │                              労働施策総合推進法
         │                              職業安定法
         │                              職業能力開発促進法 etc
         │
         │      勤労条件の法定　→　個別的雇用関係法
         │                              労働契約法
憲法──┤                              労働基準法
         │                              労働者災害補償保険法
         │                              雇用均等法 etc
         │
         │      児童の酷使の禁止　→　児童福祉法 etc
         │
         └─ 28条　労働三権（団結権・団体交渉権・団体行動権）の保障
                    労働組合法
                    労働関係調整法
                    労働委員会規則 etc

☆この他に，契約法理や判例法理も重要である。
```

業務上の指揮命令には従わなければならないし，また会社の社会的地位をおとしめるような言動をつつしむという義務も負っている。会社と従業員，正確には使用者と労働者とは，法律上はあくまでも平等である。平等な関係の下で生じる権利は，ほとんどの場合義務をも伴っている。義務を誠実に果たす者こそが権利をも主張しうるという原則は，学生と会社との関係においても変わることはない。2007 年に成立した「労働契約法」は，この原則に立脚した上で，公正な契約関係の確立を目的として，これから述べるようなさまざまな規定を置いている。

Column ⑧　労働問題の相談窓口・解決機関 〜〜〜〜〜〜〜〜〜

　　学生時代のアルバイト，就職してからの仕事を問わず，職場で何かトラブルがあった場合，かつては，弱い立場の労働者がどこにも相談できずに「泣き寝入り」してしまうことも多かった。職場での

トラブルをきちんと解決できるように，2001年には「個別労働紛争解決促進法」が制定され，各都道府県の労働局を窓口として，個別労働紛争への包括的な対応が試みられている。この制度を利用した労働局の窓口への相談件数は，毎年100万件を超える状況である。さらに2004年には労働審判法が制定され，地方裁判所に労働審判委員会を置いて，職業裁判官のほか労使からの推薦による審判員を加えた三者で，原則3回以内の期日に個別紛争を解決するという新しい方式が導入され，2006年から施行されている。また，弁護士が中心となっていつでも労働相談を受け付ける窓口として，「法テラス」も利用できるし，いくつかの労働組合や市民団体も，同じような窓口を設けている。ネット社会である現在，スマートフォンやコンピューターで検索すればたくさんの相談窓口や紛争解決機関を見つけることができるであろう。このようにして，労使紛争の解決システムは，前世紀には考えられなかった新しい体系を整えつつあるといえる。

3 企業社会とのつきあい方

●辞令と辞令の間

「労働条件」の
守られ方

さて，*2*で挙げた設例に登場した2人は，その後Aさんがパートタイム労働者，B君が有期雇用という相違はあるが，それぞれ何とか職についた。両君は，自分たちの親から聞いていた職場のイメージと現実に経験する会社の世界との相違にとまどいつつも，張

り切って働きはじめたが，学生時代に一応労働法を勉強したので，自分たちの労働条件がいろいろなレベルで，使用者側の言いなりにならないよう守られていることを知っている。どのように守られているのか，ある日Ｂ君が学生時代のノートを持ち出して得意げにＡさんに説明しはじめた。

「まずいちばん大もとにあるのが労基法なんだ。労基法は，『労働条件の最低基準を罰則つきで強制する』という方式で，僕たちの労働条件がひどいものにならないよう監視する役割を果たしてくれている。そこには，1週間40時間，1日8時間を超えて労働者を働かせてはいけないとか，入社して半年経ったら最低でも10日間の有給休暇を与えなければならないとか書かれている。そして使用者がこれに違反すれば，最悪の場合刑罰をこうむることになるし，そこまでいかなくとも，**労働基準監督署**（以下「労基署」）がにらみをきかせて，労基法に違反した使用者にはその是正のための**行政指導**を行うことになっているらしいよ。それからちょっとわかりにくいのが労基法13条なんだよな。これは，**強行的・直律的効力**（コメント）とかいう効力をもっていて，たとえば入社の時に，初年度は年休はいりませんって約束しても，この条文によって，自動的に，そういう約束は無効になり，労基法に書いてある『入社半年で年休10日間』というのが約束の内容になるらしい。要するに僕たちには，最低限

───────────────

（コメント）　労基法に規定された最低労働条件に違反する内容を定めた合意の私法上の取扱いは13条に定められている。その意味はＢ君の説明のとおりだが，このうち，「労基法に違反する合意を無効にする」効力を「強行的効力」，「労基法の内容がそのまま新たな合意に代わる」効力を「直律的効力」という。

労基法に定められた基準を下回るような労働条件で働かされることはないという保障が与えられているということだね。ただ，働き方の多様化とか IT 化とか国際化とかが進んで，労基法が想定する雇用社会自体が大きく変わってきてるから，抜本的な改正が必要だという声も強いね。」

労基法はこのほかにも，男女同一賃金原則とか，国籍や思想・信条によって差別をしてはならないとか，**強制労働**や**中間搾取**の禁止，就労時間中の**公民権行使**の保障（勤務時間中でも選挙の投票に行く権利は保障される！）など，企業の中にも民主的な関係が形成されることを要望するような条文を，「**労働憲章**」として置いている。そして，労働者が職場でも人間として十分に尊重されなければならない，という労働憲章の精神は，さまざまな「ハラスメント」の防止と救済にも反映されている。

職場でしか通用しない
ルールなんてない！

20 世紀末ころに「セクシュアル・ハラスメント」（セクハラ）が話題となり，相手の意に反する性的な嫌がらせが違法となるという裁判例が相次いで，それまで上司から部下の女性などに対して横行していたセクハラは違法であるという認識が定着し，男女雇用機会均等法（以下「均等法」）も事業主にセクハラを防止するための措置を講じる義務を課するに至った。その後，妊産婦や子育て中の労働者に対する「マタニティー（パタニティー）・ハラスメント」，職場で優位な立場にある者からの限度を超えた叱責や「指導」を意味する「パワー・ハラスメント」（パワハラ），顧客からの暴言などによ

る「カスタマー・ハラスメント」などへの対策も進み，均等法や労働施策総合推進法などによって，セクハラの場合と同様，防止のための措置を講じることが事業主に義務づけられている コメント 。

| 労基法の威力 |

労基法の力を改めて認識させられたAさんたちは，ついでに労基法の自分たちに対する保護の具体的内容をざっとさらってみることにした。そして採用と解雇，賃金と労働時間，年休，年少者に対する特別の保護などについて，侵してはならない最低条件が広範に規定されているのを確認したのである。

　まず労働時間や休日，年休の領域である。日本は，会社との関係が濃密に過ぎると批判されることもあるが，労基法は，1週40時間，1日8時間という最長労働時間の限度を定めるとともに，休憩時間は実労働時間6時間を超えれば45分，8時間を超えれば1時間与えねばならず，少なくとも1週間に1日の休日も保障しなければならないとしている。また年休は，働きはじめてから6ヵ月経過し，その間出勤率8割を超えていれば，年間10日間が保障されることを規定している。そしてこの年休は毎年増え，最高年間20日間の年休まで，労基法自体が保障しているのである。さらに，**2**「Aさんのあやまち」で述べたように，法定の最長労働時間を超え

コメント　もっとも，日本の法制度では本文に記したように「措置義務」が限度であり，ハラスメントに対する刑罰や損害賠償責任などが明記されてはいない。この点，2019年6月に採択されたILOのハラスメント対策のための条約では，あらゆる暴力・ハラスメントに対する制裁を法定するよう加盟国に求めていることが注目される。

て実際に労働させられた場合には，契約上の賃金の最低25％増で計算した「割増賃金」を受け取る権利が生じるし，休日労働をさせられた場合には最低35％増の割増賃金が保障されている。

次に賃金については，最も重要なのは何といっても賃金額の最低ラインの保障であるが，これについては，最低賃金法に規制があり，最低賃金額を決定する仕組みが定められている。これに対して賃金の「支払方法」は，労基法24条以下が比較的詳細に規制しており，日本国内で通用している紙幣もしくは硬貨で支払わねばならない「**通貨払い**」の原則，本人である労働者に直接渡さねばならない「**直接払い**」の原則，いったん確定した賃金は天引きしてはならない「**全額払い**」の原則，それに賃金は少なくとも月に1回，特定の期日に支払わねばならない「**月1回定期日払い**」の原則という「賃金支払いの四原則」が24条に明記されているコメント。さらに，経済観念に乏しく，貯金の苦手なB君にとってありがたいのは，賃金支払日前でも，緊急の必要があれば日割りの賃金を請求できるとも定められていることである（25条）。加えて，不当解雇のように会社側に責任がある休業の場合には，賃金の6割を保障される（「**休業手当**」）といった補強的な保護も設けられていて，まさに至れり尽くせりの保護を労基法は提供しているのである。

なお，18歳未満の年少者は，時間外労働の規制や入職規制を受けるし，女子については産前産後の休暇をはじめとする特別の保護

コメント　ただし，2023年より，労働者の同意を得た場合には，一定の要件を満たすことを条件に厚生労働省の指定を受けた資金移動業者の口座への資金移動による賃金支払（いわゆる賃金のデジタル払い）が可能となっている。

が与えられている。

　近代的な労働関係が未熟であった当時に成立した労基法は，賃金と労働時間について非常に厳格な規制をしてきた。労働者と使用者との労働契約関係が本質的に不均衡であることに変わりはないから，労基法の基本的な姿勢は変わるべきではないが，第三次産業従事者が全雇用者の約70％を占め，価値観の多様化と個人主義的なライフ・スタイルが定着しつつある今日では，規制のあり方も変化せざるをえない。

　労基法も，実際に何時間働いたかにかかわらず，あらかじめ労使協定によって一定の時間働いたものとみなす「裁量労働制」という働き方を認め，徐々にその適用範囲を拡大してきたが，さらに「自由度の高い働き方」をする労働者については，裁量の高い特定の業務に従事していることなどを要件として労働時間規制をはずすという「高度プロフェッショナル制度」が2018年の「働き方改革関連法」によって導入された。また，フレックスタイム制の要件の緩和も同法によって実現するなど，労働時間制度は弾力化が進んでいる。これらの働き方は，労働時間と賃金を直接結びつけることにはなじまず，賃金制度についてはますます，働いた時間の長さではなく，仕事の成果や発揮した能力の評価などによる賃金決定方式が広がっている。

　しかし他方で近年は，人手不足などにより長時間労働が蔓延し，「過労死」やワークライフバランスの欠落などの弊害も目立つようになっていた。そこで上記「働き方改革関連法」では，労基法を改正して，下記の「三六協定」によって労基法の原則的労働時間の上限を超えることができる場合でも，1ヵ月45時間，1年360時間を守らねばならないこと，例外的にこの時間数も超えることが許され

る場合でも，年720時間以内，単月で100時間未満，2ヵ月から6ヵ月のどの平均をとっても月に80時間以内までしか働かせてはならないというルールを，罰則つきで設けている。

職場で「**労使協定**」という言葉を耳にすることがある。労基法には「事業場の〔に，〕労働者の過半数で組織する労働組合があるときはその労働組合，労働者の過半数で組織する労働組合がないときは労働者の過半数を代表する者」と使用者との書面による協定がある場合に，労基法による規制を解除したり，特別の処理方法を認めたりするなどの例外的措置を容認する規定がある(コメント)。たとえば1日8時間という最長労働時間が決められているにもかかわらず残業が恒常化してしまうのは，そのような「労使協定」（この場合は労基法36条による協定なのでとくに「**三六協定**」とよばれる）を締結すれば1日8時間あるいは1週40時間を超えて労働者を働かせても罪を問われなかったからである。

　現在，この過半数代表については，労基法41条2号が適用される「管理・監督者」（労働時間の管理を受けないほど高い地位にある管理職）であってはならず，またその選出方法も，具体的な労使協定の締結当事者を選ぶことを明示してなされる投票や挙手などの方法（要するに当該事業場のすべての労働者に意思表示の機会が与えられ，かつ

(コメント)　労基法上の労使協定は（数え方によるが）18種類ほどあるが，18条の社内貯蓄協定と24条の賃金控除協定などを除く労使協定については，労使委員会の決議をもって代えることができる。

そのうちの過半数の支持を得ていることが明らかになる方法）によらねばならないとして（労基法施行規則6条の2），その代表性を確保するルールができている。他方，いわゆる企画業務型の裁量労働制を導入する場合には，労使協定ではなく，労使代表半数ずつからなる「労使委員会」の5分の4以上の多数による決議が要件とされている。この労使委員会は，労働者側の代表についてはその選出が公正になされるよう厳格に規制されており，労使の実質的な共同決定がなされるよう工夫されているだけでなく，いったん設置されればその決議は労働時間規制を緩和するほとんどの労使協定に代わるとされている。近い将来には，この労使委員会制度は職場の労働者が選挙によって代表委員を選び，その代表委員らが使用者と話し合って労働条件を決めていく「従業員代表委員会」制度に発展していく可能性もある。

「就業規則」の役割

さて，以上のことを調べあげたAさんたちは，やがて労基法の役割を過大評価できないことに気がついた。つまり，労基法の定めによって守られるのはあくまでも最低基準にすぎないし，企業生活のすべての局面を法律が網羅しているわけでもない。たとえば，「最低賃金ではなく，ゆとりある生活を保障するような賃金がほしい」と思っても，そこまでは労基法は関知しないし，配転などの人事異動や懲戒といった制度については労基法にはほとんど定めがない（ただし出向や懲戒については，労契法の14条および15条に「権利の濫用になってはならない」と明記されている）。

それでは，実際に職場ごとに決まっている具体的な労働条件は，何によって規定されているのか。B君が発見したのが，**就業規則**と，**労働協約**であった。就業規則というのは，労基法89条によって，常時10人以上の労働者を雇用する事業場では必ず作成し，労基署に届け出なければならないとされている「職場の規則集」である。就業規則において何を決めておかねばならないかも89条に列挙されており，始終業時刻や休憩，休日，年休，それに賃金の決定，支払の方法，定年制など退職に関する制度，また，安全衛生，災害補償，懲戒など，およそ職場で必要な規則条項について網羅されている。さらに実際には，配転や出向など，法律上記載することを義務づけられていない事柄についても，多くの会社で就業規則に記載していることがわかった。労働協約は後述のように労働組合がなければ存在しないものだから，就業規則こそが，実際には職場の労働条件をつかさどっていることになる。そして，就業規則に定められた労働条件を下回るような労働条件を合意しても無効であるという規定もあって（労契法12条），就業規則はまさに「職場の労働基準法」のような役割を果たしているようである。

就業規則は問題が多い！

　ところがある日，Aさんの父親の勤めているメーカーで，就業規則について大問題が発生し，AさんとB君は，「ウチの会社も他人ごとじゃない」という思いをさせられた。実は，そのメーカーでは，従来から60歳定年制を敷いていたのだが，高年齢者雇用安定法9条に基づき，定年後の再雇用制度を導入して希望者の全員が65歳まで継続就労で

きることとした（コメント）。その代わりに，今までは60歳まで賃金は上昇し続けるシステムであったのを，55歳以降は昇給なしでボーナスは半額，さらに60歳時点での退職金は従来の60％にするという内容に就業規則の規定を改定したのである。Aさんのお父さんは58歳，「あと2年勤めて，その退職金で家のローンを支払い終わる予定だったのに，これでは裏切りと同じだ」と憤って，仲間を募り，共同で，新しい就業規則の規定は自分たちには適用されないと主張した。

日本では，従来入社するとき（つまりは労働契約を締結するとき）に使用者側と労働者側が労働条件について交渉をして，契約内容を書面にするという慣習がなかった（コメント）ため，実際には，就業規則の規定がそのまま労働契約の内容を規律するという状態になっていることが多い。その場合労働者は就業規則のすべてをちゃんと読んで検討する機会が与えられることは少ないから，自分の知らない労働条件が，会社と自分との「労働契約」の内容とされてしまうことになる。しかも，Aさんのお父さんの場合のように，会社の都合で労働者にとってそれまでより不利益な労働条件を課するような方向に就業規則が変更された場合には，そのような変更に同意しない労働者にも変更された内容が適用されるのかという困難な問題が

（コメント）　高年齢者雇用安定法9条によれば，使用者は65歳までの雇用を労働者に提供することとされており，その方法として①定年の引き上げ，②労働者を65歳まで継続雇用する制度の構築，③定年制の撤廃の3つのうちいずれかを採用することとされている。

（コメント）　ただし，労基法15条は労働条件の明示を使用者に義務づけており，明示すべき内容が徐々に拡大されている（労基法施行規則5条）。

生じる。しかも，就業規則は使用者のみが作成する義務と権限を有しており，その適用を受ける労働者の側は，代表を通じて意見を述べる権利しか与えられていない（労基法90条）。

　B君の調べでは，就業規則が入社の折に周知されていて，しかも「合理的」であるとみなされるような内容であれば，労働契約はそこに書かれた労働条件によることとされている（労契法7条）。ただし，会社と労働者が個別に，就業規則によらない労働条件を合意する場合はそれを優先する（同条ただし書）。

　また，そもそも労働条件が労働者にとって不利益な方向に変更された場合については，2つの場合に不利益変更された労働条件が労働者に適用されることとされている。その1つは，使用者と労働者が合意していた場合である（労契法8条）。確かに，不利益な変更であっても，それを適用される労働者自身が同意しているのであれば問題ないと言える。しかし判例は，単に「それでけっこうです」と言ったとか，承諾書に署名して印鑑を押したといった表面的な行為だけでは同意したとは認められないとしている。労働者が，当該変更によって自分にどのような具体的不利益が生じるのかについて適切に判断できるよう，正確な情報が与えられて十分な説明がなされ，本当に自由な意思で同意した，ということが証明される必要があるのである。2つめに，労働者がこのような同意をしない場合には，労契法10条によって，その内容が労働者に周知され，しかも不利益の内容や程度，労働組合との交渉の経緯などの諸事項に照らして「合理的」な変更であると認められれば，変更後の就業規則規定が労働契約の内容となるとされている。そして，10条の要件を満た

さない場合は，使用者が一方的に就業規則を改定して労働条件を不利益変更することはできない（労契法9条）。

さて，就業規則に対して労働協約のほうは
「労働協約」って何だ
ずっと明確でわかりやすい労働条件形成手段である。実はAさんたちの会社には労働組合がないので，Aさんたちは現物をみたことはないのだが，労組法によれば，労働協約とは，労働組合と使用者とが書面をもって締結し，双方の署名または記名押印がなされた合意書であり，記載された内容は，使用者と，労働組合および組合員を直接に拘束することになっている。労働協約の効力はたいへん強く，たとえば労働協約で1日の始業時刻を9時と決めれば，就業規則に8時半と規定されていても，また特定の組合員について8時半始業が使用者との間で明示的に合意されていても，労働協約の規定のほうが優先し，始業時刻は自動的に9時になる。このような効力を「**規範的効力**」（労組法16条）という。

この労働協約を利用するには，何はともあ
労働組合を作ろう
れ労働組合を作らねばならない。そこでAさんとB君は，まずはCさんにも声をかけて3人で労働組合を作ることとした。しかしわずか3人で労働組合など作れるのか，また作ったとしても，大きな組合と違って使用者に相手にされないのではないかという不安がつきまとう。Aさんたちは，大学時代の労働法の先生をたずねて，労働組合の結成の段取りと，労働協約を締結するために何をすべきかを教えてもらった。以下はその先生の

話をＡさんがまとめたものである。

「たしか，先生はこういっていたわ……。労働組合は簡単に作れ
るよ。2人以上の労働者が集まって，『我々は労働組合を作った』
といえばそれでいいのさ。ただ，労働組合は労働者の経済的な地位
を向上させるのが目的で認められているのだから，単なる政治団体
の性格しかもっていなかったり，使用者側の『利益代表者』が入っ
ていたりしてはいけないけどね。それに，サークルと同じように規
約を作ったり，各都道府県にある**労働委員会**の資格審査を受けてお
くほうが実際には行動しやすいね。使用者のほうも相手が明確にな
るし，労組法によれば，規約を作って労働委員会の審査を受ければ，
後でいう**不当労働行為**からの救済などの特別な便宜もはかってもら
える。また，労働組合の役割だけど，何といっても，賃金や労働時
間などの基本的な労働条件について，使用者に**団体交渉**を申し込み，
有利な回答を勝ち取って，それを労働協約の形で文書化することだ
ね。労働協約が，規範的効力という絶大な効力をもっていることは
知っているだろう？　もし，使用者がこちらの条件をのんでくれな
いときは，ストライキなどの**争議行為**で圧力をかけることができる。
『正当な』争議行為なら，どれほど使用者に損害を与えてもいっさ
い法的な責任を問われることはないんだ。だから，この『正当な』
とはどういうことかが問題になるんだけど，要するにフェアーにや
れということだね。暴力などの卑劣な手段を使ったり，増税反対な
どの，使用者として対処不可能な目的を掲げるような争議行為は正
当性を失うから，損害賠償をはじめとする責任を改めて問われるこ
とになる。賃上げを要求して整然としたストライキを打つ，という

のが典型的な『正当な争議行為』だな。」ここでAさんは言葉を切ってB君を見た。「ストライキって，今の私たちにはピンと来ないけど，2004年秋にはなんとプロ野球選手会がストライキを決行したんですって。なんでも，球団の合併によってパ・リーグの球団が1つ消滅するかもしれないという事態が起こったときに，労働組合であるプロ野球選手会が，そんなことになったら選手の身分や労働条件が大きな不利益をこうむるとして試合をすることを拒否したのよね。結局球団数が減ることはなく，選手たちの主張が通ったわけだけど，ほとんどの国民がプロ野球選手会を応援していたということよ。労働組合にとって，ストライキというのは本当に大切な手段なのよね。」

**不当労働行為救済
制度の意義**

「先生がいっていたことで忘れられないことがもう1つあったわ，不当労働行為の話よ……。労働組合の活動に対しては，不当労働行為からの救済という大切な保護が与えられている。使用者には，たとえば，賃上げを求めてちゃんと手続を踏んだ上で団体交渉を求めたのにまともに応じないとか，労働組合の活動をしたことを理由に査定を低くするとか，正当なストライキに参加したことを理由に懲戒処分を科するとかいう行為は，すべて『不当労働行為』として禁止されているんだ。そして，もしそういう不当労働行為をされたら，労働組合や個々の組合員は，さっきいった労働委員会に申立てをして，そういう不当労働行為をやめろという命令を出してもらうことができる。この救済命令は行政処分だからね，とても強い

力をもっている。要するに労働組合とその組合員は，使用者の干渉に対して特別の救済を行政により保障されているということだね。」Aさんはまたβ君を振り向いた。「労働組合や組合員が不当労働行為を受けたら，こうして労働委員会に救済を求めることができるんだけど，場合によっては直接裁判所に訴訟を起こすこともできるみたい。たとえば，組合の委員長が解雇されて，それが不当労働行為だったら，もちろん労働委員会に救済を申し立てることもできるけど，同時に，裁判所に解雇の無効を訴えることもできるの。そして裁判所が，確かに不当労働行為による解雇だって認めたら，『この解雇は労組法7条1号で禁止された不当労働行為であるから無効』という判決を下すことになるのよ。ほかの不当労働行為については，どこまで直接裁判所に救済を求められるかいろいろ意見があるみたいだけど，不当労働行為からの救済は，労働委員会だけでなく裁判所も一部はできるということね。」

Column ⑩　労使自治の曲がり角

　このように労働組合は，1人では無力な労働者が，自らの労働条件を改善する力をもつための最大の武器となりうるものであるが，残念ながら労働組合の組織率は「長期低落傾向」にあり，すでに労働者のうちの80％以上は，労働組合には加入していない。しかもこの組織率は，企業規模によって大きな相違があり，従業員1000人以上の大企業ではかろうじて4割に近い率となっているが，100人未満の中小企業に勤務する労働者の組織率は1％弱にまで落ち込んでおり，深刻な問題となっている。しかし，すでに記したように日本の憲法は，労働組合と使用者（団体）とが合意をめざして自由に交渉し，労働協約を締結して労働条件や労使関係のルールを自主

的にコントロールすることを奨励している。この原則は憲法28条がある限り変わらないのであって，今後の労使自治をどう再生させるかは重要かつ最優先の課題の1つである。

非正規労働者のためのルール

日本の雇用社会が大きく変わるにつれ，非常に多様な就労形態が生まれるようになったが，AさんとB君の会社にも，**パートタイマー，派遣労働者，契約社員**など，いわゆる「正社員」ではない人たちが急激に増えてきた。そしてある日，パートで働くDさんと派遣社員のEさんから相談が持ち込まれた。Dさんは，期間を1年と定めて雇用されたいわゆる有期雇用のパートタイマーであるが，期間更新を2回くりかえして現在3年目の期間が満了しようとしている。ところが会社は，3回目の更新はしないと通告している。Dさんによれば，会社はDさんに対し，「一応パートとしてあなたを雇用するが，わが社はあなたを重要な戦力と考えている。正社員への登用制度もあるので，どうかうちで長く働いてほしい」と言っていたのであって，たった3年で雇止めするのはおかしいというのである。

これに対してEさんは，派遣労働者として働いていたが，従事している仕事は正社員と変わりはなく，むしろ自分のほうが成果を上げていると自負している。しかし賃金は派遣先の正社員と比べて6割ほどであり，なぜこのような格差があるのか釈然としない思いを抱いているというのである。

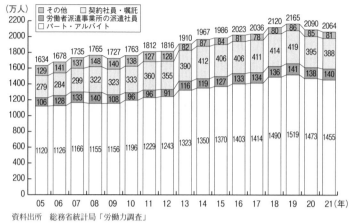

パート，派遣，契約社員等の推移

（万人）

資料出所　総務省統計局「労働力調査」
（注）　2011 年の数値は補完推計値または補完推計を用いて計算した参考値である。

　まず D さんについては，確かに原則としては何回更新しようと
期間が満了するたびに労働契約は終了しているのであるから，会社
の措置に問題はなさそうであるが，労契法 19 条によれば，**概ね 2**
つの場合には会社は更新を拒否できないとしている。1 つは，何度
も期間を反復更新し，更新手続も自動化するなどして，あたかも期
間を定めない労働契約を締結しているのと実質的に異ならないよう
な状態になっている場合であり，もう 1 つは，有期雇用でありなが
ら労働者に対して使用者が「雇用継続の合理的期待」を抱かせるよ
うな言動をしていた場合である。おそらく D さんについては，会
社の言動がこの後者の場合にあてはまるかどうかが問題になるであ
ろう。なお，有期雇用については，期間途中の解雇を厳しく制限し，
また期間を必要以上に短くしてむやみに更新をくりかえしたりする
行為を制約する規定が労契法 17 条 2 項に置かれている。

　また E さんの例は，2018 年に改正された労働者派遣法によれば，

派遣元の責任が強く問われる事態である。派遣法は，派遣先の労働者との労働条件の相違について，不合理な相違を設けることを禁止している（30条の3）し，そもそも派遣労働者に対して派遣元は，雇用する際に派遣後の労働条件に関して説明をしなければならない義務がある（31条の2）。Eさんは，これらの条文に記された義務について派遣元に問いただし，争いになれば派遣法違反を理由に派遣元に対し損害賠償請求などの訴訟を提起することも考えられよう。

正規＝非正規間の
格差是正

B君は，労働組合活動にも積極的に参加して，同僚たちから信頼も得ていたが，周囲にさまざまな非正規の労働者がいることを知って，自分の労働契約についても調べてみることにした。すると，彼は会社との間で，期間2年の労働契約を締結し，2回更新して，現在労働契約締結から5年目を迎えていることがわかった。B君が確認してみると，労契法18条は，有期雇用の期間を更新して5年が過ぎた場合は，労働者には期間の定めのない労働契約へ転換する権利が生じると定めている。これを労働者の「無期転換権」といって，労働者側が「無期雇用に転換します」と宣言すれば，使用者側の同意などは必要なく，その時の期間が満了した時点で期間の定めのない契約に変わるのである。さらに，19条は前記のように期間の更新拒否が許されない場合を明記している。加えて，すでにパート・有期法8条として生まれ変わったが，労契法旧20条は，有期雇用労働者と期間の定めのない契約で就労している正規労働者との間に労働条件の相違があった場合，その相違は不合理なものであっ

てはならないと規定していた。これまで非正規労働者は，正規労働者に比べて，単に非正規だからというだけでは説明のつかない不合理な取扱いを受けることも多かったためにそれをなくすためのルールだという。上記のように派遣労働者についても同様の規定が設けられたので，現在では，パート労働者，有期雇用労働者，派遣労働者という非正規労働者の中心的な3つの類型について，同等の働き方をしている正社員などとの間の労働条件に不合理な相違があってはならないという統一的なルールができていることになる。さらに，パート・有期法9条は，一定の条件の下で正社員などと同一の待遇をパート労働者，有期雇用労働者に確保しなければならないことも定めており，正社員と非正規労働者との格差は法制度上は徐々に是正されつつあるようだ。もっとも，パート・有期法8条や派遣法30条の3などで禁止されているのは，あくまで労働条件の「不合理な相違」であり，正規労働者と非正規労働者との労働条件の相違を「なくせ」とか，あるいは「十分合理的」な内容にしろとまでは言っていない。この点はこれからの課題としてなお議論されているようである コメント。

　B君は勇気づけられたが，それぞれの法制度がさらに発展するためにも，今後の展開を注視しなければならないと痛感した。

コメント　なお，使用者は，パート，有期，派遣のいずれの労働者についても，正規労働者との労働条件の相違につき，説明をする義務が課されている（パート・有期法14条，派遣法31条の2）。

懲戒されて解雇されて…　ある日，B君は会社の掲示板をみて愕然となった。何と同僚のF氏が「**懲戒解雇**」に処せられたのである。B君たちが調べたところによると，F氏は単身赴任になるような転勤命令を受け，これを拒否したところ，就業規則上の「業務命令違反」を問われ，懲戒委員会にかけられた結果，最も重い処分が科されたらしい。すぐにB君の活躍がはじまった。

　まず多くの企業においては，仕事をさぼらないとか上司のいうことを聞けとか，ちょうど学校の「校則」によく似た事項が就業規則にみられる。このような，広い意味での**企業秩序**を具体的に表す諸規定を**服務規律**と称し，その違反には通常，戒告や減給，極端な場合には懲戒解雇などといった懲戒処分が用意されている。本来対等平等であるはずの労働契約当事者たる使用者と労働者の間で，なぜ一方的な制裁措置としての懲戒などという制度が認められるのかは問題であるが，現在では，就業規則の懲戒規定がきちんと周知されていて，なおかつその懲戒が，客観的にみて合理的な理由があり，社会通念上も相当であると認められれば有効となるというルールが，判例法理と労契法15条によって確立されている。F氏の場合は，そもそも前提となる転勤命令につき，使用者に「配転命令権の濫用」があるかどうかが問題となるが，少なくとも，会社が労働者を自由に懲戒できるということはないのである。

　次に解雇は，法的には労働契約の解約であるが，要するに「クビ」である。これも使用者のもくろみによって自由にできるわけではない。以前は「**解雇権濫用法理**」といって，「客観的に合理的理由がなく，社会的相当性のない解雇は解雇権という権利の濫用とし

て無効とする」という処理基準が判例によって定立されていた。これは，たとえば誰が見ても「こいつは解雇されてもしかたがない」と考えるような正当な解雇理由があり，しかもそれが他の従業員の取扱いやこれまでの慣行からみても極端ではないとみなされるような場合でなければ解雇は無効となるという意味である。現在では，上記の処理基準はほぼそのまま，労契法の16条という条文に記載されている。解雇権濫用法理は，判例法理から法律上のルールに昇格して，今後も解雇という重要な場面での基本ルールとして活用されているのである。

　B君はこうした状況を背景に，労働組合書記長として会社に再考を迫った。そのゆくえは予断を許さないが，B君やAさんたちの活躍で，彼等の会社には「労働法を理解しなければ損になる」という考えがかなり定着したようである。

新しい波

平成年間に長引いた不況の過程で，いわゆる企業不祥事が続いたことは記憶に新しい。企業も社会の一員として法とルールを守らねばならないのは当然であるが，高度経済成長期からバブル経済華やかなりし頃までは，日本経済の中心的担い手である企業に対する法の規制は必ずしも十全でなかったとの反省も生まれた。そこで提唱されるようになったのが「コンプライアンス（Compliance＝遵法）」という概念であり，顧客との間や企業同士だけでなく雇用関係についても，企業は法的責任を果たさねばならないことが再認識されている。とくに情報化が著しく進展し，SNSやモバイル端末上の多彩な機能によって個人

のプライバシーが侵害されたり，あるいは情報漏えいやネット上でのいじめ・ハラスメントの増加も指摘されている(コメント)。

　こうした事態への対処はさまざまに工夫されているが，企業と労働者との関わりでは，「個人情報保護法」による従業員情報の取扱いの規制や，均等法，労働施策総合推進法などによるハラスメント防止のための規制が注目される。前者においては，企業などが個人情報を取り扱うにあたっては，利用目的を特定し，本人の承諾なしに目的外の用途に使ってはならないことや，本人の同意を得ないで第三者に提供したりすることが禁止されている。したがって，雇用されている労働者の個人情報についても厳格な管理が要請されることとなり，たとえば健康診断の折に勝手に特定の検査をしたり，労働者の私生活について承諾もなく情報を取得することはできないのである。また後者については，すでに記したように法令上の対処もなされているが，非常に多くの判例が蓄積され，職場における労働者の人格的利益が十分に尊重されなければならないという基本原則が確立されている。また，障害者に対する差別や不利益な取扱いについても，障害者差別解消法，障害者雇用促進法によって，一般的にも，また職場においても，障害者が生き生きと働くことのできる社会をめざした新たなルールが作られている。加えて，ワークライフバランスの徹底のために，婚姻や出産を理由とする不利益取扱いだけでなく，**育児介護休業法**の改正が重ねられ，育児，介護，また

(コメント)　現在では，コンプライアンスより広く「企業倫理（＝business ethics）」という概念により，企業の倫理的基盤の重要性が認識されるようになっている。

病気の子どもの看護などのために休業する労働者への不利益な取扱いも禁止されている（均等法9条，育児介護休業法10条・16条・16条の4）。

4 雇用社会の中で

●確かな展望のために

変動の行く先

Aさんやβ君の活躍を見通した上で，再び，労働法をめぐる大状況を「未来志向」の観点から考えてみたい。まず明らかなのは，21世紀の雇用社会が大きく変動している状況は，日本だけではなく，世界的な傾向であるという点だ。各国とも，IT技術の著しい進展やグローバリゼーションによる経済社会の変貌の中に雇用の安定が埋没することのないよう，長期的な政策の推進を迫られている。日本でも，**終身雇用**や**年功制賃金**がそのままでは機能しえなくなっていることはかなり以前から共通の認識になっており，問題は，将来のあるべき雇用社会の姿を見極めた間違いのない方向づけの確認である。そのガイドラインはすでに多くの論者によって提示されているが，基本的に共通の状況となっているのは，画一的な人事制度はますます縮小され，1人ひとりの労働者の個性と能力を十分に発揮できる柔軟な雇用制度がますます拡大していくということである。そして，いわゆる「付加価値」の高い斬新な商品を積極的に開発していくためにも，一方では絶え間ない技術革新を活用しうる人材の育成が不可欠であるとともに，会社人間ではなく自分だけの自立した人生をしっかり

と展開していける個性豊かな人材が必要となる。そのためには，学校を出て企業社会に参入してからも，常に新たな技術や知識を会得できるようリカレント教育やリスキリングの機会が拡大する必要があるし，会社にとらわれない私的な生活時間を十分に確保することや，余暇をクリエイティブに過ごすことを可能にする社会環境も不可欠となる。この発想からすれば，当然ながら，**過労死**を余儀なくされるような就労形態は即刻改められねばならない（近年，過労死も**労働災害**であるとして，労働者災害補償保険法に基づく保険給付がなされるようになった）し，性による差別を解消するための「**男女雇用機会均等法**」コメントの度重なる改正，高齢労働者が希望に応じてできるだけ働けることを実現するための高年齢者雇用安定法の強化など，性や年齢による分け隔てのない労働市場が形成される必要がある。さらに，短期の不安定な雇用をくりかえす労働者や，新卒で就職先が見つからない人々などのために，生活費のサポートを受けながら職業訓練を受け，就職先を紹介される制度（求職者支援法）の活用も考えられよう。要するに，雇用社会の変動は，社会全体の総合的な変貌と密着しているのである。

　こうした前提を踏まえた上で，雇用社会の新しいあり方をさぐるとすれば，そのポイントは就労形態の多様化，国際化の拡大，対等性と合意という点に求められよう。

コメント　均等法は，当初女性だけを対象に，男性との平等な処遇を実現する「努力」を使用者に促すという内容であったが，その後1997年，2006年の大改正を中心に徐々に強化され，現在は，男女を問わず性による差別を広範に禁止し，セクハラやマタハラの防止措置を義務づけ，結婚・妊娠・出産過程の女性に対する不利益取扱いも禁止するなど，実効性のある法律に変貌している。

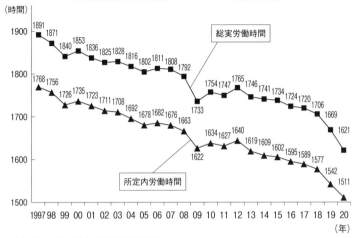

年間総実労働時間の推移（パートタイム労働者含む）

（時間）

総実労働時間

所定内労働時間

1997 98 99 00 01 02 03 04 05 06 07 08 09 10 11 12 13 14 15 16 17 18 19 20
（年）

資料出所　厚生労働省「毎月勤労統計調査」
（注）　事業規模5人以上。

多様な就労形態と
労働法制

　これからの社会で「働く」ということは，雇われて働くことに限られず，非常に多様な就労形態を意味することとなるであろう。特定企業と委託契約を結び，専属的に当該企業の業務を担うタイプの就労者は従来から多数存在しており，労基法や労組法などの適用の可否が絶えず問題とされてきたが，今後は類似の働き方がますます増加し，しかも具体的な形態がさらに多様化することが予想される。2010年代には，特定の企業に雇用されるのではなく個人事業主としてそのつど企業と契約を結んで仕事に従事する「フリーランス」や，コンピューターのネット上で特定の仕事につき委託や雇用などの契約を結んで働く「ギグワーカー」などの就労形態が拡大したが，それらはいずれも，特定企業の「従業員」として働くという従来の一般的な働き方とは全く異なっている。IT技術の飛躍的な

進展，個人の自由な選択を働く場でも重視する傾向の定着などがもたらしたこの状況につき，労働法制もこれまでとは基本的に異なる対応を迫られている。何より，「労働者」を雇用されて働く人間にのみ限定してその保護をはかるという発想を修正し，厳密な意味で雇用されていなくても相手の指示や要請に応えて働くさまざまな就労形態について，一定の「保護」や「契約の規制」が必要な類型を抽出し，具体的な法制度を作っていく作業が求められている。少なくとも，「会社に雇われて働く」ことは，将来的には，多様な働き方の1つの選択肢にすぎなくなる可能性が大きい。

人の国際化を迎えて　新しい雇用社会では，日本の労働市場が国の枠を超えて広がる事態への対応が問題となる。まず日本には，1980年代の後半から多数の**外国人労働者**が参入し，その数は2021年段階で約172万人である（厚生労働省および法務省調べ）。2019年には，それまで禁止されていた業務への就労に幅広く道を開くことが予想される「特定技能」という就労資格も導入され，外国人労働者の数はさらに増大することが見込まれている。つまり日本の労働市場は，従来予想もしなかったほどの早さで国際化しつつあるといえる。ところが，そうした事態をまったく想定していなかった日本の法制度は，対応に苦慮し，さまざまな混乱を生じることとなった。

たとえば，日本の労基法はその適用対象を直接的には「**事業**」（「事業所」とほぼ同義である）にしているから，外国人であっても日本の事業に所属していれば適用があることはいうまでもない。しか

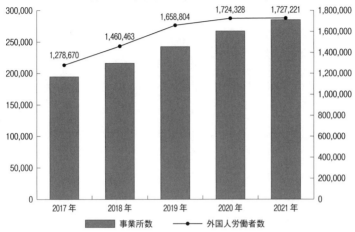

外国人雇用事業所数・外国人労働者数（総数）

出典　厚生労働省「外国人雇用状況」の届出状況（令和3年10月末現在）

し不法滞在者や資格外就労を行う，いわゆる**不法就労者**にも全面的に適用があるといえるのか否かについては明確ではない。また，各国ともそれぞれ独自の労働法制を有していることを踏まえると，外国で労働契約を締結し，日本で営業している外資系企業に派遣されて勤務する外国人と会社との労働関係に，日本の法律がどこまで適用されるかは大きな問題である。さらに，逆に日本企業が外国に進出することによって生じている多くの法律問題もほとんどが解決のつかない難問である。たとえば，海外出張している日本人労働者が，外国で，日本の労基法の規制を超える時間外労働を行った場合に，日本の労基法に従って割増賃金を請求することはできるであろうか。また海外支店の外国人従業員が結成した労働組合と日本の本社との締結した労働協約には日本の労組法の適用が及ぶであろうか。このような差し迫った数多くの問題に対し，本格的な対応が徐々に進みつつある。

　平成時代までの雇用社会は，新規学卒の男性正規従業員を中心とし，これらの労働者を「正社員」と位置づけて，手厚い処遇や一定の雇用保障を提供する代わりに無限定な働き方をさせてきた。他方で女性やパート労働者や定年後の再雇用高齢者，あるいはシステム・エンジニアなど専門職の従業員等は周辺的な位置づけをされてきた。すなわち，正社員については使用者は広範な「人事権」を駆使して，職務，勤務地，労働時間などをほとんど限定なく一方的に決定し，また変更してきたが，そうでない労働者に対しては契約によって職務や勤務地を一定程度限定してその分賃金は低く，社内の地位も低劣なまま抑える，という形態が一般的だったのである。しかしその様相はすでに大きく変わりつつある。すなわち，ワークライフバランスが重要な課題となっている現在，上記のような正社員の働き方自体が改善を迫られ，長時間労働の抑止や年休の確実な消化，育児・介護との両立などのための仕組みが，労基法や育児介護休業法の改正によって整えられている。また，非正規労働者と正社員との労働条件の格差も，前述のようにパート・有期法や派遣法によって一定の均衡を実現するよう是正され，非正規労働者と正社員との相違は優劣の差でなくなりつつある。

　さらに今後は，使用者側が一方的に職務や勤務地，労働時間などを決定・変更する，という働き方も改革されざるをえない。この点で，これまで，「勤務地限定正社員」，「ジョブ型正社員」など無限定な働き方から脱却した正社員のあり方が模索されてきたが，今後は，「合意型正社員」の拡大がめざされることとなろう。もちろん，

労働契約は合意によって成立し，その内容も本来は合意によって形成されるのであるが，これまでの「正社員」は上記のようにその働き方は使用者の一方的な決定・変更にゆだねるという合意，実質的には「無合意」のような実態に置かれていた。そうではなく，職務や勤務場所，労働時間等基本的な労働条件については，明確な合意によってその具体的内容や変更の有無・範囲をあらかじめ確認することが必要となろう。こうした合意の積み重ねにより，雇用が合意であるという原則が実態に適切に反映されることが期待される。

労働組合の新しい役割　最後に，21世紀にあって影の薄い労働組合の新しい役割に注目したい。AI（人工知能）の台頭など進展する技術革新や就労形態の多様化などといった雇用社会のメガ・トレンドの中で，最小限必要な社会的規制が軽んじられたり，弱い立場に追いやられている人々が切り捨てられるおそれも少なくない。そうした事態に断固として抵抗し，公正な労働条件の形成や社会的弱者の立場を守ることのできるのは紛れもなく労働組合である。その機能がおろそかになれば，まさに小林多喜二の小説『蟹工船』の世界を再現させることにもなりかねない。また，会社の庇護を離れて1人ひとりの労働者が自立した職業人として行動することになれば，改めて巨大な企業社会の力に単独で対応せざるをえないことになる。その場合，労働者の連帯のよりどころは，いわゆる労働者協同組合の拡大など新しい模索もみられるものの，やはり労働組合が中心となることに変わりはあるまい。歴史的には，労働組合は企業社会の論理に対抗する勢力としてその社会的地位を

築いてきた。ドイツをはじめとするヨーロッパの多くの国々には，「Sozial」ないし「Social」（通常「社会的」と訳されているが，実際は，「共生のための」といった訳のほうが適切である）という概念に基づき，企業だけが繁栄するような経済社会のあり方を是正する制度・慣行が数多く存在するが，その強力な推進力，担い手となっているのが労働組合なのである。日本においても，これからの新しい雇用社会にこそ，労働組合の本来の力が発揮されるべきであり，またそれに応じて，憲法や労組法の役割も，これまで以上に光彩を放つであろう。

1 愛からはじまる

●結　婚

> A君が，大学の講義が終わり，サークルの部室に行くと友人のBさんが
> スマホを見ながらA君に「入籍って何？」と聞いてきた。どうやらスマホ
> で，Bさんの好きなアイドル歌手の情報を見ていたらしく，A君が「どうし
> たの」と尋ねると，スマホを見せてくれて，そこには，あるアイドル歌手に
> ついて「2年の同棲の後，ついに入籍」と書かれてあった。A君は「昨日の
> ネット情報では2人が市役所に婚姻届を出したと書いてあったけど」と答え
> ると，Bさんは「2年も同棲しているのなら，別に結婚する必要なんてない
> んじゃないの」という。

愛と法との関係

さて，私たちは，日頃アイドルの私生活に
ついてのマスコミの報道に接することは多
く，アイドルにプライバシーの権利（→第7章 **8**）はないのかと疑
問に思う人もいるであろう。それはさておくとしても，アイドルと

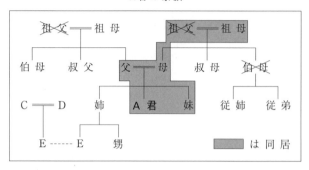

A君の家族

いえども，恋もすれば結婚あるいは同棲することもある。私たちと同様に法とのかかわりが生じる。ただし，人を好きになったり，好きな人と一緒に暮らすことについて法が直接規定しているわけではない。たとえば，民法のどこを探しても「愛」という文字は見つからない。しかし，社会は物の生産，再生産によって支えられていると同時に，人間の再生産抜きには将来の発展はない。この子どもを産み育てるという機能が家族に期待されている。そこで，国家は家族の安定的維持に関心を寄せ，家族に関する規定を設けている。これが家族法（民法「親族編・相続編」）とよばれるものである。

　これから，A君を中心とした家族（→上図）に，どのような法的問題が起こりうるか考えてみよう。

婚約——結婚の自由を拘束するか

結婚を約束したカップルが結婚に至る前に破局を迎えるというケースは稀ではない。将来結婚しようという約束（合意）を婚約とよんでいるが，民法のどこにも婚約についての規定はない。はたして，婚約に法的意味は認められるだろうか。婚約した当事者は，

夫婦生活のスタートに向けてさまざまな準備をすることになるだろうから，もし，婚約を一方的に破棄されたら，他方は精神的にも財産的にも大きな損害を受けることになる。そうだからといって，結婚する意思を失った相手に，結婚式の日取りも迫っていることだし，とにかく結婚式を挙げて婚姻届を出せといっても，夫婦としてうまくいくはずがない。「結婚するかしないかの自由」は保障されなければならない。そこで婚約に法的意味を認めるとしても，「結婚せよ」と強制する効力まで認めることはできない。

　それでは，婚約はどのような法的意味をもつのだろうか。婚約した当事者は将来の婚姻の実現に向けて誠実に努力すべき義務を負っている。それにもかかわらず，正当な理由もなしに一方的に婚約を解消するなら，不当破棄の責任を負わなければならない。つまり，約束違反に対しては責任をとってもらわなければ困る。この責任は**婚姻予約の不履行に伴う債務不履行責任**（→第1章**2**）と考えられていて，婚約を一方的に解消した者は損害の賠償をしなければならない。損害の中身としては，婚約解消により受けた精神的ショック，結婚式の準備費用や新居の賃貸借契約に伴う費用，結婚式場や新婚旅行のキャンセル料などが考えられる。

　このように婚約の法的意味は，「不当に破棄された時に損害賠償を請求できる」ことにあるが，その前提として，婚約が成立していたことが必要になる。しかし，それはそれほど難しいことではなく，「将来結婚しよう」という約束さえしていればよいのであって，**婚約式や結納の取り交わし**，さらには第三者（親や友人など）に知らせることも必要とはされていない。ただし，後で婚約していたのかど

うかが，争いとなったときには，これらのことが婚約していたこと
の証拠になることはある。

| 結婚と戸籍 |

　私たちに愛する人ができ，その人と一緒に
家庭を築いていきたいと思うとき，結婚を
考えるだろう。そして，相手にプロポーズをして，OK をもらえば，
結婚式を挙げたり，婚姻届を出したり，同居したりといった，さま
ざまな手続や段階を踏んでゆく。私たちにとっては，結婚式を挙げ
たり，同居したりといったことのほうが重要な意味をもつだろうが，
法的にはどの時点で婚姻が成立したと考えられ，そのためにはどの
ような条件が必要とされているのだろうか。憲法では「婚姻は，両
性の合意のみに基いて成立」することになっている（24条）。した
がって，婚姻の成立には，まず，2 人の間に婚姻をする意思（婚姻
意思）があることが必要となる（実質的成立要件）が，これだけでは
十分ではない。婚姻届を戸籍係（市区町村役場の戸籍窓口）に提出し，
受理されなければ婚姻は成立しない（形式的成立要件）。これを**届出
婚主義**とよんでいる。婚姻も契約の 1 つといえるが，財産法上の契
約と違って，必ず一定の方式に従うことが要求されている。これは
身分行為の要式性とよばれる特徴で，家族関係と戸籍（コメント）が結
びついていることによる。

　婚姻は，社会の基本的単位である家族のスタートであるから，誰

（コメント）　他の国々には類をみない戸籍制度が日本で確立したのは 1871（明治
4）年の戸籍法制定以降のことである。天皇と皇族以外の日本国民は全員戸籍に
登録される。戸籍は国民の家族関係を登録し，公証する役割をもっている。

と誰が夫婦であるかは国家としても関心が強く，婚姻届を出させて社会的に明らかにさせる（公示する）ことにし，同時に望ましくない婚姻関係の成立をチェックしようとしたわけだ。したがって，婚姻届を出していない男女は法律上は夫婦と認められない。「届出なければ婚姻なし」といわれる。婚姻届が受理されると，原則的に夫婦について新戸籍が作られるから，普通は一方の戸籍へ入る「入籍」という問題は生じない。

　さて，2人が結婚することに合意さえすれば婚姻できるのだろうか。一定の場合は婚姻できない（婚姻障碍という）と定められているので，どのような場合かみてみよう。ただし，婚姻障碍の中には男女平等の点から問題があるものも含まれていたため**民法改正**が必要となった。

　①一定の年齢（**婚姻適齢**，民法731条）に達していない場合は婚姻できない。婚姻可能な最低年齢を婚姻適齢という。婚姻適齢を定めているのは，早婚による弊害を避けることを目的にしている。これまで，婚姻適齢は，男性は満18歳，女性は満16歳と定められていたが，2018年に成年年齢を18歳に引き下げる民法改正が実現すると同時に，婚姻適齢も男女ともに18歳となり，成年年齢と婚姻適齢が一致することになった（2022年4月から施行された。すでに，男女間で婚姻適齢に年齢差があるのは男女平等に反するとして，1996年の民法改正案要綱 コメント では男女ともに18歳とすることが提案されていた）。

コメント　1947年の民法改正＝現行家族法の成立以降の国民の人生観・価値観の変化・多様化を背景に，男女の平等と個人の尊重の観点から婚姻法・離婚法の見直しが必要であるとの意見が強まり，1991年から法制審議会で民法改正の検討

婚　姻　届

令和　　年　　月　　日届出

長　殿

		夫 に な る 人	妻 に な る 人
(1)	（よみかた）		
	氏　　　名	氏　　　　名	氏　　　　名
	生 年 月 日	年　　　月　　　日	年　　　月　　　日
(2)	住　　所 （住民登録をしているところ） （よみかた）	番地 番　　　号	番地 番　　　号
		世帯主 の氏名	世帯主 の氏名
(3)	本　　　籍 （外国人のときは 国籍だけを書い てください）	番地 番	番地 番
		筆頭者 の氏名	筆頭者 の氏名
	父 母 の 氏 名 父母との続き柄 （他の養父母は その他の欄に 書いてください）	父　　　　　　　　続き柄 母　　　　　　　　　　　男	父　　　　　　　　続き柄 母　　　　　　　　　　　女
(4)	婚姻後の夫婦の 氏・新しい本籍	□夫の氏 □妻の氏	新本籍（左の☑の氏の人がすでに戸籍の筆頭者となっているときは書かないでください） 番地 番
(5)	同居を始めた とき	年　　　月	（結婚式をあげたとき、または、同居を始め たときのうち早いほうを書いてください）
(6)	初婚・再婚の別	夫 □初婚　再婚 □死別 □離別 　年　月　日	妻 □初婚　再婚 □死別 □離別 　年　月　日
(7)	同居を始める 前の夫妻のそれ ぞれの世帯の おもな仕事と	夫 妻　1．農業だけまたは農業とその他の仕事を持っている世帯 夫 妻　2．自由業・商工業・サービス業等を個人で経営している世帯 夫 妻　3．企業・個人商店等（官公庁は除く）の常用勤労者世帯で勤め先の従業者数が 　　　　　1人から99人までの世帯（日々または1年未満の契約の雇用者は5） 夫 妻　4．3にあてはまらない常用勤労者世帯及び会社団体の役員の世帯（日々または 　　　　　1年未満の契約の雇用者は5） 夫 妻　5．1から4にあてはまらないその他の仕事をしている者のいる世帯 夫 妻　6．仕事をしている者のいない世帯	
(8)	夫 妻 の 職 業	（国勢調査の年…　　年の4月1日から翌年3月31日までに届出をするときだけ書いてください） 夫の職業	妻の職業
	そ の 他		
	届 出 人 署 名 押 印	夫 　　　　　　　　　　　　　印	妻 　　　　　　　　　　　　　印

事 件 簿 番 号		住所を定めた年月日		連絡先	電話（　　　）　　　番
		夫　　年　　月　　日 妻　　年　　月　　日			自宅・勤務先・呼出　　　方

鉛筆や消えやすいインキで書かないでください。

この届は、あらかじめ用意して、結婚式をあげる日または同居を始める日に出すようにしてください。その日が日曜日や祝日でも届けることができます。（この場合、宿直等で取扱うので、前日までに、戸籍担当係で下調べをしておいてください。）

届書は、1通でさしつかえありません。

この届書を本籍地でない役場に出すときは、戸籍謄本または戸籍全部事項証明書が必要ですから、あらかじめ用意してください。

	証	人
署　　名 押　　印	印	印
生 年 月 日	年　　　月　　　日	年　　　月　　　日
住　　所	番地 番　　　号	番地 番　　　号
本　　籍	番地 番	番地 番

→　「筆頭者の氏名」には、戸籍のはじめに記載されている人の氏名を書いてください。

→　父母がいま婚姻しているときは、母の氏は書かないで、名だけを書いてください。
　　養父母についても同じように書いてください。

→　□には、あてはまるものに☑のようにしるしをつけてください。
　　外国人と婚姻する人が、まだ戸籍の筆頭者となっていない場合には、新しい戸籍が
　　つくられますので、希望する本籍を書いてください。

→　再婚のときは、直前の婚姻について書いてください。
　　内縁のものはふくまれません。

◎署名は必ず本人が自署してください。
◎印は各自別々の印を押してください。
◎届出人の印をご持参ください。

電算化された戸籍の記録事項証明書の例

	全部事項証明

本　　籍	東京都千代田区平河町一丁目×番地
氏　　名	甲野　義太郎

戸籍事項 　戸籍編製 　転　　籍	【編製日】平成 4 年 1 月 10 日 【転籍日】平成 5 年 3 月 6 日 【従前の記録】 　　【本籍】東京都千代田区平河町一丁目△番地
戸籍に記録されている者	【名】義太郎 【生年月日】昭和 40 年 6 月 21 日　【配偶者区分】夫 【父】甲野幸雄 【母】甲野松子 【続柄】長男
身分事項 　出　　生 　婚　　姻	【出生日】昭和 40 年 6 月 21 日 【出生地】東京都千代田区 【届出日】昭和 40 年 6 月 25 日 【届出人】父 【婚姻日】平成 4 年 1 月 10 日 【配偶者氏名】乙野梅子 【従前戸籍】東京都千代田区平河町一丁目△番地　甲野幸雄
戸籍に記録されている者	【名】梅子 【生年月日】昭和 41 年 1 月 8 日　【配偶者区分】妻 【父】乙野忠治 【母】乙野春子 【続柄】長女
身分事項 　出　　生 　婚　　姻	【出生日】昭和 41 年 1 月 8 日 【出生地】京都市上京区 【届出日】昭和 41 年 1 月 10 日 【届出人】父 【婚姻日】平成 4 年 1 月 10 日 【配偶者氏名】甲野義太郎 【従前戸籍】京都市上京区小山初音町▼番地　乙野梅子
戸籍に記録されている者	

発行番号 000001　　　　　　　　　　　　　　　　　　　　　　以下次頁

除　　籍	【名】啓太郎
	【生年月日】平成 4 年 11 月 2 日
	【父】甲野義太郎
	【母】甲野梅子
	【続柄】長男

身分事項	
出　　生	【出生日】平成 4 年 11 月 2 日
	【出生地】東京都千代田区
	【届出日】平成 4 年 11 月 10 日
	【届出人】父
婚　　姻	【婚姻日】令和 3 年 3 月 6 日
	【配偶者氏名】丙野松子
	【送付を受けた日】令和 3 年 3 月 10 日
	【受理者】横浜市中区長
	【新本籍】横浜市中区昭和町■番地
	【称する氏】夫の氏

戸籍に記録されている者	
除　　籍	【名】芳次郎
	【生年月日】平成 16 年 1 月 6 日
	【父】甲野義太郎
	【母】甲野梅子
	【続柄】二男

身分事項	
出　　生	【出生日】平成 16 年 1 月 6 日
	【出生地】千葉市中央区
	【届出日】平成 16 年 1 月 17 日
	【届出人】母
	【送付を受けた日】平成 16 年 1 月 20 日
	【受理者】千葉市中央区長
死　　亡	【死亡日】平成 24 年 12 月 13 日
	【死亡時分】午後 8 時 30 分
	【死亡地】東京都千代田区
	【届出日】平成 24 年 12 月 15 日
	【届出人】親族　甲野義太郎
	以下余白

発行番号 000001

　　これは，戸籍に記録されている事項の全部を証明した書面である。

　　　令和何年何月何日

　　　　　　　　　　　　　　　　　　　何市町村長氏名　［職印］

1　愛からはじまる　117

②すでに夫や妻がいる人は婚姻できない（**重婚の禁止**，732条）。日本では一夫一婦制を夫婦の理想と考えている。

③近親者間では婚姻できない（**近親婚の禁止**，734条～736条）。優生学的あるいは社会倫理的理由から一定範囲の親族間での婚姻は禁止される。

④女性の再婚は一定期間禁止されていた（**女性の再婚禁止期間**，733条）。女性だけに一定期間再婚を禁止するのは，前婚の解消後早期に再婚すると，再婚後に出生した子の父親が，前婚の夫なのか後婚の夫なのかわからなくなるのを避けるためだとされていた。この再婚禁止期間は以前は6ヵ月とされていたが，子の父親を確定するためだけであれば，100日で足りる。最高裁大法廷2015年12月16日判決は，100日を超えて女性の再婚を禁止することには正当な根拠がなく，合理性を欠いた過剰な制約であるとし，100日超過部分については，憲法14条1項・24条2項に違反すると判断した。これを受けて，2016年に民法改正が行われ，再婚禁止期間は100日に短縮されたが，さらに，子の父親の確定は，親子関係のルールによって解決することになり，再婚禁止期間の規定は削除されることとなった（2022年の民法改正による）。

さて，以上のほかに，法律上は明確ではないけれど，⑤**同性婚**（コメント）は認められないと考えられており，同性カップルの婚姻届出

がはじまった。そして，選択的夫婦別姓制度の導入などを柱とする「民法の一部を改正する法律案要綱」が1996年答申されたが，一部の反対を受け，政府法案として国会に上程されたことはない。

（コメント）　同性カップルの法的保護としては，登録によるパートナーシップ制度を定める対応もあるが，婚姻を認める国も増えてきている（2001年，オランダ

は受理されていない。しかし，海外では同性婚を認める国も増加しており，日本でも検討が必要だろう。

Column ⑪　性同一性障害

たとえば，生物学的な性別は女性であるが，男性として自己自認している（性同一性障害＝Gender Identity Disorder）者は，戸籍上の性別が「女性」として表記されているため，社会的にも女性と扱われ，生きにくさを感じることになる。そこで，2003年に性同一性障害者特例法が定められ（2008年法改正），一定の条件（性適合手術を受けていること，20歳以上〔2022年4月から18歳に引き下げられた〕で，現に婚姻をしていないこと，未成年の子がいないことなど）の下で，家庭裁判所の審判により，戸籍上の性別変更が認められることになった。民法上も変更後の性別により扱われ，戸籍上の性別が「女性」から「男性」に変更されると，女性との婚姻も同性婚とならず可能となる。

夫婦という関係

夫婦関係は，かつてのような夫を中心とした強固な運命共同体ではなく，対等で自立した男女のパートナーシップに基づく緩やかな共同体に変化している。夫婦は自由に自分たちの関係を形作っていけばよく，法が細か

が初めて同性婚を承認し，ベルギー，スペイン，フランス，ニュージーランド，イギリスなどが続き，アジアでは，2019年台湾で同性婚が認められた）。日本では，渋谷区・世田谷区などの自治体がパートナーシップ証明書等を発行するなどの取組みが拡大しているが，2019年には，数組の同性カップルが同性婚を認めないことに対して憲法違反を主張する裁判を提起し，札幌地裁2021年3月17日判決は憲法14条に違反することを認めたが，大阪地裁2022年6月20日判決は憲法に違反しないとした。

く規定する必要はないが，婚姻の安定が家族の安定につながることから，婚姻共同生活の維持・安定や婚姻当事者の保護をはかる規定を置いている。さらに，憲法24条1項が，婚姻は「夫婦が同等の権利を有することを基本として，相互の協力により，維持されなければならない」と定めていることも忘れてはならない。このような点から，夫婦に関する規定をながめてみよう。

　まず，夫婦の姓（氏）に関しては，婚姻届を出すときには，夫または妻のいずれかの氏を選ばなければならないとする**夫婦同氏の原則**がある（民法750条）。明治民法（1898年）のように原則として妻は夫の「家」の氏を称すると定めているわけではないので，形式的には夫婦の平等に反するとはいえない。しかし，現実には約96％の夫婦が夫の氏を選択しており，女性が結婚改姓するのは当たり前と受け止められている。これでは，実質的な平等とはいえない。社会生活の中での結婚改姓による不都合は，女性がほとんど引き受ける結果となっている。さらに，氏は個人の人格を表すものとして，人格的利益が認められ，本人の意思によらずに改姓を強制することは人格権の侵害となり，また，夫婦のいずれかが氏を変えなければ結婚できないとするしくみは，氏名を保持する権利を夫婦に同等に保障していないことになる。そこで，夫婦が結婚後もそれぞれの姓を保持したいと考える場合は夫婦別姓の選択を認める夫婦同氏・別氏選択制＝**選択的夫婦別姓制度**の導入を定める改正案が1996年の民法改正案要綱に盛り込まれたが，未だ実現していない（→113頁コメント）。

　この状況に対して，同氏強制の原則を定める750条は憲法13

条・14条1項・24条に違反することを，主な主張内容とする別姓訴訟が提起された。最高裁大法廷2015年12月16日判決の多数意見は，氏は個人だけではなく，家族の呼称としての意味もあり，また，夫婦同氏制は，日本社会に定着していることなどを考慮して，夫婦同氏の強制が憲法24条に違反しないとした（5名の裁判官は，民法750条は，憲法24条に違反するとした）。ただし，夫婦の氏に関する制度のあり方については国会で議論されるべき問題と付言されている（最高裁大法廷2021年6月23日決定の多数意見でも夫婦同氏強制は合憲とされた）。そこで，国会での議論には，これから結婚するであろう若い人たちの意見が反映されるべきであるから，選択的夫婦別姓制度の導入についても，自分たちの問題として考えて欲しい。

　夫婦というのは，愛情に基づいて性的・精神的・経済的共同体を築いていくものだから，夫婦の協力による生活共同義務（同居義務や夫婦間の扶養義務）が要請されている（同居・協力・扶助義務，752条）。ただし，扶養義務は実際には経済的協力としての生活費分担義務（婚姻費用分担義務）により果たされる。

　最後に，夫婦の財産関係はどうなるだろう。夫婦は，契約（**夫婦財産契約**）で自由に財産関係を決定することができる。たとえば，婚姻後の夫の給料と妻の給料は夫婦の共有財産となると約束することもよい。しかし，夫婦財産契約は婚姻前に行い，登記しなければならないので，あまり利用されていない。そこで，夫婦財産契約をしなかった場合は法律に従うことになる（**法定財産制**）。とはいっても，法律は夫婦といえども財産関係では赤の他人と同様に扱うと宣言しているだけである。夫の獲得したものは夫の財産，妻の獲得し

たものは妻の財産ということになる。このようなしくみを**別産制**と
よぶ。別産制のもとでは，財産取得の機会の少ない者，たとえば，
専業主婦などは所有財産がないということになり，夫婦の財産関係
について不利な立場になる。そのため，夫婦がたとえ異なる役割を
果たしていても同等な協力と評価し，これを夫婦の財産関係に反映
するために別産制を手直しすべきだと考えられている。

　ただし，別産制のもとでも，生活費（婚姻費用）は夫婦で分担す
ることが定められ（760条），また，婚姻生活をする上で日常必要と
される費用の支払については，**日常家事債務の連帯責任**の規定があ
る（761条）。たとえば，妻が水道・電気・ガスの供給契約をした場
合でも，夫も事業者に対して料金の支払義務がある。

内縁・事実婚

世の中にはさまざまな愛の形があるであろ
うが，法は婚姻届を出した男女だけを婚姻
として法的規制の対象とし，法的保護を与えることにした。しかし，
婚姻外の性的関係に対する倫理的非難が非常に強く（とくに女性に
対し），社会的・経済的にみて女性の地位が低い時代には，婚姻と
して法的保護を受けられない男女関係は，女性に不利益をもたらし
た。恋愛の自由も，女性が捨てられる自由でしかなかった。そこで，
婚姻外の男女関係に対しても一定の法的保護が与えられてきた。こ
れが内縁保護法理である。

　内縁とは，事実上の夫婦共同生活の存在を重視し，婚姻の届出は
ないが，社会的には夫婦同様の共同生活の実体が備わっている男女
関係を指している。戦前は，とくに家制度を理由とする婚姻の制約

があったため，戸主や親の同意が得られないとか，長男，長女同士である等の理由で婚姻届を出せないカップルもいた。そこで，判例は，当初は「**婚姻予約**」として，その後はさらに一歩進めて，婚姻に準ずる関係（「**準婚**」）ととらえることによって，内縁を保護してきた。← 判例は，「婚姻予約」に婚約と内縁の両方を含めている。

　たとえば，内縁を一方的に解消した者には，婚姻予約不履行に基づく損害賠償責任を負わせ，また，内縁を準婚ととらえて，婚姻の効果の準用を認め，同居協力扶助義務や婚姻費用の分担義務，日常家事債務の連帯責任，さらには，内縁解消の場合にも離婚の際の財産分与が認められる。ただし，夫婦同氏や配偶者相続権，子の嫡出性といった婚姻届の存在を前提とする効果は認められない。したがって，内縁関係から生まれた子は嫡出でない子（非嫡出子）である。

　民法以外の社会法の分野でも内縁保護が進んできた。たとえば，労働者の災害補償（労働者災害補償保険法16条の2第1項）や健康保険（健康保険法3条7項），年金（厚生年金保険法3条2項）については，婚姻の「届出をしていないが，事実上婚姻関係と同様の事情にある者」に法律上の配偶者と同じ扱いを認めている。こうして，内縁関係と認められる男女関係についてはかなりの法的保護が認められるようになったわけだが，婚姻外の男女関係の実態はさまざまである。また，現在は，自分たちの主体的な意思で婚姻届を出さずに共同生活を選択するカップル（事実婚）コメントが増えつつある。したがっ

コメント　当事者が婚姻届を出さずに共同生活をする理由としては，夫婦別姓の実践，戸籍制度への批判，伝統的な夫婦の役割分担の拒否，古い家意識や嫁扱いの拒否等がある。

て，従来の内縁理論ではとらえられないカップルも含め，法的保護のあり方について議論が必要となっている。

2　愛が終わるとき

●離　　婚

> A君が自宅に帰ると，結婚して5年になる姉が子どもを連れてやってきた。ここしばらく夫との仲がうまくいかず離婚を考えているので両親と相談したいとのことだ。両親は，子どもも小さいことだし，夫が浮気をしているとか暴力をふるうということでもないのだから，もう一度考え直して離婚は思いとどまるように説得したが，A君は，夫婦の仲がうまくいかない以上は離婚もやむをえないのではないかといった。ただ，妹は，離婚した後，お姉さんは生活していけるの，とポツリといった。

愛は永遠か

　永遠の愛を誓い合って結婚した2人の間でも，いつしか愛が色あせて一緒に暮らし続けることが耐え難くなることもあるというのは，ほかならぬ人間関係である以上やむをえないものと思われる。そして夫婦関係がうまくいかない場合，これを解消して新しい人生を歩みはじめたいと，当人たちが考えるのも無理はない。夫婦関係が破綻した後も，法が夫婦関係の継続を強制するわけにはいかないであろう。そこで，夫婦関係を解消するために離婚を認める必要性がある。しかし，いったん夫婦となり家族関係を築き上げてきた者たちがその関係を解消するというのはそう簡単なことではないだろうし，熟慮を必要とす

る問題である。離婚を認めるにしても、完全に個人の自由にという わけにはいかない。どのような場合に離婚が認められるのか、離婚 を認める場合、どのような配慮を必要とするのか考えてみよう。

<hr />

離婚の自由はどこまで

離婚を認めるかどうか、どのような場合に どのような手続で離婚を認めるのかという 点については、歴史的・社会的に大きな変化がみられる。結婚を永 遠の結合と考えれば、離婚は認められない。とくにカトリックは、 「神のあわせ給いしもの人これを離すべからず」というキリストの 福音に従い、**婚姻非解消主義**に立って離婚に厳しい態度であった。 しかし、宗教や法によっても愛が壊れていくことは防げない。愛情 が失われ、円満を欠く夫婦を形だけ残しておいても、家族の安定や 幸福にはつながらない。とくに、夫婦の不和が、一方の暴力や虐待、 不貞といった婚姻義務に違反するような有責行為に原因がある場合 に離婚を否定することは、責任のない他方に犠牲を強いることにな る。そこで、夫婦の一方に婚姻破綻の原因となる有責行為がある場 合、他方による離婚請求を認めるという考え方が採用されるに至っ た。これを**有責主義**という。

しかし、夫婦関係に不和が生じるのは、常に夫婦の一方に原因が あるとはいえず、A君の姉夫婦のように、いずれの責任ともいえ ないけれどいつのまにか夫婦の歯車がかみ合わなくなったという場 合もある。したがって、夫婦関係の破綻の責任や原因を問わず、破 綻の客観的事実のみに基づいて離婚を認めようとする**破綻主義**とい う考え方が新たに登場した。1960年代以降各国の離婚法は、有責

主義から破綻主義へと大きく変化している。それと同時に，夫婦が離婚することに合意している場合については，離婚を簡易に認める方向での離婚の自由化が進んでいる。

　日本の場合は，離婚に対する宗教的制約は認められず，古くから離婚は認められていたが，内容は夫による妻の追い出し離婚であった。明治民法以来，日本独特の制度として離婚の自由を広く認める協議離婚の制度が作られ，他方，裁判離婚については，戦後の民法改正（1947年）によりいち早く破綻主義を採用している。

離婚は簡単か

「離婚は簡単にできるか」という質問に答えるのは簡単ではない。離婚の手続と効果の問題が絡んでくる。離婚についてはこれまでの夫婦生活にピリオドを打ち，新たな人生をスタートさせることについてのトータルな判断を必要とし，この判断をどのような手続の中で行うのかという問題がある。ここでは，A君の姉夫婦がどのような手続を利用できるか考えてみよう。

　日本では，**協議離婚**と家庭裁判所での**調停離婚，審判離婚，裁判（判決）離婚，**さらには，離婚裁判提起後の**和解離婚・認諾離婚**の手続が定められている（離婚件数は，127頁の表の通り最近減少傾向にあるが，婚姻件数自体の減少も背景にある）。A君の姉夫婦が離婚することに合意しているのなら，市区町村役場に協議離婚届を出せば**協議離婚**が成立する。協議離婚は最も簡単な離婚の手続といえるし，当事者自身の自主的判断により離婚問題の解決を行うことができるという利点がある。離婚者の9割弱が利用しているというのもうなず

けるが，問題もある。当事者による自主的解決のためには，当事者が対等であり，離婚自体だけではなく離婚後の財産的あるいは子どもの問題についても理性的に話し合えることが前提となる。しかし，現実にはその保障はない。そこで，一方が勝手に離婚届を出してしまったり コメント ，離婚による財産分与や子どもの養育について十分

形態別離婚件数

（人口動態統計より）

年次	総数	協議	調停	審判	判決	和解	認諾
1970	95,937	85,920	8,960	64	993	—	—
1980	141,689	127,379	12,732	46	1,532	—	—
1990	157,608	142,623	13,317	44	1,624	—	—
2000	264,246	241,703	20,230	85	2,228	—	—
2005	261,917	233,086	22,906	185	3,245	2,476	19
2006	257,475	228,802	22,683	121	3,047	2,805	17
2007	254,832	225,215	23,476	97	2,786	3,243	15
2008	251,136	220,487	24,432	84	2,636	3,486	11
2009	253,353	222,662	24,654	89	2,512	3,414	22
2010	251,378	220,166	24,977	84	2,473	3,648	30
2011	235,719	205,998	23,576	69	2,574	3,478	24
2012	235,406	205,074	23,616	82	2,788	3,831	15
2013	231,383	201,883	23,025	173	2,783	3,502	17
2014	222,107	194,161	21,855	298	2,472	3,303	18
2015	226,215	198,214	21,730	379	2,383	3,491	18
2016	216,798	188,960	21,651	547	2,166	3,458	16
2017	212,262	184,796	20,902	772	2,204	3,379	9
2018	208,333	181,998	19,882	1,096	1,992	3,354	11
2019	208,496	183,673	18,431	1,344	2,017	3,025	6
2020	193,253	170,603	16,134	2,229	1,740	2,545	2
2021	184,384	159,241	16,975	3,479	1,944	2,737	8

コメント 離婚の意思がないのに勝手に出された協議離婚届は無効である。しかし，行われてしまった離婚についての戸籍上の手続を訂正するためには，協議離婚無効の裁判をしなければならなくなる。勝手に離婚届が出されるおそれがある

な話合いがなされないまま，離婚の届出だけがすまされ，離婚後弱い立場に立たされる妻や子の保護に欠けるといった問題が生じている。

夫婦間の不和や葛藤が強い場合や離婚の条件について対立がある場合は，当事者だけでは離婚についての結論を見いだせないこともある。このような場合には，家庭裁判所の調停の手続を利用する（調停前置主義）。調停手続も当事者の合意を基本とするので，離婚することや離婚後の問題について当事者が合意すれば調停離婚は成立する。しかし，合意できなければ調停不成立となり，残された道は，審判か裁判ということになる。審判離婚も最近は増えてはいるが，最後に残された手続は，裁判による離婚となる。

裁判離婚の場合，離婚が認められるためには離婚原因が必要である（民法770条1項）。基本的には，夫婦関係が客観的に破綻している場合には離婚原因があるものと考えられ，離婚が認められる。問題は，夫婦関係の客観的破綻の認定をどのように行うかであるが，外国の離婚法は，一定期間の別居があれば，夫婦関係の破綻を認定する方向にあり，日本でも5年間の別居を離婚原因に加える案が1996年の民法改正案要綱に盛り込まれたが実現には至っていない。

もう1つの問題は，自ら夫婦関係を破綻させた**有責配偶者からの離婚請求**は認められるかということである。最高裁判所は1952年の「踏んだり蹴ったり」判決で，妻以外の女性と暮らしている夫からの離婚請求について，このような「不徳義勝手気ままは許されな

場合には，これを事前にくい止めるために，戸籍法では，戸籍窓口に離婚届を受理しないよう事前に申し出ておく**不受理申出制度**が定められている。

い」として以来，有責配偶者からの離婚請求を否定してきたが，1987年9月2日判決で一定の条件つきでこれを認め，それまでの態度を変えた。

離婚したらどうなる

離婚によって生活条件に変化を受けるのは多くの場合女性である。たとえば，A君の姉が専業主婦で収入がないときは，離婚後の生活の困難さを考えて離婚をためらう気持ちにもなるだろう。そこで定められたのが**財産分与**の規定である（民法768条）。財産分与は，離婚の時から2年以内に夫婦の一方，多くは妻が他方に対して財産的給付（金銭または現物による）を請求することを認めるものだが，その内容は複合的で，①夫婦財産の清算，②離婚後の扶養（補償），③慰謝料の3つの要素が考えられている。①夫婦財産の清算とは，夫婦の協力によって築き上げた財産を離婚に際して清算することである。たとえば，婚姻中購入し，夫の名で登記をしている不動産（土地，建物）でも，妻の協力・寄与があってはじめて取得できたものであるから，

離婚の際には清算すべきと考えるものである。②離婚後の扶養（補償）とは，離婚後，経済的不利益を受ける配偶者に対する生活保障である。離婚後は夫も妻も自分の生活は自分で維持することを原則とするが，婚姻中，専業主婦であったり，幼い子どもを抱えている女性が離婚後ただちに自立することは困難である。そこで離婚後の自立能力を取得・回復するための生活費の援助をすべきであると考えたのである。③慰謝料とは，離婚によって受けた精神的苦痛の賠償のことである。暴行・虐待・不貞行為といった離婚原因となった個々の有責行為から生じた損害については，通常の不法行為（709条）として損害賠償請求が認められるが（→第2章 *1*），これとは別に，離婚それ自体による慰謝料請求を財産分与の要素に含めるかどうかについては見解が分かれる。とくに，有責主義から破綻主義への離婚法の変化の中で，離婚そのものを不法行為ととらえることは困難であると指摘されている。

　以上のような各要素を考慮し，当事者の話合いで財産分与の額・内容・方法などを決めればよいが，決められないときは，家庭裁判所に審判の申立てを行う。しかし，現実には財産分与が取り決められない場合や，また，決定されても一般に低額であることが多い。

離婚と子ども

　離婚は，夫婦の別れであっても親子の別れではない。しかし，日本では，離婚が親子関係まで切断することが多い。とくに，離婚後子どもを引き取らなかったほうが，扶養料の支払を怠るなど子の養育責任を放棄したり，あるいは，逆に，離婚後子どもを独占し，ひたすら子を私物化しよ

うと争ったりする親の態度が子どもをいかに傷つけるか考えてみるべきである。ここでは，「子ども（児童）の権利条約」 コメント も保障しているように子の利益をどのように守るか考えてみよう。

夫婦が婚姻中は，父母が**共同親権者**であり（民法818条），共同して子の監護教育や財産管理にあたる。しかし，離婚の際には，父母のいずれかを単独親権者に定めなければならない（819条）。離婚後夫婦は共同生活を解消してしまうので，親権の共同行使は現実には困難であろうという考えに基づくものであるが，夫婦のいずれが親権者になるかで争いが生じ，子の奪い合いにつながったり コメント，親権者とならなかったほうが，これで子の養育責任はもうないと思い違いをするということにもつながりかねない。

外国では，離婚後の共同親権・共同監護を定めている立法例もある。日本の場合は，単独親権であり，親権者となった者が現実に子の監護教育ができない場合には別に**監護者**を定めることができることになっている（766条）。第三者（祖父母や親族，施設も含む）を監護者にすることもできるが，親権者を父とし監護者を母とすることもできる。現実に監護教育するほうを親権者と定めるべきで父母の

コメント 「子どもの権利条約」は，1989年に国連で採択され，日本では1994年に批准されている。「子どもの権利条約」は，18歳未満の子を成長発達する権利主体とし，「子の最善の利益」が確保されるべきであること，また，父母は，子に対する共同養育責任を負い（7条・18条），また，子は父母の意思に反して父母から分離されないこと（9条）を定めている。

コメント 子どもの奪い合い紛争が国境を越えて発生した場合に関して，1980年に**ハーグ条約**が成立し，2014年4月から日本も加盟国となった。ハーグ条約は子がこれまで暮らしていた国から父母の一方により違法に連れ去られた場合，他方は子を迅速に元の国に返還することを求めることができるとするものである。

間で親権と監護権を分属することは望ましくないとの批判もあるが，最近では離婚後の共同監護への第一歩につながるとの評価も生まれている。さらに，離婚後も父母が共同の養育責任を負うとの観点から，共同養育の実現に向けて，離婚後の親権・監護権の規定の見直しが検討されている。

　さらに，古くから日本では，離婚後子どもと別れた親は，子の成長を「そっと陰ながら見守る」べきだとか，「寝た子を起こすな」という考えもあり，子どもと接触すべきでないとする傾向もあった。しかし，離婚後現実に子の監護教育にあたっていない親も子と接触し，子の成長発達をサポートしたいと思うのは当然であり，他面，親の義務でもある。そこで，離婚後，親権者・監護者でないため，子どもと一緒に暮らしていない親が，その子と会ったり，手紙・電話やオンライン等で交流することができるとする**面会交流権**が認められてきた。もっとも，この権利は子の利益において認められるものであり，面会交流を認めることが子の利益や福祉に反する場合には制限を受ける。面会交流を定める際には，子自身の意思も尊重されるべきである。ただし，面会交流権について，民法上明確に規定されてはいなかったところ，2011 年 6 月の民法改正によって，面会交流権が条文（766 条）上も明らかにされた(コメント)。

　最後に，経済面での親の養育責任は離婚後も変わらない。親権者・監護者になるかどうかにかかわらず，子に対する扶養義務を負う（766 条・819 条 1 項）。経済的に自立ができない未成熟子に対して

(コメント)　民法改正と同時に，協議離婚届用紙に，面会交流・養育費に関して，取り決めをしたかどうかのチェック欄が設けられた。

は，親は**生活保持義務**（→**4**）を負い，離婚後も父母の婚姻中と同程度の扶養義務を負う。親が自分の最低限度の生活を犠牲にしてまで扶養すべき義務はないが，扶養能力の許す限り親と同程度の生活保障をする必要があると考えられており，養育費を簡易迅速に算定することを可能とする目安として「養育費・婚姻費用算定表」が公表されている。いったん扶養料の額が決まれば，毎月定期的に支払を続けるべき義務を負うことになるが，現実には支払を滞らせる親もいる。そこで，扶養料の履行を確保することが重要となる。この点について，親が，サラリーマンである場合は，将来の扶養料の履行を確保するために，1つの申立てで，過去の未払分だけでなく，将来支払期限が来る扶養料分についても，将来支払われる給料からの差押えも認められる（民事執行法 151 条の 2）。また，扶養料の支払を怠った者に対する強制履行の方法として，間接強制（→第6章**2** 234 頁）が認められる（民事執行法 167 条の 15・167 条の 16）。そこで，一定の期間内に扶養料（過去の未払分だけでなく，今後 6 ヵ月内の扶養料についても認められる）を支払わない場合は，扶養料のほかに，遅延期間に応じた一定の金額を支払うように命じられることになる。さらに，強制執行の手続による以外の養育費の履行確保の方法も検討されている。

　離婚母子家庭は経済的に楽ではない（厚生労働省調査によれば，2020 年の母子家庭の母の平均年収は 272 万円）ため，社会保障制度の中でも，母子家庭への支援，たとえば，児童扶養手当などが定められている。また，母子家庭の自立を支援するため，母子家庭の母の就業の支援として，就業相談・職業紹介や職業訓練など生活面での安

定をはかる施策が行われている。さらに，離婚後の生活面での困難
は，母子家庭だけではなく，マイノリティであった父子家庭でも同
様に生じている。そこで，母子家庭・父子家庭を含む「ひとり親家
庭の支援」(厚生労働省) が行われている。

3 子育ては誰の責任

●親　子

　離婚問題に悩んでいるA君の姉が2番目の子を妊娠していることに気が
ついた。しかし，これから夫婦関係がよくなる自信もないため出産をためら
っていたところ，子どものいないCD夫婦が，是非生まれた子を自分たち
夫婦の子どもとして育てたいと申し入れてきた。CD夫婦はA君の姉が出
産したらすぐに子を引き取り，CD夫婦の嫡出子として出生届を出すことを
望んだ。CD夫婦の求めに応じて生まれた子Eを引き渡したけれど，日が経
つにつれて，A君の姉はEを引き渡したことを後悔しはじめ，取り戻した
いと考えるようになった。

産みの親か育ての親か

　古くから日本には，CD夫婦のように生ま
れて間もない他人の子を引き取って，自分
たち夫婦の間の実子として育てる「藁の上からの養子」とよばれる
慣習があったが，どうしてこのような慣習が行われていたのであろ
うか。また，法律的にみてCD夫婦とEの間に親子関係を認める
ことができるのであろうか。私たちは自然の親子関係 (血縁) を中
心に親子関係を考え，日本では，「血は水より濃い」という意識が

強い。しかし，人は子を育てるが故に親たりうるのだということも考えておかなければならない。

さらに，不妊の夫婦に対して行われてきた生殖補助医療技術の進展は（→ *Column* ⑬），自然生殖では起こりえない事態をまねいている。たとえば，夫の精子を凍結保存し，夫の死後に妻が人工授精により子を出産する可能性，第三者から精子・卵子・胚の提供を受けて，夫・妻と遺伝的つながりのない子を妻が出産する可能性や，出産を第三者である女性に依頼する代理母出産の可能性を開き，このような生殖補助医療により誕生した子の親子関係をどのように確定すべきかという新たな問題を親子法に投げかけた。

前述のような状況については，生殖補助医療技術の許容範囲の問題とともに立法による解決が検討されてきたが，まだ十分ではない（コメント）。こうした中，日本人夫婦が海外で代理懐胎や卵子の提供を受けて子どもを得ようとする動きが続いており，判例は，出産した女性を母と判断している（＝分娩主義）。

（コメント）　厚生労働省の厚生科学審議会で，生殖補助医療技術をどのような条件のもとで認めるかが検討された。2003年の最終報告書では，第三者からの精子・卵子・胚の提供による妻の出産は認められるが，代理母は認められない方針が出された。また，「代理懐胎を中心に生殖補助医療をめぐる諸問題について」審議を行っていた日本学術会議は，2008年に提言を行った。その中で，代理懐胎については，現段階では原則禁止とされている。なお，2020年12月に，「生殖補助医療の提供等及びこれにより出生した子の親子関係に関する民法の特例に関する法律」が制定され，生殖補助医療の提供に関する基本理念や，出生した子の母子関係（分娩した女性＝母とする）・父子関係（同意した夫による嫡出否認の禁止）について規定が置かれた。

Column ⑬　人工授精・体外受精 ～～～～～～～～～～～～～～～

　最初，夫に不妊原因がある場合に，夫または第三者の精子を用い
た人工授精が実施され，次に，1978 年イギリスで試験管ベビーの
誕生と騒がれた体外受精が成功して以降，日本でも，妻に不妊原因
がある場合に，夫の精子と妻の卵子を体外で受精させ，この受精卵
を妻の子宮に移植する体外受精が行われ，さらに，第三者の精子・
卵子・胚の提供を受けた体外受精の許容可能性が検討されている。

日本で誕生した体外受精児の推移（年別）

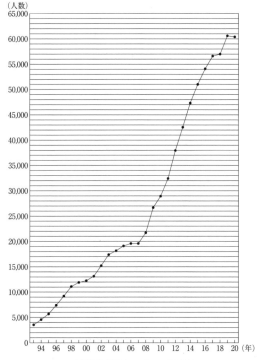

日本産科婦人科学会ウェブサイトより作成

<table>
<tr><td>血は水より濃い
——実子</td><td>自然の親子関係（血縁）に基づいて法律上の親子関係が認められる。これが実親子関係である。したがって、先のCD夫婦とE</td></tr>
</table>

のように血縁関係がないのに戸籍上だけ親子関係の存在が記載されても法律上は親子関係は認められない。法律上はA君の姉夫婦とEが親子である。CD夫婦の出した虚偽の嫡出子出生届（→ コメント ）は無効となる。

A君の姉がEを引き取りたいと要求すればCD夫婦は引き渡さなければならない。まさに「血は水より濃い」のである。しかし、法律は常に血縁に基づいて親子関係を認めているわけではない。血縁関係の事実は、母子関係については、出産（分娩）という事実によって明らかにすることができるが、父子関係を客観的に証明することはできないと考えられてきた。そこで、婚姻関係にある男女（夫婦）間に生まれた子（嫡出子）については、父は夫であると推定する規定を設けている（民法772条）。つまり、これはあくまでも推定であり、法律上父子関係が認められているからといって、真実の父子とは限らないという場合もある。これに対して、婚姻関係にない男女間に生まれた子（非嫡出子）は、法律上当然には母しかもたず、父子関係が発生するためには認知 コメント という手続が必要であ

コメント 虚偽の嫡出子出生届は、嫡出子出生届としては無効であるが養子縁組届として有効と考えることはできないかという問題がある。学説には、養子縁組届として有効と考えるべきとの見解も強いが、判例は否定的である。ただし、判例は、長年事実上の親子関係が形成された後に、親子関係不存在を主張することについて、権利濫用となる場合があるとする。

コメント 認知の手続には、任意認知と強制認知の2種類がある。任意認知は、

る。他方で，最近，親子関係を科学的に証明する技術が格段に進歩している。DNA鑑定（遺伝子鑑定）を用いれば，ほぼ100％の確率で親子関係の存在を確定できるとされている。ただし，DNA鑑定によって親子関係をたやすく否定できるとすることは，子の法的地位を脅かすことにもなり，慎重に考える必要があるだろう。

愛は血縁に勝る ——養子

血縁重視の考え方に立てば，血縁関係のないところに親子関係を認めることはできないが，子の利益尊重という立場に立てば，必ずしも産みの親が子の利益を守ってくれるとは限らず，人は子どもを産むから親たりうるのではなく，子どもを育てるから親たりうるのだといえる。したがって，産みの親が子どもを放置したり，育てることができない場合，あるいは，両親が死亡した場合，これに代わって子の養育にあたる者を見つけてやらなければならない。この産みの親に代わって子の養育にあたるしくみが**養子縁組**という制度である。CD夫婦はこれを利用してEを育てることもできた。

養子制度は，自然の血のつながりのない者の間にも，法律上の親子関係（嫡出子としての地位）を発生させるものである。養子制度はこれまでさまざまな目的のために利用されてきた。たとえば，家の跡継ぎや家業の承継者を得るという「家のため」，親の老後の世話や子のいない淋しさをいやすという「親のため」，そして，養育に

父が父子関係の事実に基づいて，戸籍係に認知届を行うものである。強制認知は，父が任意に認知を行わない場合に，子（その法定代理人）が起こす認知の訴えにより行われる認知のことである。

欠ける子に親を与えるという「子のため」である。現在の日本の養子法は「子のための養子法」をめざしているが，成年者を養子にする成年養子を認め，これが多数派であるため，「子のため」に徹し切れていない。

民法の養子縁組は，原則として，養親になろうとする者と養子になろうとする者との間の合意 コメント と，養子縁組の届出により成立する。これは，欧米で多くみられる公的機関が養子縁組の成立に関与する許可型養子に対して，契約型養子とよばれ，かなり緩やかに養子縁組が成立することになる。合意以外に必要な要件についても，養親が20歳以上であること（民法792条），年長者や尊属を養子にすることはできないこと（793条）が規定されているだけで，自然の親子らしさは要求されていない。また，養子と養親の適性がチェックされるわけでもないが，未成年者を養子にする場合にのみ，家庭裁判所の許可が必要である（798条）。これは子の利益をはかるために規定されたものである。養子縁組の成立によって養親と養子の間に実子同様の親子関係が発生するが，実親と養子の間の親子関係も存続する。

1987年に子のための養子制度の充実をはかるために，それまでの養子とは別に新しい内容の養子制度（**特別養子制度**）が設けられた。特別養子の特徴は，①目的を子の利益に限定し，養親子関係の適格者を限定する。養子の年齢は原則15歳未満（2019年の民法改正前は6歳未満であった）とし（817条の5），養親は原則として25歳以上の

コメント　養子が15歳未満の場合は，養子に代わって法定代理人が養子縁組の承諾をする。これを代諾縁組とよぶ。

夫婦とする（817条の4）。②養子縁組は家庭裁判所の許可により成立する（817条の2）。③特別養子の場合は，養子と実親の法的関係はなくなり（817条の9），戸籍の記載については通常の養子と異なる記載方法がとられる。養親を実親と同じく，たんに「父・母」とのみ表示し（「養父・養母」とは表示しない），戸籍面からは養子であることを容易には知りえないように工夫している。

子どもはみな平等か

実子と養子の間には法律上の差別はない。養子は養親の嫡出子として扱われる。しかし，「血は水より濃い」とする意識は養子に対する社会的偏見・差別をもたらしてきた。そこで，養親の中には，養子であることをなるべく隠したいと願う者もいる。特別養子制度はこのような養親の願いに応えるかのようにみえるが，この制度は養子であることを秘密にすることをねらいとするものではないから，適切な時期に養子に真実を告げ，「愛は血縁に勝る」ことを教えるべきである。

実子の間にも，婚姻の尊重と婚姻外の性関係に対する倫理的非難から，嫡出子と非嫡出子の間に法的差別や社会的差別・偏見がある。非嫡出子は母の氏を名乗り，母の戸籍に記載され，母が親権者になる。父の認知があっても親権者変更の手続をとらなければ親権者は当然には変更されない。たとえ父母が事実婚カップルとして共同生活をしていても，母または父の単独親権である。非嫡出子についても父母の共同親権の可能性を開くべきと思われ，この点について検討されている。

非嫡出子に対する法的差別として大きく問題となっていたのは法

定相続分の差別である。親が死亡した場合の子の相続分について，非嫡出子は嫡出子の2分の1と定められていた（民法旧900条4号ただし書前段）。これについて，1996年の民法改正案要綱では，非嫡出子に対する相続分の差別の廃止が提案されていたところ，ついに，最高裁判所は2013年9月4日決定において，「父母が婚姻関係になかったという，子にとっては自ら選択ないし修正する余地のない事柄を理由としてその子に不利益を及ぼすことは許されず，子を個人として尊重し，その権利を保障すべきである」として，民法900条4号ただし書前段は法の下の平等に違反すると判断した。この決定を受けた民法改正によって，民法900条4号ただし書前段は削除され，相続分の差別は解消された。

　さらに，戸籍や住民票の続柄について，非嫡出子は嫡出子と異なる記載がなされてきた。←嫡出子であれば，戸籍，住民票の続柄欄には長男（女），二男（女）と記載されたが，非嫡出子であれば，戸籍には男（女），住民票には子と記載されてきた。戸籍や住民票は身分証明の手段として用いられるもので，これでは第三者に対し非嫡出子であることを知らせることになる。この点についても批判があり，住民票の続柄記載についてはすべて「子」で統一されるよう改められ，戸籍の続柄記載については，非嫡出子についても長男（女），二男（女）の記載をすることとなった。

| 子育ての責任 |

人間は他の動物と比べて一人前の人間として自立するまで長い期間を必要とする。この間の成長発達を援助する役割は1次的には親（実親，養親）が果

たすべきである。これが**親権**という制度である。親権は未成年の子について，現実に身の回りの世話や精神的発達を促す監護教育に加えて，未成年者は単独で取引をする能力が制限されているので（→第1章*2*），子の財産を管理したり，子に代わって法律行為をする財産管理権が内容となる。

　古くは，「親権」は，親とくに父が子を権力的に支配し，子がそれに服従することを内容としていた。しかし，現在は子の利益，子の福祉を守るための親の義務であることが強調されている。とくに国連での「**子ども（児童）の権利条約**」（→131頁コメント）の採択（1989年11月，発効は1990年9月。日本では，1994年5月発効）により，子どもの権利や子の利益の具体的内容についての議論が進んでいる。子ども（児童）の権利条約では，子どもは保護を必要とする存在として保護される権利（権利享有主体）が認められているだけではなく，子ども自身が成長発達する権利の主体（権利行使主体）であることが認められ，子どもの意思の尊重（意見表明権）も保障される。親権の内容やその具体的行使を考える場合，このような子どもの権利を踏まえるべきであろう。

　子育ては，子どもの成長発達をサポートする親の養育責任であるとともに，子育てを通じて，親自身も人格的に成長し，子育ての喜びを感じるものでもあり，親の養育権を含んでいる。したがって，親の養育権および責任は，国や第三者の不当な干渉を排除することができるが，親の養育権も絶対的なものではない。親が子の利益を守ることができない場合には，国が親の養育権の制限をしたり，親に代わって子の利益を実現すべきである。近年問題となっていた児

童虐待について，2000 年 5 月に「児童虐待防止法」が成立したが，さらに，2011 年 6 月には親権制限に関して民法改正が行われた（2012 年 4 月 1 日施行）。この改正によって，それまでは，親権者が親権を濫用する場合に，親権を全面的に剥奪する親権喪失制度（民法 834 条）のみが定められていたところ，親権喪失が認められる事由を拡大すると同時に，2 年を超えない期間についての親権停止制度（834 条の 2）が導入された。その結果，父・母による虐待または悪意の遺棄といった，たとえば，子どもに体罰を加えたり，子を放置したりした場合ばかりではなく，父・母による親権の行使が著しく困難であったり，不適当であった場合，たとえば父・母が病気等で子の適切な世話ができない場合，父・母が子に必要な病気治療に同意しないような場合にも，子の利益を著しく害するときは，子自身やその親族または，未成年後見人，検察官，児童相談所長の請求によって，家庭裁判所は，親権喪失の審判をすることができる。また，親権喪失に値するほど子の利益を害する程度が著しくはないが，父・母による親権の行使が困難または不適当である場合には，家庭裁判所は，親権の一時停止の審判を行うことができる。ただ，子の利益を守るためには，父・母の親権を制限するだけでは解決につながらず，父・母に代わる養育者を確保したり，子を養育中の父・母に対する支援も必要である。

4 高齢社会と家族

●扶養と後見

> A君の78歳になる祖母は，昨年祖父が死亡してからは1人暮らしをして
> いたが，最近めっきり身体が弱り，多少認知症の症状も見られる。そこで，
> 子どもであるA君の父親とその姉，弟の3人で誰が祖母を引き取り世話を
> するか相談した。父の姉は，夫の両親と同居してその介護をしており，父の
> 弟は，社宅住まいで部屋に余裕はなく，いずれも祖母を引き取ることはでき
> ないため，A君の家に引き取ることに決めた。しかし，祖母に同居の提案
> をしたところ，祖母は長年住み慣れた土地や家を離れたくないといって，A
> 君の家に移ることを渋っている。

高齢者と家族

　このような話は多少の違いはあってもどこの家庭にも起こりうる。戦前の日本では，人生50年の社会であり，子育てを終えて子どもが独立した後，親の世代は死を迎えていたのであるが，戦後，保健・衛生，医療の向上等により私たちの平均寿命は飛躍的に伸長し，超高齢社会を迎えている。これに対し，子の出生数は減少し，1人の女性が生涯に出産する子どもの平均数を示す合計特殊出生率は1.30（2021年）となっている。そこで，総人口に占める65歳以上の高齢者の割合は急激に増加し，2021年には29.1％となっており，現実に，高齢者が人口の4分の1以上を占める時代がやってきた。このように日本社会は急激に高齢化が進んでいるため，高齢社会が抱える問題に緊急

に対応する必要に迫られている。高齢社会が抱える問題といっても
さまざまであり，基本的には国家による対応が必要である。ここで
は，個人や家族にかかわる問題を考えてみよう。なぜ高齢者の存在
が問題となるのであろうか。人間は，年を重ねるにつれて身体的・
精神的能力が減退すること，そして，一般的にサラリーマンであれ
ば，定年を迎えて労働による収入を失うといった高齢者特有の特徴
がみられるからである。このような現実的な世話の必要性や経済的
問題に対応するのが介護や扶養である。

扶　養

民法では，夫婦間や，親の未成熟子（経済
的に独立していない子）に対する扶養義務を
定めているだけではなく，子が老親に対して，あるいは，兄弟姉妹
間でも扶養義務があることを定めている（民法877条）。このように，
一定の親族関係にある者の間で行われる扶養を**私的扶養**とよび，経
済的な援助を内容とする義務と考えられている。しかし，他方では，
憲法の定める生存権の保障のもとで，生活困窮者に対しては国に生
活を保障すべき責任がある（→第7章**11**）。これが**公的扶助**とよばれ，
生活保護がその中心となる。それでは，親族の責任と国の責任の関
係はどうだろう。生活保護法では，私的扶養優先の原則が定められ
ているので，生活困窮者に対しては，まずは民法上の扶養義務者で
ある親族が扶養すべきということになる。しかし，生活保護の申請
があった場合，生活困窮者に扶養能力ある親族がいるというだけで
申請を拒絶すべきではなく，必要な保護を行った後に，扶養義務者
に対し，その費用を徴収すべきであろう。

さて，老親に財産や収入がなく扶養が必要となれば子に扶養義務がある。そこで，A君の祖母が扶養を必要とすれば，A君の父親を含めた子ども3人に扶養義務があることになる。しかし，A君の父親は，大学生のA君と高校生の娘を扶養しているため，経済的にそれほどゆとりがあるとはいえない。このような場合，A君の父親は，自分の子どもに対する扶養と同じ程度の扶養義務を老親に対しても負わなければならないのだろうか。同じく親族間での扶養義務といっても，性質や程度が違う**生活保持義務**と**生活扶助義務**の2つに区別される⟨コメント⟩。生活保持義務は，夫婦間や親の未成熟子に対する扶養であり，生活扶助義務は，その他の親族に対する扶養で，老親扶養もここに含まれる。老親に対する生活扶助義務は生活保持義務より扶養義務の程度が低いので，A君の父親は，生活保持義務関係にある妻や子の生活を保障した上でなお余力がある場合（扶養能力がある場合）に，生活扶助義務関係にある老親に対し，最低生活費を保障する義務があると考えられる。A君の父親の姉弟たちも同じ立場であり，3人の姉弟は老親に対して各自の扶養能力に応じて扶養料の負担をすべきことになる。

⟨コメント⟩　生活保持義務は，夫婦と親子の共同生活の存在を前提に，夫婦・親子の本質として，相手方の生活を維持することが自分の生活を維持することでもあり，相手に自分と同程度の生活を保障すべき義務とされ，生活扶助義務は，その他の場合の扶養であり，相手が生活に困窮する場合，自分の社会的地位相応の生活を維持してなお余力があれば援助すべき義務とされている。

年金制度や社会保険制度による所得の保障
制度がいちおう整備され，高齢者が年金を
受給したり，あるいはほかに資産をもって
いるため経済的援助は必要としない場合でも，身体的・精神的能力
が減退し，他人による生活上の世話（面倒見的援助）を必要とする
場合があり，高齢化の進行とともに近年とりわけその必要が高まっ
ている。しかし，民法には高齢者の面倒見を直接家族に義務づける
規定はない。扶養義務は経済的給付（金銭，現物給付）義務であり，
本来愛情に基づく面倒見を法的に義務づけることはできないと考え
られ，当事者の承諾がある場合に限って，扶養義務の実現方法とし
て扶養料の支払に代えて，引取扶養を行うことができるだけである。
したがって，A君の祖母についても扶養義務者の話合いで，A君
の父親が祖母を引取扶養し，他の姉弟は金銭扶養をするという取決
めは可能である。しかし，扶養の権利者である祖母が引取扶養を望
まなければ実行できない。

　いずれにせよ家族の面倒見を法的に義務づけることはできず，施
設への入所やホームヘルパーの派遣などを含む社会福祉サービスの
提供として公的面倒見が基本とならなければならない。他方，現実
には多くの高齢者が家族との同居を望み，家族の側も自発的に面倒
見を行っているとすれば，愛情や自発性に基づく在宅ケアが実現で
きるように，高齢者の介護を行っている家族を支援する制度を整備
していくことも必要である。介護休業の法制化はその1つであり，
また，1997年度に**公的介護保険制度**が設けられ2000年4月から実
施された。これによれば，要介護認定を受けるとその状態に応じて

在宅介護サービスまたは施設介護サービスを受けることができることになる。そのために40歳以上の者は介護保険料を支払わなければならない。

成年後見制度──高齢者
に対するサポート・その2

高齢になって，身体的・精神的能力が低下してきたとき身の回りの世話として介護というサポートが必要なことはすでにみてきたが，介護を行う場合でも単に事実上の世話だけではなく，病院で治療を受けるための診療契約を結んだり，介護サービスを受けるための手続をしたりするなど，本人に代わってさまざまな法律行為を行う必要が出てくる。こうしたことはこれまで家族や第三者によって事実上行われてきたが，これで本人の利益が十分に守られてきただろうか。また，本人に年金や不動産などの財産がある場合に本人が適切に管理できなくなっているときはどうしたらよいだろうか。

以前は，民法では判断能力がなくなって単独で法律行為ができなくなっている人を保護するために禁治産宣告・準禁治産宣告の制度を定めていた。たとえば禁治産宣告は重度の認知症など常に判断能力がない状態の人について家庭裁判所が禁治産宣告をし，本人の行為能力を奪うことによって本人を保護するもので，選ばれた後見人が本人に代わって財産管理を行うことになる。このような制度は，本人自身による法律行為を制限することにより本人の財産を保全することに重点を置いていたといえる。

しかし，判断能力が不十分とはいえ，日常生活にかかわる事についての本人の意思は尊重されるべきであろうし，本人のクオリテ

ィ・オブ・ライフ（生活の質）を保障するという観点も重要となる。さらに，高齢社会の中で，認知症患者も増加しつつあり，それまでの制度が想定していた，本人保護の担い手である後見人などを家族のみが担い続けることには限界があり，「後見の社会化」が求められてきた。他方，高齢者の場合，判断能力の低下は徐々に起きることもあるし，判断能力が不十分といってもその程度はさまざまであるから，判断能力の実態に応じた保護も必要となる。そこで，後見・保佐・補助という3類型に分けて本人保護をはかり，後見人・保佐人・補助人といった保護の担い手の側についても，複数の人を選任すること，また，第三者（弁護士，司法書士，社会福祉士など）や法人を選任するなど，適切な支援者を選ぶことができるようにする，成年後見制度が実現し，2000年4月からスタートした（→第1章2）。また，2016年4月に，成年後見制度を活用するため，成年後見制度利用促進法が制定されている。

成年後見制度は，高齢者だけではなく精神的障害のある成人（認知症の高齢者，知的障害者，精神障害者等）を対象にするが，障害があってもできる限りその人の能力を引き出し（残存能力の活用とノーマライゼーション），本人自身の自己決定を尊重しながら本人の能力に応じた支援を行っていくことに重点が置かれている。具体的には，3類型のサポートが行われる。**①補助類型**，制度発足時に新設された類型で，それまでの制度の対象とされていなかった軽度の精神上の障害がある場合に補助人を選び特定の法律行為（範囲は家庭裁判所が個別に定める）について同意権や代理権を与える。**②保佐類型**，中程度の精神上の障害がある場合に対応するが，保佐人には同意を得

ないで行われた行為についての取消権が与えられ，重要事項についての代理権も認められる。③**後見類型**，重度の精神上の障害がある場合に対応するが，本人の自己決定を尊重するため，日用品の購入などの日常生活に関する行為は本人にまかせることにした。また，3類型とも財産管理だけではなく，本人の意思を尊重して，その心身の状態や生活の状況に配慮しなければならないとされている。したがって，成年後見制度と介護保険制度は連携しながら車の両輪として高齢者をサポートするシステムとして，さらに制度改善も含めた充実・発展が必要である。

さらに成年後見制度とならんで**任意後見制度**も認められている。任意後見は本人に意思能力がある段階で，意思能力がなくなった状況での自己の生活，療養看護および財産管理に関する事項についてあらかじめ任意後見人に代理権を与える任意後見契約を公正証書により作成しておくことを認めるもので，より本人の意思を尊重したものといえる。

5 死後の財産の行方

●相　　続

A君と同居していた祖父が80歳で先月死亡した。祖父はこの5年間寝たきりで，A君の両親が主に介護をしてきた。祖父が死亡したとき，残っていた祖父の財産は，A君たちが住んでいた土地・建物と銀行預金，株式であった。祖父にはA君の母親を含め3人の子どもがいたが，そのうち長女は10年前に2人の子どもを残して死亡している。また，祖父の妻であるA

君の祖母も病弱ながら存命である。そこで，祖父の財産をどのように相続するか話し合うことにしたが，祖父の遺品を整理していたら遺言書が見つかった。遺言書には，祖父が昔事業を行っていたときに世話になったＦさんに500万円を遺贈すると書かれてあった。さて，Ａ君の祖父の相続問題についてどのように処理したらよいか考えてみよう。

| なぜ相続か |

人は必ず死ぬが，いつ死ぬかはわからない。私有財産制度を憲法で保障し，私的自治の原則に基づいているわが国では，私たちは，生きている間はいつでも自由に財産を取得し，それを処分することができるし，銀行にお金を預けたり，他人から借金することもできる。しかし，その人が死亡したらどうなるだろう。「お墓の中まで財産をもっていくことはできない」と一般にいわれているように，死亡すれば権利能力を失ってしまうので，死亡した人は所有者でも債権者や債務者でもなくなる。そうなると，権利や義務は宙に浮くことになるのだろうか。これを避け，誰かに権利義務を承継させようとするのが相続である。また，人にお金を貸しても，その人が死ねば貸したお金がもどってこないとなれば，他人に安心してお金を貸すこともできなくなる。取引の安全を守るためにも相続を認める必要がある。

　死後の財産の行方を決めるルールが相続法とよばれ，2つの考え方がある。1つは，死後の財産の行方を死者自身の意思にまかせる遺言相続である。生前処分の自由が認められている以上，遺言による死後処分の自由も認められるという考えに基づくが，遺言の自由にも後でふれる遺留分制度による制約がある。もう1つは，死者の

財産を一定の親族に一定の割合で配分することを法律が定める法定相続である。日本では，遺言相続と法定相続の両方を認めており，法定相続は遺言相続が行われない場合の補充的相続方法と定められているが，現実には，遺言が作成される場合が多数派とは言えないため法定相続が中心となっている。したがって，実態としては，法定相続どおりの遺産の配分を望まない者が遺言相続を利用することが多い。ただし，最近は，家族関係の多様化や高齢社会が進んでいるためか，遺言を作成する人が増えつつあり，遺言をめぐるトラブルも増えている。よりいっそう遺言や相続全体についての法的知識が必要な時代を迎えている。

法定相続——誰がどれだけ相続するか

死者が，自分の死後の財産の行方を定めておかなかった場合に備えて，法律が一定の親族に財産の配分を定めている。法律によって遺産の配分を認められている親族を**法定相続人**とよび，財産を相続される死者のことを**被相続人**とよぶ。一定の親族に財産の配分を認める理由は，被相続人の財産に対する家族の寄与を清算する必要があることや，被相続人の財産に依存して生活していた家族の生活を保障するためである。したがって，法定相続人の範囲もこの観点から定められている。

　法定相続人には，被相続人の配偶者と血族がいるが，とくに，現在では，配偶者の相続上の地位は向上し，配偶者がいれば常に相続人となる。ただし，婚姻届を出していない内縁配偶者には相続権は認められていない。血族相続人には順位がつけられていて，次のよ

第1順位	子 $\frac{1}{2}$ ・配偶者 $\frac{1}{2}$
第2順位	直系尊属 $\frac{1}{3}$ ・配偶者 $\frac{2}{3}$
第3順位	兄弟姉妹 $\frac{1}{4}$ ・配偶者 $\frac{3}{4}$

うに法定相続分が決められている。第1順位は，被相続人の子であり，配偶者とならんで相続財産の2分の1を相続する。子が複数いる場合は子の相続分をさらに均分相続する。したがって，明治民法のように長男だけが家の財産を受け継ぐというわけではない。被相続人に子（およびその直系卑属）がいないときは，第2順位は，被相続人の直系尊属（父母，祖父母など）である。この場合は，配偶者が相続財産の3分の2，直系尊属が3分の1を相続する。同じ親等の直系尊属が複数いる場合，直系尊属の相続分を均等に分ける。さらに，直系尊属もいない場合の第3順位は，被相続人の兄弟姉妹である。この場合は，配偶者が相続財産の4分の3，兄弟姉妹が4分の1を相続する。

　以上のことを前提に，A君の祖父の場合を考えてみると，相続人として，配偶者である祖母と3人の子どもがいるが，そのうち長女はすでに死亡している。この長女を相続から除外して考えたらよいであろうか。しかし，長女に子どもがいる場合，祖父からみて，同じ孫にあたるA君には母を経由して祖父の財産の承継が生じるのに，長女の子どもたちには母が若死にしたばかりに祖父の財産の承継ができないとするのは不公平である。そこで，長女の相続分を長女の子どもが代わりに相続することを認めている。これが代襲相続とよばれる制度である。代襲相続は，第1順位相続人である被相続人の子および第3順位相続人である兄弟姉妹が被相続人の死亡以前に死亡（相続人の廃除，欠格も含む）している場合に，その者に代わって，その直系卑属（兄弟姉妹の場合はその子）が相続を認めら

れる制度である。そこで、A君の祖父の相続については、祖母が相続財産の2分の1、残りの2分の1を子ども3人で6分の1ずつ均等に分け、長女の相続分6分の1は、さらにその子2人で均等に分けることになる。

<hr>

法定相続人は必ず相続するか——承認と放棄

たとえば、A君の祖父に、昔事業に失敗したときの借金がかなり残っていた場合に、法定相続人がこの借金を支払わないですむ方法はあるだろうか。相続は、死亡した人の全財産の承継（包括承継という）であって、土地・建物、預金、株式といったプラスの財産のほかに借金などのマイナスの財産も承継される。時には、親が借金だけを残して死んだということもあり、古くは親の借金を子が返済するのは当然と考えられていた。しかし、個人の意思の尊重に基づく自己責任を原則とする現在では、相続人の意思に関係なく責任を負わせることはできないし、たとえプラス財産のほうが大きい場合でも、親の財産を受け継ぐことを潔しとしない相続人の意思は尊重されるべきである。そこで、相続人に財産の承継を全面的に拒否すること（**相続放棄**）、あるいは全面的に受け入れること（**単純承認**）、さらに、相続したプラス財産の限度で債務等に責任を負うこと（**限定承認**）のいずれかを選択することを認めた（ただし、プラス財産はもらうが、借金には知らん顔ができるというような虫のよい話はない）。

しかし、他方では、死者の財産を誰かに承継させるという相続は、取引の安全を保障するために認められたものでもあるから、死者に対してお金を貸していた債権者は、貸金を返済してもらえるのかど

うか，誰に返済請求ができるのかがいつまでもはっきりしないというのでは困る。相続人の意思の尊重と取引の安全の調整として，民法は，相続人が相続を承認するかあるいは放棄するかの選択権を行使できる期間（3ヵ月の熟慮期間）を定め（民法915条），この期間内に選択しない場合は，相続財産を全面的に承継（単純承認）したものと扱うことにした（921条2号）。したがって，A君の祖父の借金がプラス財産を上回る場合には，法定相続人は，（自己のために）相続の開始があったことを知った日から3ヵ月以内に家庭裁判所に相続放棄の手続をすれば，相続を完全に拒否することができ，限定承認の手続をすればプラス財産の限度で借金の返済をすればよいということになる。ただし，限定承認は相続人が複数いる場合は，相続人全員で行わなければならないので，相続人の全員一致がなければ行えない。これもあってか，限定承認の利用は多くない。

| 相続人間の公平 | 法定相続人として複数の相続人がいる場合，これら共同相続人の中に，たとえば，1人 |

だけ私大医学部に入学して高額な学費を親に出してもらったとか，結婚する際にマンションの購入資金を出してもらったといった者がいるとき，この者が他の相続人と同じ相続分を受け取るとしたら不公平である。そこで，被相続人から遺贈を受けたり，生前に特別な贈与を受けた者がいる場合に，これら特別な受益を相続分の前渡しとみて，計算上それを相続財産に持ち戻して相続分の計算をすることにした。これを**特別受益**の持戻しの制度という。特別受益となるのはどのような贈与であろうか。先の例のように，他の相続人と比

べて高額な学資や，結婚の際の不動産の購入資金，商売のための資金の援助などである。特別受益とされた財産は貨幣価値や財産価値の変動を考慮して，贈与の時ではなく相続開始時の価額で評価が行われる。したがって，特別受益を受けた者が現実の相続の際に受け取るのは，相続開始時の相続財産の価額に特別受益となる贈与の価額を加えたものに，法定相続分の割合を乗じ，そこから，すでに得ている特別受益となる贈与の価額を引いたものとなる。

　死亡した被相続人からすでに利益を受けていた特別受益の場合とは逆に，相続人に被相続人の財産の維持・増加に対する貢献があった場合も考えられる。たとえば，父親と一緒に子どもが農業や自営業を行い，父親名義の財産を築き上げた場合や，A君の祖父のように高齢で寝たきりになった父親を子の1人が介護したため父親の財産を消費せずにすんだ場合に，こうした貢献をしていない他の相続人と同様に法定相続分に従った相続しか認められないということではやはり不公平であろう。

　そこで1980年に定められたのが**寄与分**の制度である（904条の2）。寄与分の制度は共同相続人について認められるので，A君の両親が祖父の介護をした場合でも，寄与分が認められるのは，A君の母親についてだけである。A君の父親の貢献は母親の寄与分の評価の際に考慮されるのみと考えられてきた（2018年の相続法改正により，A君の父親のように被相続人の親族の貢献については，特別寄与者として，相続人に対する特別寄与料の請求ができることになった〔1050条〕）。寄与分が認められる例としては，先の場合のように，被相続人の事業に関する労務の提供または財産上の給付がある場合や，被相続人

の療養看護を行った場合などであるが，これらが通常の夫婦間での協力扶助や親族扶養の範囲を超える特別の寄与でなければならない。また，特別な寄与によって被相続人の財産が維持または増加したことも必要である。こうした寄与がある場合には，共同相続人の協議または家庭裁判所の審判によって金銭的に評価され，寄与分額だけ相続分の増加が認められることになる。

遺言相続——死者の意思
はどこまで尊重されるか

A君の祖父が死んだ後に遺言書が発見されたわけだが，遺言は，死者の生前に示された最終の意思表示であり，死亡によって効力を発生するものである。つまり，遺言の内容が効力をもつのは，本人が死亡して存在しなくなってからであり，遺言の内容が本人自身の真意に基づくものかどうか，もはや本人に確かめようがない。したがって，遺言については遺言者の最終意思の確認と真意を確保することが重要で，そのために特定の方式が定められている。普通方式の遺言としては，自筆証書遺言（民法968条），公正証書遺言（969条），秘密証書遺言（970条）の3種類がある。このうち，自筆証書遺言は誰の手も借りずに本人のみで作成することができるもので，最も簡単に作成することができるが，遺言者が，その全文（財産目録については自書でなくてもよい），日付および氏名を自書し，押印しなければならない。さて，この遺言で，自分の財産の死後の行方を自由に決めることができるだろうか。

原則として，遺言の自由が認められている。個人意思の尊重に基づけば，生前処分も死後処分も自由に行うことが認められてよい。

遺留分率

遺留分権利者	総体的遺留分率	個別的遺留分率	
配偶者と 子	$\frac{1}{2}$	配偶者 $\frac{1}{4}$	
		子 $\frac{1}{4}$	
配偶者と 直系尊属	$\frac{1}{2}$	配偶者 $\frac{1}{3}$	
		直系尊属 $\frac{1}{6}$	
配偶者のみ	$\frac{1}{2}$	$\frac{1}{2}$	
子 の み	$\frac{1}{2}$	$\frac{1}{2}$	
直系尊属のみ	$\frac{1}{3}$	$\frac{1}{3}$	

しかし，個人の財産であっても，家族の者たちがそれに頼って生活していた場合もあるし，法定相続人としては，当然相続できると期待していたであろうから，完全に遺言の自由を認めるわけにもいかない。そこで定められているのが**遺留分**という制度である。遺留分は相続人に保障される相続財産額に対する一定割合である。遺留分の保障といっても，たとえ全財産の贈与や遺贈がなされても，ただちに，贈与や遺贈が無効となるわけではない。遺留分を侵害された者が受遺者や受贈者に対して**遺留分侵害額請求**を行うことができるにすぎない。遺留分が認められる遺留分権利者は法定相続人のうち兄弟姉妹以外の者である。遺留分権利者に認められる遺留分の割合（総体的遺留分率）は，直系尊属のみが相続人となるときは，相続財産の3分の1で，これ以外の場合は，相続財産の2分の1である。各遺留分権利者の個別的遺留分は，これに各人の法定相続分を乗じて計算する。

　さて，A君の祖父の場合，遺留分権利者としては配偶者であるA君の祖母と3人の子（ただし，死亡した長女については代襲相続人が2名いる）がいるので全体の遺留分は相続財産の2分の1であり，祖父の行った生前贈与や遺贈としてはFさんへの500万円の遺贈だけであるので，これが遺留分を侵害しているかどうかが問題とな

る。遺贈の額が相続財産の額の2分の1を超えていれば，つまり，A君の祖父の相続財産の評価額が1000万円未満であれば，遺留分を侵害していることになり，各遺留分権利者はFさんに対して各自の遺留分侵害額を請求することになる。

1 企業の正体

企業の「贈賄」

2020年に予定されていた東京オリンピック・パラリンピック大会は，新型コロナウイルスの蔓延のために開催の延期を余儀なくされた。それでも多くの関係者の努力によって，無観客などの前例のない工夫を施しながら翌2021年に無事に挙行された。そして，同大会は，未曾有のパンデミックにあえぐ世界中の人々に大きな勇気と希望をもたらしたのだった。……と，美談で終わればよかったのだが……。2022年，この大会のスポンサー選定を巡って，組織委員会の理事が不正な便宜を図っていたことが明らかになった。組織委は公益財団法人だからその理事は当然に「みなし公務員」となる。だから，企業から見返りとしてお金をもらったら収賄罪に問われ，この理事は当然に逮捕・起訴された。贈賄側は，紳士服大手のAOKI，出版大手の

KADOKAWA，そして広告業の大広などの各社である。贈収賄は刑法が適用される犯罪だから，だれでも「悪い」ことだと認識するであろう。そして収賄側の理事は濡れ手に粟の状態だから，言語道断のけしからんヤツだ。しかし，ちょっと斜め上から「贈賄側で利益を得ようとしたのは誰？」という問いかけをしてみよう。賄賂を渡した「社長」や「会長」？　上にあげた「会社」？　それとも他に最終的な利得者がいるの？　例えば，このように企業による贈賄の構図を正確に理解しようとすれば，企業，とくに「株式会社」というものがどのような仕組みになっているのかを根っこから知っておく必要がある。

| 「企業」のイメージ

卒業を間近に控える学生は，社会人としてのこれからの生活の基盤を支え，交友関係や時には恋愛関係さえその中で生まれる1つのソサエティーとして企業をイメージすることも多いであろう。確かにそれはそれで，新米「従業員」の来るべき一生を左右する重要な話題かもしれない。しかしこのイメージは，日本という1つの国の経済を左右するほどの「企業」という存在を理解するためには，あまり役立たない。つまり経済的あるいは法律的に企業をどのように把握するかとは，全く別の次元にある。

　実は，現代資本主義社会（日本もこの中に入る）の経済活動は「企業」によって支えられている。支えられているというような生やさしい表現ではなく，むしろ「支配されている」といったほうが適切かもしれない。そう，企業とはそれほど重要な社会的存在なのである。

　社会的意味での企業とは，果たしてどのようなものなのか。ある
著名な学者は，巨大企業のことを現代の「リヴァイアサン」（ホッ
ブズが風刺に使った想像上の怪物）と表現し，企業の正体がとてもつ
かまえにくいことを嘆く。ただ，企業は誰にでもわかる1つの特徴
をもっている。それは，簡単にいってしまえば，その存在そのもの
が「もうけること」に向けられている点にある。商法・会社法とい
う法律を手がかりに コメント ，この意味での企業の正体をもう少し

コメント　商法や会社法は，憲法・刑法などのように人の公の生活環境にかかわ
るものではないから，私法に区分けされる（→第7章 ④）。その点では，民法と
同じである。ただ，民法が人の社会生活全般を規律する一般法であるのに対し，
商法・会社法は，主として次にみる商人や会社の私的取引活動を規整する。その
意味で，民法よりは狭い範囲の社会活動に適用される法律であり，民法の特別法
としての地位を占める（→第7章 ①）。

深くさぐってみよう。

古典的「商人」観と企業
——第1のアプローチ

その昔，中世のヨーロッパ社会で，生産物を右から左に流すことによって利益を得ている人々がいた。つまり彼らは，ある地域で物を安く仕入れ，別のところで高く売るという行為を専門的に行っていた。確かに，土着の農耕生産・手工業生産が中心の社会では，この人たちの活動は異端に映る。しかし，自給自足経済を抜け出して，生産物に次第に余りが生じてきたこの時代のヨーロッパでは，彼らの活動はその余剰生産物をさばくために必要だったし，大変役立った。キリスト教会からは生産に従事しない者として卑しめられながらも，彼らは彼らなりに，物の流通に専念する独特の職業集団を作り上げた。ちょっと時代を経ると，この活動はヨーロッパ全域のみか，新大陸（アメリカ）やアジアとヨーロッパを結ぶような大海原をまたにかけた広域的なものになる。そこからは，当時の土着的生産従事者がとてもかなわない莫大な利益があがった（もっとも大損をすることもあったが）。この経緯から，物の流通にたずさわることが「特別にもうけの大きい活動」ととらえられ，この活動に従事する人たちが「もうけをねらう職業人」として色づけされるようになった。現在の日本の商法も，基本的にはこの流れを受けて，**物の流通**によってもうける行為（商法501条1号参照）とそれを助長する行為（502条の一部）を最初に定め，それを専門に行う者に「**商**

人」というレッテルを貼ることにした（4条）コメント。

　では，この「商人」が現代の企業の正体なのだろうか。いや，どうも違和感がある。実は，この定義の方法は古すぎるのである。資本主義が発展するに従って，「もうかる」活動は，物を流通させて利益を得ることだけではなくなってきた。矛盾するようだが，商法自身そのことをよく知っている。502条には，確かに倉庫・運送や銀行など，物の流通を促進するための補助的活動が挙げられている。しかしその反面，物の流通とはどうしたって関連づけることのできない場屋取引（ホテル，飲食店あるいは浴場など）や，出版・印刷・撮影などの活動がならべられている。それらを職業的に行ってもうけると「商人」になるが，それは「物の流通」という活動からはほど遠い。だから，古典的な商人概念を現代の企業概念と完全に一致させようとすると無理が出る。

企業的「もうけ方」
──第2のアプローチ

実は，産業革命以前のヨーロッパ社会では「もうける」ための活動が数少なかったから，もうけている人とは，「これこれのことをやっている者」だと定義することができた。しかし産業革命後，社会の産業活動は爆発的に多様化した。今の世の中を考えてみて欲しい。もうかる商売はごまんとある。その内容をいちいち分析し，

コメント　本当は，中世ヨーロッパより以前に，たとえばローマ時代にも物の流通媒介に従事する人々はいたし，さらにはイスラム商人はヨーロッパ商人よりも古くから，より大々的な流通媒介にいそしんでいた。しかし，日本は明治維新の際，ヨーロッパの法律を取り入れた。そのため，現行商法・会社法のルーツもまたヨーロッパに求めなければならない。

法律に定めるという方法をとっていたのではきりがない。そこで，「もうけること」の基準を，活動の内容ではなく，活動の態様に求めてはどうだろう。つまり，「何をやるか」ではなく「どうやるか」に目を向けるのである。その発想の転換こそ，近代的な「企業」という概念を生む契機だった。

話は簡単。もうけるために何が必要かとなれば，なんといっても資金である。もっとも，ある資金を元手に単発的・小規模にもうけようとすれば，競馬やパチンコあるいは宝くじさえ1つの手段となりうる。庶民（?）が一般的に考えるこのささやかなもうけ方とは異なり，企業的もうけ方は，よりダイナミックな資金投下を特徴とする。つまり「企業」とは，「一定の計画に従い継続的意図で営利行為に莫大な資金を投下し続け，常に資金の増殖を追求している経済単位」と一応定義できる。

もちろん金持ちは，このような企業的資金投下を1人で達成できるかもしれない。それはそれで立派な企業といえよう（個人企業）。しかし，営利活動に投下される資金は多ければ多いほど，当然に見返り（利益）も大きい。いかに金持ちであろうと，1人の企業家が出せる資金の額にはいずれにせよ限界がある。逆に，1人のもつ資金がわずかでも，それら資金を1つにまとめることができれば，個人が出せる資金をはるかにしのぐ大規模な資金を形成する可能性が開ける。そこで，この企業観に基づく最大の関心は，大勢の人々の資金を大規模な事業資金としていかにまとめあげるかという点に集中することになった。

もうけを求める人類の英知（?）は，巨大資金をまとめあげる

「**会社**」という制度をあみ出した(コメント)。「会社」に用いられている法技術は，計画的・継続的な資金集積および資金投下，それによる利益追求・利益還元のための便宜を究極まで研ぎ澄ましたテクニックだといってよい。日本の会社法もまた，こうした技術をかなり詳しく規定している。現代企業の典型的な特徴は，企業のステレオタイプといえる「会社」の中に，とても明確に現れている。

近代的な意味での
「株式会社」

前にふれた産業革命の後，世の中の人々は「産業資本家」と「労働者」の2つの階層に分かれた。といっても，ここでは別に「虐げられた労働者階級に光を……」などというつもりはない。むしろ，「会社中の会社」といわれる株式会社を支えるのは，「そこそこ幸せな労働者」階層なのである。

　資本主義の世の中が落ち着くと，労働者がカツカツの生活を送るということはなくなる。つまり，ある程度の余剰資金をもつことができるようになる。でも，第1にこの余剰資金は，産業資本（企業活動を支える資金）とよぶには恥ずかしいほど微々たるものである。第2に労働者はそもそも産業資本をどうやって使ったらもうかるかのテクニックをもたない素人である。そのため，労働者1人ひとり

(コメント)　2005年に新設された「会社法」は，現代の企業社会で圧倒的に重要な役割を果たしている「株式会社」を中核として，その他に「合名会社」，「合資会社」そして「合同会社」を会社の種類として定めている。それらはみな，ある事業を行うために資金を組成・集約するという手段としては共通する。ただ，資金を出した者の責任形態（後述する有限責任が認められるかどうか）や，資金の拘束の程度，あるいは出資者の事業への関与権限などの点で相違がある。

の有する余剰資金は，そのままでは産業資本として活躍することなく消費（浪費？）されてしまう。産業資本として活かされないという意味で，これを遊んで休んでいるお金，すなわち「遊休資本」とよぶ。でも，発展した資本主義のもとでは，この遊休資本をみすみす見逃すのは大変もったいない。なぜなら，この世には産業資本家より労働者のほうが圧倒的に多いからである。人々の**遊休資本**を掘り起こし，1つの莫大な企業活動の「元手」を作り出すことができれば，「ちりも積もれば山となる」式に，遊休資本を潤沢な産業資本に転化するパイプが通じる。これを達成する手段が，近代的な意味での「**株式会社**」なのである。この株式会社をうまく機能させるためには，さまざまな法技術が必要となる。

Column ⑮　株式会社が遊休資本の持主？

　このような図式は，近代的な株式会社像としてとてもわかりやすいであろう。つまり株式会社は，「資本主義の世の中で，産業活動に投入されないムダなお金を減らそう」というスローガンに基づいた組織である。普通はこうしたムダなお金をもつのは，労働者を中心とした個人である。

　ところが，さらに株式会社制度が発展すると，株式会社が別の株式会社に資本を提供するということが頻繁に生じるようになる。親子会社，グループ企業あるいは法人株主などとよばれる種類の株式会社像であり，本当をいうとちょっとおかしい。株式会社として集積された資金はすでに産業資本として十分に活用されているのであって，これを別の株式会社に提供しても上に述べたスローガンが改めて達成されるわけではないからである。確かに法律では，株式会社に出資するお金は遊休資本でなければいけないとか，株式会社が

別の株式会社を作ってはいけないとか定めているわけではない。そのため，上のスローガン以外のさまざまな要請から，とくに日本ではどんどん株式会社同士のお金の出し合いが進むことになった。しかし，そのために後述するような弊害（→**5**）もまた生じていることに注意しなければならない。

とりあえず最も重要なのは，大勢の遊休資本の持主が出し合ったお金を1つのまとまった資金として営利事業に投下するための技術である。せっかく1000人から10万円ずつ1億円の資金が集まったのに，それぞれが自分の10万円でやる事業を好きなように決められるとすれば，何のことはない，1人で10万円の企業を作るのと同じではないか。この1億円は，一丸となって目的事業に投下されてこそ意味をもつ。だからこの資金は，それを出した者からある程度離れた独立の存在として，1つに固めておかなければならない。そこで商法・会社法は，集まった資金の帰属者として，その利用から生じるさまざまな法律関係の矢面に立つ「人」を生み出すことにした。ここでいう人とは，もちろん生物学的なヒトではなく，法律上の「人」（法人）という擬制的な存在である（→11頁の(コメント)）。これにより，株式会社企業は，1人の人として，しかも莫大な資金を財布に詰め込んだ人として，社会生活ならぬ，企業生活（＝もうかる活動）を送ることができるようになった。

人なの？　物なの？

個人企業家であれば，自ら事業に投下した資金を当然に自由に使うことができる（所

有権的支配）。それに対して株式会社では，なけなしの遊休資本を出したが最後，上に述べた事業資金の一丸性を名目に，元の持主はそれをこの法人に奪われてしまうのか。いや，そんなことはありえない。ただ，資金を出した者が大勢なので，その集団的調整のために所有権にちょっとした修正を加える必要がある。

　株式会社の場合，資金を出した者は，引換えに「株式」という権利をもらい，株主とよばれるようになる。株式は，いうなれば企業の所有権の分割された1単位である。ちょうどピザを中心から同じ大きさに切り分けた場合の1片だと考えればいい。そしてこの1片には，その割合に応じた権利が乗っている。株主は，この断片の数に応じて，企業の活動に発言権をもち，全体の資金から生じた利益に参加する権利をもつ。出した資金の多寡に応じ，割合的支配権を企業全体についてもつのである。

Column ⑯ 「投資」か「支配」か？

　「企業」への関心が高まる昨今，「投資ファンド」という耳慣れないことばが飛び交う。これは，遊休資本の産業資本への転化を仲介する「架け橋」ファンドである。つまり，「どの株を買うか」を自己決定（→6）せず「どこでもいいから株を買いたい」と思っている人々から遊休資本を集積する。そして「投資のプロ」であるファンド・マネジャーがその資金の投下先を決める。ふだんこうしたファンドは，なるべく損をしないように多くの株式会社に資金を分散して投資している（冷夏だと米は不作だが野菜は豊作となる。夏の前に両方を同量仕入れる予約をしておけば絶対に損はしない。株式についてもこれと同じ考え方で，無数の条件分岐を想定して分散投資をする）。しかし資金が豊富なだけに，こうしたファンドの「投

資」が一社の株式に集中すると，「支配」が表面化する。議決権付株式の過半数を取得すると，現経営陣を追い出し新経営陣を送り込める（乗っ取り）。そこまでいかなくても3分の1超の株式保有で，合併など会社の重要事項の決定を潰せる（拒否権）。たとえば2005年，ある投資ファンドに阪神電鉄は翻弄された。このファンドは47％もの阪神株式を買い占め一挙に緊張が高まったが，結局ファンドのもつ全株式は阪急電鉄が買い取って，今の阪急阪神ホールディングス社が生まれた。

さらにこの乗っ取りは，投資ファンドだけではなく事業を営んでいる企業が別の企業に対して行うこともある。最近でも，商社の伊藤忠がスポーツウェアメーカーのデサントに対して，また，金融グループであるSBIが新生銀行に対して，「支配」を目的に株式買い占めを行った。

確かに，資金を利用して事業活動を行うに際し，株式会社企業は1人の人となる。しかし，それは決して，大勢の無垢の庶民から遊休資本を巻き上げる泥棒を作るテクニックではない。株式会社企業は，人でありながら同時に「物」として，資金を出し合った人たちによって「所有」されている。奴隷制度じゃあるまいし，自然人の場合は他の人の「所有物」になることなどありえない。だからこれは，本当に不思議な株式会社企業の特徴である。もっとも，この複雑な二面性のおかげで，株式会社企業の正体はとてもわかりにくいものになってしまっているのも確かだ。

　株主は，株式を会社に「返す」ことによって直接会社から拠出金を払い戻してもらうことはできない。そんなことを許せば，せっかく集めた資金がとても不安定になってしまう。ここにも，「一丸となって目的事業に投下され」るという，前述した拘束性が作用する。

　では株主はどんなことがあっても会社と一蓮托生かといえば，そうではない。投下資本は，株式を他人に「売る」ことによって実質的に回収することができる。株式会社では，原則として，株主が株式を自由に売り買いすることによって，自分が出したお金に相当する「代金」を得たり，新たに会社の部分的な「所有権」を取得したりすることが可能になっている（**株式譲渡自由の原則**，会社法 127 条）。

～～～～～～～～～～～～～～～～～～～～～～～～～～～～～～～～～～

有限責任の原則

　もう1つ，現代の株式会社企業に欠くことのできない法技術がある。

　そもそも，企業が事業で大成功を収めるとは誰にも保証できない。資金の投下がダイナミックなだけに，失敗したときの損失額は，目もあてられないほど大きい。

　実際に 1990 年代，銀行，証券会社や建設会社などの倒産や廃業があいついだ。もうちょっと前の日本の景気が絶頂期のとき（1980 年代）だったら，これらの業種の企業が破綻するなどとは，とても信じられなかったに違いない。本当に日本は不況に突入したのだと思い知らされるような暗い話であった。それらの会社は，日常業務で莫大なお金を動かして商売しているだけに，潰れるときも何百億

円もの債務超過の状態に陥っていた。つまり，これらの会社は，超過債務分については本当ならまだこれから返済しなければならないはずである。

　会社が潰れてしまうとこの超過債務はどうなるのだろうか，と心配する読者も多いのではあるまいか。仮に，ある企業で事業に50億円が投資されたとする。そして不運なことに，事業の失敗のためこの企業は100億円の負債を抱え込んだ。これが個人企業（→165頁）だとすると，投下した50億円を失うだけでは済まない。個人企業家は，高級外車もスイスの別荘も自家用飛行機もダイヤの指輪もみんな処分して，自分が無一文になるまで，とことんこの債務を返していかなければならない。借りたものは返しなさい！　それが世の中の本則である。

　しかし，もし同じことが株式会社企業に資金を出した人（株主）たちについてもいえるなら（つまり企業に拠出した遊休資本の額を超え，自分の生活のために貯めたお金まで使って企業の債務を返済しなければならないとすると），恐ろしくてうっかり資金など出せない。10万円を出しただけなのに，ある日突然100億円を返さなければならないはめになったら泣いても泣ききれない。

　いかに株式会社というシステムの制度的な受け皿が整えられても，遊休資本の持主である人々の心にこの不安が残っているとすれば，資金集めは必ずしもスムーズには進まない。そこで株式会社では，会社損失に対する株主の負担は，株式への投資の限度にとどまるものと決められた。つまり，事業によって株式会社自体にいかに損失が生じようとも，株主は自らが株式の取得の際に支払った金額（自

らが企業に投資しようと決めた金額）を泣けば，それ以上の出費を強いられないとする法政策が導入された（株主有限責任，会社法104条）。上の例で，この企業が株式会社だとすれば，株主は，たとえこの企業が倒産しようとも，自分のもっている株式が無価値になるという不利益を被るだけで済む。その結果，遊休資本をもつ人々の投資意欲は現実に飛躍的に向上した。

Column ⑱　株式の価値

　　株式の「価額」は面白い。169頁で述べたように株式はピザの一片であるから，会社の財産的価値（ホールピザ）を株式の総数で割った価値を持つはずである。会社財産がプラスのときはいいが，もし先に見た債務超過のピザだったら，その一片もマイナスの価値がつきそうである。しかし，株式の価額づけには，ピザ分割だけではなく，「期待値」が大きく影響する。つまり，いま債務超過でも頑張れば持ち直すと予想されれば，それを見越して株式を買いたいと思う人がでてくる（→ *Column* ⑰）。その間は必ず1円でも値段が付く。会社が完全に息絶えたとき，はじめて0円になるのである。

2　企業の舵取り

| 素人集団 |

　　株式が株式会社の割合的権利である以上，株主は「割合的所有者」として，株式会社を意のままに動かすことができるはずである。もちろん，個人企業と違って，株式会社の場合，株主たちがみな同じ意見を有するとは

限らない。むしろ意見の相違があることが普通であろう。その場合，最も合理的な解決方法は多数決である。この多数決を行う場として，株式会社には**株主総会**が設けられた。それは，いちおうは，株式会社の最高意思を決定する機関といわれている[コメント]。

　ところが，株主総会が会社の運営を一手に担うかというとそうではない。株主総会は，企業の「頭脳」として機能するに決してふさわしいものとはいえない。なぜなら，そもそも株式会社という制度そのものが，「素人」の企業への参加を可能にする構造を有しているからである。本来，企業的事業を自ら行う者は，十分な経済的・経営的知識や事業経験に基づいて，莫大な資金を増殖していくはずである。古い時代の「商人」たちはみなそうであったし，現在でも個人企業家ならそうであろう。ところが，株式会社はそうした知識や経験のない者から遊休資本を汲み上げることを可能にした。すでに述べたとおり，産業革命後の資本主義世界では，「そこそこ幸せな労働者」が巷にあふれた。サラリーマンだけに限らず，経営能力がなくてもちょっとお金にゆとりのある「庶民」の資金は，株式会社というパイプを通して産業資本に転化される。通勤電車内ばかりではなく，虎の子を貯め込んだ隣のお婆さんが縁側で熱心に日経新

[コメント]　株主総会の場では，私たちに馴染み深い人頭多数決は行われない。発言権の基礎はあくまで「会社の全体資金の形成にどれだけ貢献したか」という観点から決められ，株主には自分のもつ株式の数だけ発言権を認めなければならない。たとえば，ある株式会社が10株の株式を発行し，このうち7株を1人がもつとする。あとの3株はそれぞれ3人の者がもっている。このとき株主総会の決議は，常に7株をもつ者の意見によって決まる。他の3人が束になってかかってもこの1人に勝つことはできない（「拒否権」さえない。→ *Column* ⑯）。

聞の株式市況欄を読み込んでいるのを時々見かけることがある。あるいは，定職についていないはずのお兄さんが，ネットでせっせとデイ・トレーディング（パソコンを使った株式取引）に熱中していることもある。こうした「株をやっている」庶民は，まさに株式会社制度の恩恵を十分に活用しているのである。でも，こうした素人が集まっても，複雑な現代の経済社会で企業活動のプロ的判断，つまり「もうけるための判断」を行うことは決してできない。

所有と経営の分離──経営をゆだねるということ

現代資本主義社会の担い手として，株式会社制度がフル回転してきたアメリカでは，この点について割り切った考え方がとられてきた。会社の運営を事業牽引力に秀でた人にまかせればよいではないか，という単純な発想である。ハーバードをはじめとするトップ・ビジネス・スクールでは，将来の「雇われ」経営者として大成功を収めようとする若い学生達が，日夜厳しい授業に明け暮れ，その能力を高めようとしている。

　アメリカでは今も昔も，経営陣として会社をグイグイ引っ張っていく人たちの「神話」にはこと欠かない。とくにIT業界などでは，旧来のビジネス・スクールの枠にさえとらわれない自由な経営者が続々と生まれている。マーク・ザッカーバーグという若者は，ハーバード大学在学中に，学内ネットワークの1つに「いいね！」ボタンを埋め込んでしまった。大学理事会はカンカンに怒って彼のインターネットアクセス権を停止した。幻滅した彼は，同大学を中退してフェイスブック（正式にはメタ・プラットフォーム社）を立ち上げ，

マーク・ザッカーバーグ
（ロイター／アフロ提供）

堂々と「いいね！」をやり始めた。同社はあれよあれよという間に世界のトップ企業に躍り出たのである。

　また，イーロン・マスクは立志伝中の人である。移住したカナダで苦労して金を貯めてから，ペンシルバニア大学やスタンフォード大学で知識を磨いた。彼は若い頃から「クリーンエネルギー」，「宇宙」そして「インターネット」こそ，人類に飛躍的発展をもたらすと信じていた。電気自動車のテスラ社や民間ロケット事業の先駆けであるスペースX社を立ち上げたとき，彼はまだ30代の若さであった。そして2022年，とうとうツイッター社を買収し，「週40時間以上オフィスワークをしない従業員は要らない」と大量解雇を強行する。まさに辣腕（豪腕？）経営者と呼ぶにふさわしい。

　総じてアメリカの経営者の多くは，自分の報酬のかなりの部分を自らが経営する会社の株式でもらうことが多い（このことを「ストック・オプション」という）。これがどうしてすごいことなのかというと，経営する会社が業績不振に陥れば報酬も紙屑同然になるが，その反面，バリバリもうけをあげると株式市場（→209頁）での会社の評価が高くなり，自分のもらう株式の価値も鰻登りに昇るという，業績連動型の報酬制度だからである。自分の経営手腕に自信がない限り，危なくてとてもこんな橋は渡れない。

　さてこの「経営の専門家にまかせろ」という考え方は，第二次世界大戦での敗戦により，日本の商法にも導入された。それまでのわが国の商法では，株主総会は，法律上，万能機関とされていた。つ

まり，株主こそ会社の所有者なのだから，株式会社は株主がみんなで運営せよという命題を貫こうとしていたのである。それが，1950年の商法改正の後は，「所有者」としての株主の地位そのものにかかわる最も基本的な事項（たとえば会社の営業をそっくりそのまま他に譲渡してしまう場合〔事業譲渡，会社法467条〕や，他の会社と合併する場合〔783条等〕など）に限り，株主総会の決議が必要とされるが，それ以外のとくに業務運営については，株主がむしろ口を挟まないという制度的整備が行われた（295条2項）。代わって企業の舵取り，すなわち「経営」は，「取締役」にゆだねられることになった（348条）。

<hr>

取締役会と代表取締役　　1950年の商法改正までは，会社が何ごとを決定するにも株主総会の決議を経なければならなかった。どこどこ支店のだれそれ支店長の任命などまで……。しかし，この改正により株主総会は，ふだんは眠っていてめったに起きることのない頭脳に格下げされた。代わって取締役が，株式会社の「日常経営のための頭脳」となることを要求されたのである。この格上げに応じて，頭脳として精一杯がんばってもらうために，**取締役会**という合議体が設けられた。つまり，複数の取締役が互いに「職務の執行の監督」をし合って（会社法362条2項2号），業務についての意思決定の慎重性・妥当性を確保することを期待された。そして，この取締役会の決議によって，実際に会社の業務執行・会社代表にあたる代表取締役を選任する。代表取締役には，取締役会の手足として，その業務意思決定に沿った行動が求められる

のである。

　そもそも株式会社では素人が経営のプロに資金を預けるという構図をとるため，もし取締役がよからぬ気持ちを抱くと株主はいとも簡単にだまされてしまう。「所有と経営の分離」は株式会社運営のための卓抜した手法だといえるが，皮肉なことにこれを徹底すればするほど，株主がだまされる危険も大きくなる。したがって，所有と経営が分離した株式会社のもとでは，株主のために経営の監督はとくに厳重に行う必要がある。日本では古くから，取締役の経営を見張らせるために「監査役」という監視・監督の専門的役職を会社の中に設ける方法がとられてきた。しかし，この方法はあまり合理的ではない。なぜなら，見張る者は見張られる者より技能的にすぐれていなければ見張りの効果を期待できない。だとすると，理論上，いちばんすぐれた能力をもつ者を監査役に据え，それより経営手腕の劣る者を経営担当者にするというムダなセッティングをしなければならないからである。どうせなら，経営能力にすぐれた者をみんな同じ鍋の中に入れてしまって，鍋の中でカンカンガクガクやらせ，最も適切な経営方針を引き出すのが合理的ではないか。このやり方が取締役「会」という合議体制度である。

　そして2002年の商法特例法の改正で，とても重要なことが決められた。1950年に導入されながらも期待された効果を上げてこなかったわが国の取締役会制度を（理由はすぐ後で述べる），しっかりと機能する合議体に変身させるため，内部に各種のワーキングチームを作ることにしたのである（報酬委員会，指名委員会そして監査委員会。このパターンを「指名委員会等設置会社」という）。各チームに所属した取締役は，相互監視・相互監督を徹底しながらそれぞれの役割をきっちりと果たさなければならない（そしてこの制度を採用

した会社では，従来の「監査役」を置かない）。こうすれば，馴れ合いグループに堕ちることの多かった日本の株式会社の取締役会は，改めてシャンとするのではないか。そう期待された。

ところが，このあまりにキッチリした各種「委員会」の要求は，かえってわが国の株式会社には敬遠されることになってしまった。そこで簡易版として，2014年の会社法改正で，取締役会の中に「監査等委員会」という1つのワーキングチームだけを設けるパターンが創設された。これなら，従来の取締役会制度を大々的に仕切り直さなくても気軽に導入できるのではないか，そんな期待が込められている。

しっかりしろ！

しかしながらわが国では，取締役「会」による「合議的な牽制」への期待を，みごとに裏切る事件が続発している。1980年代後半にティッシュペーパーの製造販売で一躍業界大手に躍り出た大王製紙は，各種紙製品の開発などでその後も順調に業績をのばし，2011年には3500億円の売上（グループ連結）を誇るほどに成長した。ところがこのころ，社長（後に会長）は，マカオやラスベガスのカジノでVIP待遇を受けるなど，とても派手な私生活を送っていた。彼はグループ各社から100億円もの「借り入れ」をして，どうも私的浪費の穴埋めに遣ってしまったらしい。取締役は経営に専心するあまり，ときとして「会社は俺のものだ！」と勘違いしやすい。とくに会社を自分の「財布」と考えてしまうと始末が悪い。会社法はそれを想定して，会社の金が取締役個人に流出する危険がある場合，取締役会がこれ

を防止するように定めている（356条，365条）。それにもかかわらずこのていたらくであった。この事件では，グループ内各社，どこの取締役会も「殿，ご乱心！」をいさめるために機能した形跡がない。

また，日本最大手の電機会社の１つ東芝で，数年にわたって大規模な不正な売り上げの水ましが行われてきたことが明らかになった。ここでは，歴代の経営トップが常に「利益をあげろ！」とプレッシャーをかけ続けたため，半導体やパソコン事業で在庫がたくさん残っていたにもかかわらず，「売れました！」とみんなが嘘をついてゴマかしていたのだという。2015年にこのことが大きく報道されるに至り，取締役会はあわてて当時この不正会計に関わった取締役を糾弾したが，後の祭り。不正会計そのものを防止できなかったことに，ごうごうの非難を浴びた（その後，東芝は買収した子会社の破綻にともない巨額損失を被り，掌中の珠であったメモリー半導体部門を失った。いまや，投資ファンドに買収されそうな状況にさえある→169頁）。

なにやってんだよ，取締役会！　こんなときのための「合議制」じゃないか！　どうして取締役会制度は「絵に描いた餅」になってしまったのだろうか。

| 取締役にふさわしいのは？

実際に，取締役としてはどのような人物がふさわしいのか。もちろん前述したように，ビジネススクールでの実践的トレーニングは，取締役（ないしその候補者）の経営能力を総じて高度なものとするであろう。しかし，それぞれの株式会社の舵取りにもっとも長けた船乗りといえば，やっぱり「たたきあげ」であろう。本章の最初

で述べたように，わが国では多くの学生が大学を卒業すると「従業員」として株式会社に就職する。彼らの目指すのは出世。いずれは取締役になりたいと思う。本来，取締役になるということは，株主から経営委任を受け「プロ」に就任することであり（→206頁），法律的に見れば従業員の出世競争とは無関係なはずである。ところが，そもそも出世するのは会社の業績アップに貢献した従業員なのだから，実は，「会社の経営のためにもっとも役立つ人物」としての取締役が出世の到達点に置かれるのは合理的なことである。したがって，会社に長く居て出世した「従業員」は取締役職としてふさわしい。こういう取締役を**社内取締役**とよぶ。

　しかしその反面，出世には上司の引きが不可欠である。取締役昇進を間近に控えた部長は，専務の査定をよくしようと躍起となる。専務からゴルフに誘われれば天にも昇る心持ちになり，家族サービスそっちのけで日曜をつぶす。そして専務の引きによってようやく取締役になった部長は，その恩義を生涯忘れない。やがて自分を引き立ててくれた専務が社長に就任したあかつきには，社長を盛り立てこそすれ，その意見に逆らうことなどありえない。社内取締役の問題点は，このように取締役会内部に従業員としてのヒエラルキー構造がそのまま持ち込まれることにある。本当は社長や専務などの専横を止めるはずの取締役会は，「部下」である「平取締役」の集合体と化し，監視・監督のための実質的機能を失っている。

　前述の大王製紙や東芝の場合もまさにこの壺にはまりこんでしまった。とくに前者の例では社長が創業者一族であったところから，取締役会はすっかり萎縮してしまい，ものの役にも立たなかったの

である。

　カリスマ的経営者ほど，最後には会社経営に行き詰まったり，各種法令に抵触する行為をしてしまう例が多い。「平」取締役が萎縮してしまって，牽制機能を果たすことができないからである。そんななか，1980年代，百貨店の三越の社長解任劇が大いにマスコミを賑わしたことがある。ワンマン経営者として老舗百貨店を牛耳ってきた彼は，親密な人物を出入りの宝石商に決めてしまったり，鳴り物入りで開催した古代ペルシャ秘宝展でまんまと偽物の展示物をつかまされてしまったり，失策が続いた。そこで，ある日開催された取締役会で解任動議が提案され，社長としての地位を突然剝奪されてしまったのである。この解任劇はあくまで秘密裡に計画されていたため，当日唯一状況を知らなかった彼は，「なぜだ！」と一言叫んだという。この「なぜだ」は，それから暫くの間，流行語となったほどだ。このように，取締役会の意向に反する行為を重ねた場合，社長は「解任」という最も屈辱的な手段によって，他の取締役たちの審査に服することさえある。社長の強大な権限に逆らい，会社法の予定する本来の前提に立ち戻り，社長解任をやってのけた取締役会のクーデターは，わが国ではまさに快挙であった（もっとも，2018〜19年のLIXILのように「解任請求合戦」が起こってしまうと，むしろ経営に支障をきたすことも……）。

　そして時は巡り2018年，多額の会社資金を私的に流用していた日産の代表取締役会長が取締役会でその職を解かれたことは，またまた一大センセーションとして報じられた（彼は金融商品取引法違反の容疑で逮捕され，あげくの果てに翌年の株主総会で取締役としての地位さえ奪われてしまった！）。

　Column ⑲で述べたようなワーキングチーム制度が導入された

のも，取締役会を従業員のヒエラルキー構造から分離することが目的である（委員会のメンバーである取締役は会社の従業員——法文では「支配人その他の使用人」——としての地位を兼ねることができない）。さらにそこに次に述べる社外取締役が参入すれば，取締役会本来の相互監督機能が十分に期待できるとの読みがある。

| 社外取締役の登場 |

では，どうしたらいいのか。ずばり，社内取締役とは異なる利害関係にある取締役を，取締役会に混入させればいいのである。これを社外取締役（アウトサイド・ディレクター）という。たとえば，その株式会社と大口の取引を継続的に行う別の会社や，その会社に多額の融資をしている金融機関にとっては，社内取締役の失策のために会社が潰れ，取引の代金を取りはぐれたり，貸付金の回収ができなくなったりするとおおごとである。そこで，その株式会社の取締役会に取締役を送り込み，社内取締役の経営を文字どおり監視させる。あるいは，従業員の代表や業種によっては消費者団体のメンバーを社外取締役とすることも有効であろう。こうすると，日ごろ会社の経営に専念している社内取締役は，常にプレッシャーを受けながら慎重に経営方針を決めていくようになる。

　日常の経営が順調に行われる限りでは，経験に富む社内取締役が意思決定を行いその業務意思を間違いなく実現していけばよい。そのために，業務の実行役である代表取締役あるいは執行役（*Column*⑲で述べた指名委員会等設置会社で会社代表行為や業務執行の実現にあたる者）

には，ふつう社内取締役が就任する。しかし，重大な経営局面にあるときや，会社の業績が悪化しているときは，社外取締役が大所高所の立場にたって牽制を強める。このようなバランスこそ，会社法の上で期待される本来の取締役会の姿を取り戻すための特効薬である。

Column ㉑ 「社外取締役」

Column ⑲ で述べたワーキングチームシステムでは，各委員会のメンバーの過半数が「社外」取締役でなければならないとされている。しかも社外取締役に対する期待はどんどん高まっており，2021 年 3 月から，一定の要件を備えた大規模な株式会社では社外取締役の導入が会社法によって強制された（わが国では資本金が 5 億円以上か負債が 200 億円以上ある会社がいわゆる「大会社」と定義されているが（会社法 2 条 6 号），これに加え，発行している株式が金融商品取引所で売買されている「上場会社」であることと監査役会という機関を設けていることが要件とされている）。取締役会を十分に機能させようとするのだから，この方向性は正しい。でも，現実にわが国では，社内取締役や執行役にプレッシャーをかけられるような外部者を急にそろえるのは難しい。そのため，大権威の理論を取締役会に積極的に活かすという名目で，大学教授を社外取締役に据えようとする会社も少なくない。確かに大学教授の取締役会参加はユニークな試みではあるが，社内取締役や執行役を牽制するという趣旨からするとどうだろうか。やはり社外取締役には，社内取締役・執行役よりも「強い」ことが求められるのではあるまいか。

ところで，2005 年成立の会社法は，「所有
と経営の分離」（→175 頁）に基礎づけられ
たそれまでの株式会社観を放棄したかのよ

うにみえる。つまり，それまでは株式会社では必ず 3 人以上の取締
役を選任して取締役会を設けなければならなかったのに対して，会
社法 326 条で取締役の人数を 1 人でも足りるものとした。この会社
法のもとでは，株式会社の最低限の機関構成は，株主総会と 1 人の
取締役である。あたかも 1950 年の商法改正前の時代に戻ってしま
ったかのようだ。

　確かに，現行の会社法は必ずしも「所有と経営の分離」を死守し
てはいない。日本に現実に多く存在する小規模な，かつ閉鎖的な会
社コメントを考慮して，そのような株式会社についてはこの原則に
よらないでもよいとした。しかし，そのことはこうした小規模閉鎖
会社が漫然と経営することを放任する趣旨ではない。その種の会社
が対外的に株式会社としての信用を得て経営していくためには，や
はり何らかの手段で「経営の適正」を確保しておかなければならな
い。でも，そのために最も理想的な「指名委員会等設置会社」へと
移行することは，とてもことにコストや人材の点から現実的では
ない。そこで会社法は，より簡便な方法で経営の適正を確保できる

コメント　「閉鎖会社」とは，会社法 107 条によって，発行する株式の譲渡につ
いて会社の取締役会等の「承認」を必要とする旨を定めた会社をいう。この種の
会社は，本来自由であるべき株式譲渡を実質的に制約し，少数の特定株主あるい
は一族による支配を固定するために利用される。なお，2005 年に成立した会社
法は，株式の全部のみならず一部の株式についても譲渡制限を設けることができ
るものとした。

ように，同法で新設された「会計参与」という制度を活用したり，従来型の「監査役」を充実させてもいいことにした。もちろん，会社法は，依然として取締役会設置会社，ひいては指名委員会等設置会社を１つの大きな株式会社の「プロトタイプ」に据えている。その上で，会社の規模や特性に応じて，各種の株式会社に柔軟に対応する方針を模索しているのである。

3 もうけるためなら何でもできるか

所有と経営の
分離の再確認

さて，これまでに株式会社のいろいろな特徴がめまぐるしく登場してきた。ちょっと復習してみることにしよう。株式会社の目的は，他の「企業」と同様に「もうけること」にある。ただ株式会社には１つの独特の存在意義がある。それは，企業活動の世界とは無縁の労働者・庶民から遊休資本を集積し，大きな企業資金（元手）を形成することである。極端な言い方をすれば，本来なら企業活動に投下されないはずの資金を，井戸のように吸い上げるのである。企業において，その元手を計画的・継続的に増殖させるための具体的活動，すなわち「経営」は，もとよりその持ち主が担うのがスジであろう。ところが株式会社の場合，集積された元手を持っている庶民株主は企業活動の世界での経験などないから，経営をやるだけの能力がない。したがって，株式会社では，持ち主が経営を担えないという矛盾が生まれる。しかし，この矛盾は所有と経営の分

離という仕組みによって解決されている。とかく消費されてしまいがちなお金を企業活動に汲み上げるためには，「人任せで増殖できますから，とにかく遊休資本を拠出してください」という誘導原理で，財布の紐をガッチリ締めがちな庶民をその気にさせる必要がある。

取締役の基本的義務

さて，そのような前提に立つと，株主は所有する会社財産を完全に取締役（会）に預けきってしまうことになる。会社の利益の分配に預かるため（株主への利益還元策については202頁参照）とはいえ，不安なことこのうえない。取締役（会）には，株主への利益還元を至上命題としてしっかりと経営してもらわなければならない。そのため，取締役を確実な拘束力を持つ法律関係によって縛ることにした。会社（この場合は株主の総体と捉えて差し支えない）と取締役の間には民法の「委任」に準じた契約関係が形成されるのである（会社法330条）。これにより，取締役は株主に対して「善良な管理者としての注意義務」（民法644条，善管注意義務）を負うことになる(コメント)。

(コメント)　善良な管理者の注意義務は，会社法にはっきりとは書かれていないけれども，会社と取締役との関係を「委任」と明示的に定める上の条文から，解釈上明白な義務として導き出される。それとは別に，会社法355条には，取締役が会社のために「忠実にその職務を行わなければならない」と定められている。これは取締役の「**忠実義務**」とよばれるが，その内容が何なのかについてはかなり論議されてきた。裁判所は，それが善管注意義務を単に確認しただけにすぎないという見解をとっている。それに対して，忠実義務は，会社の運営上の義務として純化されている善管注意義務とは異なり，取締役が自分の「立場」を利用して自らの私腹を肥やすのを禁じている別の種類の義務だとする主張も，根強くなさ

例えば売買契約を締結した当事者間で買主が期日までに代金を支払わないと，債務不履行となる。そして売主に対して，契約自体の解消や損害賠償というペナルティーを負わなければならない。だから買主は一生懸命に代金支払義務を履行しようとする。それと同じで，取締役も善管注意義務の不履行があれば，会社（株主総体）に対して損害を償わなければならない。したがって一生懸命に元手を増殖する活動，すなわち経営に励んでくれるはずである。

　ところが，取締役が果たして善管注意義務を尽くしてくれたのかどうかを判断することは難しい。売買の買主の代金支払義務は，結果だけから直ちに判断できる。期日に代金を支払うという，とてもはっきりとした一定の行動が完了しなければ，即，債務不履行（＝義務違反）。それに対して株式会社がもうからなかったら，即，取締役は善管注意義務違反にとわれてしまうのだろうか？

| 引き受けた内容 |

　正確にいうと，委任によって取締役が引き受けたのは「絶対にもうけること」ではない。現代の複雑な経済状況の下で，取締役はもうけるために様々な難しい局面をクリアしなければならない。円高や円安，大規模なリストラ（工場閉鎖や人員削減），生産拠点の選択，消費者心理やマーケット動向の把握，競業他社との熾烈なシェア争い……。枚挙にいとまがないが，聞くだけで胃が痛くなりそうだ。それらをクリアする具体的手段は，1つの行動だけに限定されず，それこそごまんと

れている。

存在するであろう。しかも，たとえそれぞれの難題を無難に解決できたとしても，世の中には絶対にもうかる方法など，絶対にない！もうけるという目的自体，どんなことをやろうとも確実に達成できる結果とは限らないのである。

売買の買主の代金支払義務のように「こうしたらこうなる」が一義的に決まっている債務を「結果債務」という。それに対して，このような一義的なロードをたどれない義務を「手段債務」という。取締役の手段債務は，上に見たように①やり方が1つに限定されない，②必ず目的を果たすことができるとは限らない，というやっかいな特性を持っている。このことを意識すれば，取締役が引き受けるのは，ほんとうは「もうけるように精一杯努力する」が正しいのである。

| 経営判断の原則 |

こうしたわけで，取締役が善管注意義務をちゃんと履行したのか，あるいは義務違反があるのかを判断するのはとても難しい。

新型コロナウイルスが蔓延する前，航空会社やバス会社が事業の拡大を狙って新しい飛行機をリースしたり，新型バスを購入したとしよう。あるいは，旅館やホテルが客層の高級志向化に合わせて，ラグジュアリーな設備のある部屋を増設したとしよう。ところが，パンデミックのために，これらの「経営策」は完全に裏目にでた。このような新規の設備投資のコストを回収するどころか売り上げはどんどん落ち込み，もうけるどころではない。

この場合，取締役の決定が，善管注意義務に違反していたと即断

するのは早計だ。第1に，手段債務の①の特性から経営手段の「正解」は1つに特定できず，こうした新規設備投資が不当ないし不適切な策だったと断定することができない。その会社のその時の経営に最も精通しているのは取締役であろう。その取締役が採用した経営策を，「誤っていた」と言える者などいない。第2に，同じく②の特性により，大損という結果だけから取締役の行為を逆算して判断してはならない。企業の活動の大半は，多かれ少なかれ，「いちかばちか」の性質を帯びている。もし取締役の決断が結果論的に評価されてしまうならば，取締役は極めて消極的な経営を行わざるをえない。少しでも悪い結果が予想される活動は，すべてやらないに越したことはないのだから。でも，それでは企業活動が著しく停滞してしまう。そこで，取締役が事業決定を行う際の善管注意義務は，結果が出た時点ではなくその決定が行われた時点で慎重かつ合理的な範囲にあると判断できる経営策がとられる限り，たとえ惨憺たる結果に終わろうとも妥当に尽くされていた，とする原則が適用される。これが経営判断の原則（business judgement rule）である。

経営判断の「幅」

上の例で，新規設備投資の時点で十分な情報に基づいて慎重な判断を下していたのであれば，取締役は決して後で義務違反を問われることはない。もっとも，経営判断の原則は，取締役にとって，経営上のプレッシャーを大幅に軽減する都合のよい「錦の御旗」として利用される危険性も高い。言い換えれば，経営判断の原則は取締役にとって一種の「鎧」である。株主の側がこの鎧を貫通して槍を突き刺すこと，つ

まり善管注意義務違反の責任を追及することが一切不可能となってしまうおそれさえある。その意味で，もっと複雑な状況のもとでは，今度は，この原則を野放しに適用してよいのかが問題にされることがある。

本章の冒頭に挙げた例について掘り下げてみよう。賄賂というものは，会社の経営とは切っても切れない悪弊ともいわれる。1980年代後半，就職情報誌等でとても有名なリクルートの代表取締役は，当時の労働省をはじめ多くの省庁を牛耳っている政治家に，関連会社（当時とてももうかっていた不動産系の会社）の株式をただ同然の値段で配りまくった。これは，刑法上の贈収賄にあたるかどうか以上に，「政治とカネ」という視点から，社会的に大きな注目を集めた。実際，昔から，政界に大打撃を与えた事件には必ずといっていいほど大企業の影が見え隠れしている。政治家への資金提供は，企業活動における必要悪であるといったらいいすぎだろうか。その「貢献」によって，会社の活動に大いに便宜を期待できるから，先行投資と思えば安いものかもしれない。

株主の視点からみて，この資金提供はどのように映るのだろうか。一方で，現時点での株主の利益を重視すると，政治家に提供される資金は，本来株主に還元されるはずの利益を曖昧な目的に転用していることになる。しかし他方，長期的にながめると，将来会社がその政治家から得る利便によって，より大きな会社の利益があがるかもしれない。仮に後者だとすると，取締役のこの贈賄の判断は，むしろ「株主の利益のため」であったとして賞賛されてよいともいえそうだ。

　　　　取締役の選択した贈賄という経営策は，経営判断の原則だけから考察すると，一応は，株主の利益をはかる正当な行為だったとされそうである。しかし，この原則は，決して取締役に「株主のためならなんでもできる」という口実を与えるものではない。取締役の行為が法律違反であったり，いわゆる「公の秩序・善良の風俗」に反して行われた場合には（→64頁コメント），たとえ将来の会社の利益を図るための行為であろうと，取締役は，善良なる管理者の注意義務を果たしたとはいえない。

　法律に違反するという客観的な「悪性」は，手段債務の①の特性を根底から覆す。目的達成のための手段がごまんとあるといっても，法律に違反するような手段はそれ自体選択肢から外れる。あえてそれを採用した取締役は，明らかに善管注意義務違反となる。もしこれによって会社が損失を被ったなら（前述したように，後年になって利益に繋がった場合は株主が文句をいうことはなかろうが……），株主は経営判断の原則を貫いて，取締役の損害賠償責任を追及することができるのである。

　この法令違反以外にも，取締役の選択した経営策に「客観的」な悪性・不合理性が備わる場合には，経営判断の原則が無力化することがある。例えば前述した取締役「会」がここで重い役割を担うことがある。取締役会で十分な情報を分析し，慎重に審理していなかった場合は，株主がその客観的な手続無視を突いて独断専行した取締役の善管注意義務違反を主張することができるのである。

Column ㉒　損失補塡事件 〜〜〜〜〜〜〜〜〜〜〜

　1990年代初頭この経営判断がどこまで容認されるかをめぐり，とてもトピカルな事件が起こった。ある証券会社による特定の大口顧客に対する損失補塡という事件である。経緯はこうだ。この証券会社を通じて株式取引を大量に行っていたある顧客企業が，株の値下がりで大損を被ってしまった。本来，株に手を出せば，一夜にして一攫千金ということもあれば，逆に大金をすってしまうこともある。この顧客も運が悪かったのである。ところが，この大口顧客は，証券会社に対して，「お宅のアドバイスが悪かったから損をした」とかみついた。それどころか，「もう金輪際お宅を介した取引は中止する」とまでいい切った。これにあわてた証券会社の取締役たちは，「今回の損失についてはうちのほうで負担するから，取引を継続してくれ」と頼み込んだ。ちょっとわかりにくいかもしれないが，本質は贈賄の例と同じである。株主からみると，本来放っておくべき顧客の株投資による損失を補塡するために会社の資金が流出するのだから，その時点では文句もいいたくなる。ところが，この大口顧客が会社との取引を中止すると，その後会社にとって大きな痛手になるとすれば，今多少の出費をしても会社に顧客をつなぎ止めておくほうが経営上は賢明な策である。このとき，株主がこの補塡額を「損害」として取締役の善管注意義務違反を追及するために持ち出したのは，独占禁止法という法律であった（本来なら金融商品取引法39条で禁止される行為だから，これを主張すればよかったはずだが，事件の当時はまだこの規定がなかった）。最高裁は，たとえ独占禁止法であっても，会社が守らなければならない法律である以上，取締役の善管注意義務違反を導く可能性があると判示した。つまり，あらゆる法律違反は，取締役の経営判断の原則という鎧を

貫く客観的な槍になり得るとされたわけである。

4 取締役のペナルティー＝損害賠償責任

株主に対する責任

取締役が業務上の失策，つまり善管注意義務違反により会社に損害を生じさせた場合は，義務違反のペナルティーとして会社＝株主の総体に対して損害賠償責任を負う。

わが国では，取締役の経営義務違反の具体例として，いわゆる**粉飾決算**が挙げられることが多い。1965 年の山陽特殊鋼の倒産事件では 153 億円，1974 年の日本熱学の倒産では 42 億円，そして 1978 年の不二サッシの事件ではなんと 430 億円にも上る多額の粉飾決算が明るみに出た。山一證券，ヤオハン，長銀，日債銀，カネボウなど，その後の倒産事例の多くでも，よく調査してみると粉飾決算が行われていたことが判明した。会社が利益を生じていないにもかかわらず，株主の信頼を確保して自分の地位を維持するために，取締役は決算報告を改ざんし利益配当を強行する。その結果，違法な配当は年々雪だるま式に膨らんでいく。そのような場面に代表されるように，会社経営の上で取締役が失策を犯した場合，その責任追及は迅速かつ厳正に行わないと会社が回復できない損害を被ることにもなる。会社法 423 条は，取締役等が「その任務を怠ったときは，株式会社に対し，これによって生じた損害を賠償する責任を負う」

と明定する。すでに述べたように（→192頁），取締役が法令や公序良俗に反して行動したり，取締役会での慎重な審議をしなかったりした場合には，このような責任追及が行われる。

Column ㉓　莫大な賠償責任追及 ~~~~~~~~~~~~~~~~~~~~~~

　1990年代に，ある悪辣なファンドに乗っ取られそうになった蛇の目ミシンの取締役たちは，そのファンドの代表者の脅しに屈し次々と不当な無担保融資や債務の肩代わりを強いられ，会社の財産をかなり目減りさせてしまった。2008年，東京高裁でこの取締役たちには善管注意義務違反による損害賠償が命じられたが，その額はなんと583億円！　取締役が会社（＝株主）に対して負う損害賠償は，場合によってはとんでもなく高額になることもある。

~~~~~~

代表訴訟

　　　　　しかし，取締役は会社の業務を一手に牛耳っている。たとえ自分の失策によって会社が損害を被るようなことになっても，会社を代表して自らに賠償を請求するなどということは考えられない。取締役会が正常に相互監督機能をもっている場合は，1人の取締役が義務違反によって会社に損害を被らせても，その者を抜かした取締役会がちゃんとこの義務違反取締役の責任を追及できるはずである。ところがわが国では，取締役会が相互監督機能を十分に発揮できなかった（→**2**）。そこで，株主は，取締役の行為によって会社が被った損害について，自ら会社を代表して取締役に対し賠償を請求することができる。

　この「代表訴訟」の制度（会社法847条）は，すでに古くから存

在していたが，1993年に極めて効果的な商法の改正が行われた。要は，わずか8200円で訴訟が提起できるようになったのである（今は1万3000円）。それまでは，会社が被った損害が大きければ大きいほど株主が負担すべき訴訟費用が大きくなり，そのことが株主の訴えの提起を多分に妨げていた（→238頁）から，この改正のもつ意義は大きい。

この改正の背景には，代表訴訟に新たな大きな機能を期待する考え方が流れている。株主が取締役の業務執行を直接に監視するという機能である。損害が発生してしまってから，それを事後的に回復するために提起するのが代表訴訟だから，それは「監視」という事前の防止とはいささか趣を異にするようにもみえる。しかしながら，実際には，株主個人の発言権が極めて小さい株主総会の場よりも，代表訴訟を提起するぞという脅しのほうが，よっぽど取締役に対して効き目がある。つまり，取締役の責任の追及手段であるはずの代表訴訟は，実際に提起されてからではなく，むしろ取締役の業務執行に対する牽制として機能するようになる。ほっておけば個人株主がどうしても無機能化（→201頁）してしまうという状況の下では，このような大胆な武器を個人株主にもたせることによって（6ヵ月前から株式をもっていれば，一株株主でも訴えを提起できる），どんな形であれ企業活動への個人株主の参加をなるべく促してやらなければなるまい。

本来企業は，時代の流れに応じて変化していくものである。法規制もまたそれに対応してフレキシビリティーを維持する必要がある。代表訴訟の役割の微妙な変化は，まさに会社法の柔軟性の1つの現

れであるといえようか。

　近年，代表訴訟は活発に提起されるようになってきた。それに応じて確かに取締役の業務執行に対するプレッシャー効果は極めて強くなった。しかし，あまりにそれが取締役の行動を抑えつけるのも問題である。とくに国際的な競争が激化してきた現在の会社経営にあっては，あえてリスクを冒して大胆な経営判断を行うべき場面も多いに違いない。そんなとき，事後的に多額の損害賠償をしなければならないおそれがあると，確実に経営は萎縮してしまう。ちょうど「経営判断の原則」の項で述べたのと同じ現象が生じるわけである。

　そのため，2001 年の改正商法により，取締役の責任には上限が認められた。たとえば，報酬額を基準とするときは，代表取締役 6 年分，社外取締役 2 年分，その他の取締役 4 年分というような「キャップ」がかぶせられたのである（現行の会社法 425 条）。そして 2005 年の会社法でも，取締役等の責任の「免除」についてさらに合理化が進められた。

小規模・閉鎖会社

　もう 1 つ，取締役の善管注意義務違反による損害賠償がとても重要な役割を果たす場面がある。わが国の株式会社の特筆すべき特徴の 1 つは，本来株式会社になるべきではない企業が株式会社としてまかり通っていることである。なんだか妙な言い方だが，株式会社の役割を思い出してほしい。その目的は，多くの者から遊休資本を吸いあげることによ

って，莫大な事業資金を形成することにあった。ところが，小規模ながらすでに事業資金をもつ者が，あえて個人企業とはならず株式会社形態をとることが圧倒的に多い。それにはさまざまな理由が考えられるが（地方公共団体の土木工事の入札資格，社会的体裁，信用力など），法律的にみて何よりも重要なことは，有限責任を享受できるというメリットにある。

　前に述べたとおり，有限責任のテクニック（→171頁）は，遊休資本の持主から資金投下の不安を除くために考案された。しかし，個人企業にとっても，事業用資金と生活用資金を法律上明確に区別できる有限責任は大いに魅力がある。会社法は，株式会社を作るには法律さえ守ればよいとしており（準則主義），株式会社を「設立」するハードルはそれほど高くない。そこで，個人企業や事業資金の多くない者たちが株式会社の隠れ蓑を着ることが大変多いのである。

　その結果，資金的基盤が極めて弱い小規模・閉鎖会社が濫立するようになり，安直に設立されたそれらの株式会社は，やはり簡単に倒産する。そして株式会社の隠れ蓑をまとった株主＝企業主からみると，倒産した場合にこそ有限責任のメリットが発揮される。しかし，逆にこの会社と取引した相手にとっては，個人企業であれば無限責任（事業用資金も生活用資金もすべて会社の債務の返済にあてる）を問うことができたはずなのに，実質的に個人企業であるにもかかわらず形式だけ株式会社であったがために，債権の回収が「有限」となってしまってはなんだか釈然としない。つまり，一方である企業主が，3000万円だけ事業資金にあて，日常生活の上では何億という財産で何不自由なく暮らしている。他方でこの企業に1億円を貸

しつけた取引相手は，これが個人企業であれば1億円全額を回収できるのに，株式会社であれば，7000万円分を泣く泣くあきらめなければならない。もしそうだとすると，大いに不均衡ではあるまいか。

ところで，商法は，経済社会とりわけ企業の新たな動向に対応するために頻繁な改正を重ねてきた（主要なものでも，1950，74，81，90，93，97，99，2000，01，02年）。そして2005年，単行の「会社法」が創設された。それまで，この種の小規模・閉鎖的な会社は，「本来は株式会社として設立されるべきではない」という基本認識の下，いわば「病理現象」扱いされていた。ところが，現行の会社法は，かつての「有限会社」（比較的小規模で社員が有限責任を享受できた会社）とともに，こうした小規模・閉鎖的な株式会社を積極的に（？）「株式会社」として認知したようにみえる（→185頁）。

しかし，だからといって，上に述べたような「弊害」自体は，決して許容されたわけではない。会社法上，小規模・閉鎖会社は「わが国の現状で認めざるをえない企業動向」と認識されたにせよ，やはり本質的にはプロトタイプとしての株式会社像からはほど遠い。法が存立を許容したからこそ，むしろ法によってその弊害は明確に対処されるべきである。

取引相手への責任　　会社法は，たとえ実質的個人企業でも，株式会社の形態をとること自体は禁じない。要は，このような企業に，有限責任の利益を享受させなければよいだけのことである。普通，この種の小規模・閉鎖的株式会社においては，実質的企業主が代表取締役として，あるいは少なくとも取締

役として実際の経営にあたっている。そこで，そのような実質的企業主に，事実上の無限責任を負わせる方策が模索されてきた。そして，その最も効果的な手段としてクローズアップされたのが，会社法429条の責任である。この条文によると，株式会社の取締役（小規模会社の実質的企業主）等は，その職務を行うについて「悪意・重過失」があると，それによって損害を被った「第三者」（取引相手）に対しても損害賠償責任を負う。

　この責任は，他の法律に類をみない変わった責任である。たとえば，民法の不法行為（車を運転して人を轢いてしまった場合を想定するとよい。→第2章 *1*）では，ある特定の被害者に対して一定の行為（車で轢く）を行い，その行為について故意（わざと）や過失（うっかり居眠りをしていたなど）がなければ，責任は発生しない。これに対して，取締役としての企業主の取引相手に対する責任では，特定の被害者（つまり取引の相手方）に向けられた故意・過失は必要とされない。上の例でいえば，貸付けを行ったある特定の債権者を泣かせてやろうと考えて悪意をもって会社を倒産させる必要はない。取締役の本来の仕事は，会社の業務を執行することである。したがって，悪意や過失も，取締役が業務を行うことについて存在すればよい。平たくいえば，会社の経営に失策があると，この責任の根拠になるということである。経営上の失策は，小規模・閉鎖会社の場合，会社の倒産に直結することが極めて多い。堅固な財産的基盤をもたないにもかかわらず株式会社の隠れ蓑のもとで経営を開始したこと，そして案の定，経営に行き詰まって，会社と取引関係に入ったすべての者に迷惑をかけたことが，この責任の基礎となる。その意味で

この規定は，会社法がとくに取引相手保護のために，とても重い，事実上の無限責任を定めていることになる。

5 むなしい企業「所有」

無機能株主

すでに述べたように，プロトタイプとしての株式会社制度は，所有と経営の分離を制度的に裏づけ，株主を企業経営から遠ざけている。しかし，企業の最終的な「所有者」は，あくまで株主であることに変わりはない。重要な場面には，所有者としての株主が必然的に登場しなければならない。会社の定款（コメント）の変更，事業譲渡，合併，さらには取締役の選任・解任などには株主総会の決議が必要となるし，株主は自らに最もかかわりの深い利益配当も総会で承認する。これらについて議

（コメント）「定款」というのは，一口にいえば，会社の自主規範である。会社の目的，商号（会社の名前のこと），会社が発行する予定の株式，本店の所在地などの重要事項とともに，その会社の基本的約束事がすべて定められている。会社を作ろうとするときは，本来どのような基本的約束事を定めるかを熟考した上で定款を作成しなければならない。2005 年の会社法では，この定款による会社「自治」の範囲をかなり拡大した。たとえば，株式会社は，譲渡が制限される株式や配当・議決権などについて他とは違う扱いをされる株式を自由に発行することができる（次の（コメント）参照）。しかしそれらは定款で定めておかなければならない（107 条 2 項，108 条 2 項）。つまるところそれぞれの会社が，定款の規定によって大いに個性をアピールできるようになったのである。したがって，これまで町の税理士さんの事務所に備えられていたような「定款雛形」（これを採用するから，日本の株式会社の定款は金太郎飴だなどといわれていた）は，次第に影を潜めていくことになろう。

決権を行使することは，すべて企業所有者としての当然の権利行使である。

　ところが現実問題として，大方の株主は株主総会での決議参加には全く興味がない。確かに株主は，自らもつ株式を株式会社というピザの1片と考えている（→169頁）。しかしそれは，自分で食べるのではなく，売り物としてのピザである。株式をもち続けることによって毎年の配当を受けとり，また配当を多くするために会社の事業の発展を積極的にはかろうとはゆめゆめ思わない。もっぱら，株式市場（→209頁）において高い価額がついたら，機をはずさず売り抜けようと考えている。ちまちま配当金を上げていくよりも，よっぽど手っとり早くもうけることができる（コメント）。これでは腰を据えた株主総会参加などできるはずがない。このような株主のことを，せっかくの「所有」に基づく株主権機能を行使しないという意味で，「無機能株主」（投機目的の株主という意味で「投機株主」ともい

（コメント）　わが国の株式は，配当に魅力が薄いといわれてきた。そこで2002年の商法改正により，会社は配当に工夫を凝らした各種の株式を発行できることになった。たとえば，会社自身があまりもうかっていなくても，子会社（その会社によって株式の過半を所有されている会社等）が好業績である場合，その会社（親会社）の株式の一部を子会社の業績に連動して配当が行われる株式として発行することができる（トラッキング・ストック）。親会社の普通の株式は親の業績に従った配当がなされるから，あまりパッとせず人気もない。ところががんばっている子会社に惹きつけられて，投資家が親会社のトラッキング・ストックを買うようになる。あたかもステージ・ママのように，子の威光で親が資金調達を行うことができるのである。株式の多様化の緩和により，会社は配当だけにとどまらず，そのほかにも議決権の内容について異なる種類の株式を発行することができるようになった。たとえばある特定の議題だけについて議決権を行使できる株式などである。こうした株式内容のアレンジの自由化は，投資家の気を惹くに足る十分な魅力をもった株式を登場させる契機となろう。

う）とよんでいる。会社法は，前にふれたように（→ *Column* ⑰），会社自体に資金を拘束する代償として，株式譲渡自由の原則を株主に対して保証せざるをえなかった。皮肉なことにこの原則が災いして，株主の「所有者としての議決権行使」の気運は，はなはだしく殺がれていることになる。

株式は誰がもっている？

株式会社の株式を誰がもっているのか。もちろんここですべての株式会社のすべての株主の名前など挙げることはできない。しかし，日本の株式会社の場合，太平洋戦争後の復興期から次第に2つの特徴的現象が顕著になり，「バブル期」にはそれらの特徴が，日本の株式保有構造としてもはや動かし難いものとなってしまった。

第1は株式会社同士の**株式相互持合**である。つまり，A株式会社は，B，C，D各社の株主となり，BはA，C，D各社の株主となり，CはA，B，D各社の……。たった4社の例でさえややこしいのに，多くの会社がこれを行った。この持合の基礎にあったのは，かつてわが国に存在した6大グループ（三井，三菱，住友系のグループ，および富士，三和，第一勧業の各銀行を中心とするグループ）をはじめとする日本固有の「企業集団」であり，それぞれのグループに属する株式会社およそ200ないし250社では，各社平均2割から3割程度の株式についてグループ内の他社が株主となっていた。

この相互持合は，グループ内の各株式会社の経営者にとっては好都合であった。仮に，A会社がグループ内のB会社の株主総会で，取締役会の事業方針に反対の議決権行使を行うと，次のA社の総

会では，B社は取締役会の事業方針に報復的に反対する。こんなことはお互いにいやだから，いわば「三竦み」(3どころの数ではないが)の状態で，それぞれの会社は互いを出し抜くような議決権行使はできない。結果的にこの相互持合株式は，各社経営陣の方針に絶対に反対することのない，いわゆる「安定株主」層を形成することになった。

　第2に，こうした相互保有の構図にあてはまらなくても，わが国の株式会社が発行する株式の多くは，銀行や保険会社などの「**機関投資家**」によって保有されていた。この種の機関投資家は，莫大な資産の投資先としてとりあえず無難な会社の株式を，その会社への融資やその従業員の保険契約の見返りに保有するにすぎない。だからもちろん積極的に会社経営に口を差し挟むことがなく，やはり安定株主層を形成した。

　この結果，株式会社の理念であった「庶民」株主は，法人安定株主のはざまで，わずかの株式を取得することしかできなかった（バブルの絶頂期，わが国で発行されていた株式の過半が法人安定株主によって保有されていたとさえいわれる）。いずれにせよ会社の運営に影響を与えるほどの株式数を個人株主が取得することなど，実際にはかなり困難であった。そうなると個人株主はますます総会での議決権行使には興味を失っていったのである。

Column ㉕　持合解消と株式放出

　1990年ごろまで，日本は悪名高い「バブル」経済の絶頂期だった。相互持合と機関投資家のせいで，「庶民」の投資家によって市場で取引される株式の割合は全体からみると異様に小さいものであった。そのため，日本の株式市場は常に供給不足・需要過多の状態

にあり，全体的に株価は高値を維持していた。そもそもそのことが
バブルの1つの原因になっていた（株式バブル）。

　ところが，バブル崩壊後，わが国の経済的状況は一転して下降線
をたどることになる。いわゆる「失われた30年」の間に，企業は
すっかり元気をなくしてしまい，株式市場も高値を維持することな
ど夢のまた夢という次第となっていった。そのような中，持合や機
関投資家による株式保有がだんだん解消される方向に進んだ。つま
り企業も，この不況に立ち向かうためにはもはや悠長なことはやっ
ていられなかった。みずほホールディングス（現・みずほフィナン
シャルグループ）は，銀行系グループのライバル同士である富士銀
行と第一勧業銀行がくっついてできあがった会社であった（これに
加えて日本興業銀行という政府系の銀行が「株式移転」という新しいタ
イプの企業結合方法をとった）。また，旧財閥系で犬猿の仲であった
はずの住友と三井が銀行や保険をはじめとして各業種で合併を進め
ている。UFJは元・三和銀行のグループだが，これも三菱系と統
合した。6大グループ群が，3大グループになってしまった！　こ
うした例は，不況の前にはもはや企業グループ維持などかまってい
られないという顕著な例であった（もっとも，こうした動きが新たな
巨大企業グループ群形成を促しているのだとすれば，それはそれで，ま
たまた心配の種となる）。

　また不良債権や「含み損」（バブル崩壊のため機関投資家がもってい
た土地や株式などの価値が一挙に下がってしまったことによって生じ
る潜在的な損失）の処理に苦しむ銀行や生命保険会社なども，より
有利な資産運用に走るようになり，企業にとってはもはや安定株主
といえなくなってきたのである。

　このような努力のかいあってか，2010年代になって株式市場が
ようやく活気を取り戻し，わが国の企業業績も次第に浮き上がって

きたようにも見えた。しかし，こうした状況が日本経済の再生につながるかどうかは，まだまだ予断を許さない。

モノ言う株主，モノ言わぬ株主

何度もいうが，取締役は株主の総体との間で委任契約関係にある。したがって，株主総会の最も重要な決議事項の1つは，いうまでもなく取締役の選任・解任である。株主総会で株主の総意としてだれそれを取締役にしようという「委任関係形成」の決議が成立してこそ，選ばれた取締役の側にも「ああ，私を選んでくれた株主さんたちのために頑張ろう」という気概が生まれるのである。この点について会社法のスタンスは一貫している。つまり，株主は，自分への利益還元を多くするために会社財産増殖を切実に願う強いインセンティブを持つはずである。無能な取締役に任せてなどおけないと判断すれば，取締役の選任・解任のための株主総会にも積極的に参加してくれるはずである。そこで，そうした株主のインセンティブを促進するために，1981年の商法改正に伴い，株主総会での投票の前提として会社経営について詳しく知るための権利（会社法433条・会計帳簿閲覧権等），株主総会の当日に取締役に対して堂々と質問する権利（314条・質問権），さらには株主総会で自分の意見を検討してくれるように申し入れる権利（303条・提案権）などが明文規定をもって導入された。株主が総会でフルに暴れ回れるようにバックアップ体制が整えられたのである(コメント)。

(コメント)　2001年の商法改正によって，株主は，株主総会に出席しないでも「電

本節のはじめのほうで「『所有』に基づく株主権機能」（→202頁）と抽象的に表現してしまったが，株主が具体的に「機能」させるのは会社法が用意している上のような諸権利であるといってよい。このような会社法が予定する行動をとってくれる株主を，俗に「モノ言う株主」と呼ぶ。そして，前述したように株式の譲渡益の獲得ばかりに目が行ってしまった無機能株主を「モノ言わぬ株主」と呼ぶことが多い。

経営者支配とその是正　　こうした株主総会の建前と本音のスキを縫って，日本の株式会社では深刻な歪みが生じている。181頁で，出世してきた従業員が上司の「引きによって」取締役となるという話をした。そこでも指摘したように，これはとてもおかしい。本来であれば株主の総体こそ，取締役を選ぶ主体である。選任された取締役の顔が株主ではなく上司に向いてしまうのは，本末転倒である。でも，株主総会では無機能株主が決議に参加しないため，この「上司の引きによる部下の取締役就任」がまかり通ってしまう。すでに取締役となっている「上司」は，無機能株主から総会議決権の代理行使の権利をかき集めたりして，株主総会で形式的に自分たちの思うとおりの決議内容を可決させてしまうのである。

磁的方法」によって議決権を行使できるようになった（会社法312条）。すでにそれ以前にも「書面による議決権行使」は認められていたが，それが拡張され，たとえばウェブサイトを通じた議決権行使も可能となったのである。こうしたIT化も，株主がなるだけ簡単に株主総会に参加できるようにするための措置の一環とみることができよう。

そしてすでに述べたとおり，取締役会では「部下」である取締役は「上司」である取締役に逆らえないから，結局のところ多くの株式会社では，ごく一部の最高上司（社長，副社長，専務，常務など）がすべての経営を決定し，取締役会の構成さえ思い通りにする図式が確立してしまっている。それを悪い意味で，「経営者支配」の構造と呼ぶのである。

　一部の上位取締役による専横を生みやすい経営者支配は，株主総会のレベルの問題と取締役会のレベルの問題が複合的に絡み合って出現したものである。これを阻止するためには，すでに述べた社外取締役の参加が1つの有効な手法であろう（取締役会レベルの改善策）。それに加えて，モノ言う株主の積極参加は，株主総会レベルで経営者支配を是正する方策として大いに期待される。現在では，個人株主よりもむしろファンド（→ *Column* ⑯）など，大量の株式を保有する者にこうした矯正的な株主総会参加を求める風潮がある。

Column ㉖　総会屋

　経営者支配が根付いたわが国では，長時間に及ぶ株主総会の活発な審議は，むしろ経営者の無能を示す証拠とさえいわれたこともある。そこに，わが国特有の経済ヤクザ集団＝総会屋がはびこる元凶があった。総会屋は，たとえば，支配的取締役陣の経営失策をネタに，それを総会の場で追及するぞと脅し会社から金品をゆすり取ったり，逆にモノ言う株主の発言を強行的に押さえ込むことで会社から金をもらったりした。総会屋の悪辣さは，会社法の予定する活発な株主総会と現実の無機能総会のギャップに，ゴキブリのように巧妙に入り込んでしまったことにある。そこで，総会屋がはびこることに危機感をもった商法は，1981年の改正によって，会社が「株

主の権利の行使に関し，財産上の利益の供与」をすることを全面的に禁じた（会社法 120 条）。暴対法の実施などの効果ともあいまって，現在では総会屋も次第になりを潜めるようになってきた。

6 投資家としての株主

株 式 市 場

前節のはじめに述べた無機能株主の最大の関心は，なんといっても株価である。株式会社制度を支える一手段として認められた株式譲渡自由の原則は，株式市場というとてつもなく巨大な経済メカニズムを生んだ。このメカニズムは，もはや株式会社法とは離れたところで，日本の経済システムそのものを支える柱として動いている。ニュースの終わりのほうでは，毎日当たり前のように平均株価が流される。今や，株式市場は外国為替市場（円安，円高）とならんで，日本の経済の実力を示すバロメーターにさえなっているのである。

市場における株式の価額は，景気や政府の経済政策などはもちろんのこと，どこかの国の元首がどんな政治的発言をした，というような出来事にまで過敏に反応する。「市場人気」とよばれる株価形成の要素は，一口にいい尽くせないほど複雑である。

ただ，極端に単純化すれば，基本的に株価は需要と供給のバランスによって決まる。ある株式会社の業績がよいと，その会社の株式をほしがる者が増える。もちろん，配当金も多くなるからその株式

ニューヨーク証券取引所 （毎日新聞社提供）

の取得自体に価値があるのは確かだが，それよりもむしろ，「将来さらに高くなる」と予想して，高くなりきったときに売ってしまおうというもくろみを抱いている者がほとんどである。まして，その会社の発行済みの株式の数がもともと少なかったりすると，需要に対する供給のバランスが極端に崩れるから，このもくろみは一夜にして巨万の富となって実現する。だから無機能株主はやめられない。逆に，業績の悪化している会社の株式は安い。誰もそれをほしがらないからである。発行済み株式の数が多い会社の場合などは最悪。質の悪い野菜が大量に青物市場に出回っているのと同じで，値段はどんどん下がっていく。

冷たい「自己責任の原則」

前述したように（→166 頁），株式会社制度は，素人に営利事業への参加の機会を提供した。当然のことながら，そのことは同時に株式市場に素人が参入することも可能にした。前に少しふれたが，

「株をやる」(→175頁) という言葉は，会社の株主になるという意味よりも，むしろこの株式市場で小金を稼ぐというニュアンスで使われることが多いように思われる。株式市場の規制は，もっぱら金融商品取引法という法律にまかせられており，そこでは市場に参加する者が「投資家」と表現される。

　金融商品取引法は，この素人投資家をどのように保護しているのだろうか。素人にも絶対にもうかる株式銘柄 (どの業界のどの会社というように指定された株式) を法律が選別してくれて，値下がりしそうな株式の取引は禁じられる……。そういう国があったらよいが，現実はそんなに甘いものではない。法律は，株式そのものの価値について，絶対に優劣の判断を下したりはしない。そんなことをしたら，万一その価値判断が誤っていた場合，国が責任をとらなければならなくなるからだ。日本の株式市場で「株をやろう」とする者は，たとえ素人でも，あくまで「自己責任の原則」，つまり，「値上がりしそうだ，いや値下がりするぞ」の判断ミスの結果には，自ら責任を負うことを要求される。

情報開示

　代わりに金融商品取引法は，投資家が株式の価値を評価する前提となるさまざまな情報の正確かつ迅速な開示を徹底させている。この点はとても厳しくて，嘘の判断材料を株式市場に流してもうけたり (虚偽の開示，相場不正操縦など)，自分だけが不正に知った情報を使って抜け駆けしようとすると (インサイダー取引)，場合によっては重い刑罰を科されることさえある。この結果，投資家は，株式市場に提供されている情

報はすべて正しいものとして，自分で株式の価値を正確に判断することが可能になる。

とはいっても，氾濫する情報の中で何が重要でどれが不要かを見極めることは，庶民には至難の業である。1980年代後半，鳴り物入りで政府が大量放出したNTTの株式は，大いに投資家の期待を高めた。「なんといっても国がやってきた企業が民営化されるのだから，業績が悪いわけがない！」と，投資家は根拠のない期待をもってしまったのである。しかしそれは意外なほど早く大幅に値下がりしてしまった。2013年に，政府が保有するJT（日本たばこ産業）の株式が大量放出されたが，同じ経過をたどらないように祈るばかりである。株式市場は所詮，「気配」に大きく左右される市場である。「大衆」投資家は，情報分析よりも人がどの株式を買うかを横目でにらみながら行動する。社会全体が投機熱に浮かされているときは，たとえ正確な情報開示が徹底されても，残念ながらそれほど安全なもうけどころにはならない。株式市場は，2000年代になってバブル崩壊の後遺症から抜け出し，ようやく多少の活況を取り戻したものの，またぞろリーマンショックとよばれる2008年以降の大不況に突入した。どの上場企業も，リストラによる収益率の向上を第1の目標とし，新株発行を減らした（株式の供給がないということ）。その後，アメリカの好況に追随するように，市場はまた上向いたかに見えたが，現在はすでに後退期ともいわれている。さらに新型コロナウイルスの蔓延は，世界中の企業にとってこれまでにないような荒波となって襲いかかった。まるでジェットコースターに乗っているようで，素人投資家は，翻弄されるばかりである。

Column ㉗　インサイダー取引

　たとえば，ある鉱山会社は，ボーリング探鉱活動の結果，銅，亜鉛や銀を豊富に含有する鉱床を発見した。この情報が近隣住民に伝わる前に安く周辺土地を購入しようとした同社は，鉱床発見の事実をひた隠しに隠した。その一方で，この情報が株式市場に流れると同社株式が暴騰することを十分知っていた同社の取締役は，まだ株式が安いうちに大量にこれを購入しておいて，鉱床発見のニュースが流れてから高く売り抜けることを画策し，まんまと成功した。

　これは，アメリカで実際に起こったとても有名なインサイダー取引の事件である。この取締役は，会社の内部にいたからこそ，市場に影響を及ぼす重大な事実を知った。ところが，一般の投資家にはまだそれが知らされていない段階で，この取締役だけが株価の変動を見越して確実に利益を得たとしたら，一言でいえばとてもずるい！　株式市場の情報開示の必要性は，このような投資家の間の不平等を除くという目的からも，十分に納得できる。

1 紛争と法

●**紛争に対処するには**

日常生活と紛争

私たちの身の回りでは，いろいろな紛争が起こっている。家庭内のいさかいもあれば，友人との口論，隣近所とのいざこざ，職場でのもめごともあろう。個人の間の紛争ばかりではない。個人と企業，企業と企業の間の紛争もある。今も地球上のどこかで，国家と国家，民族と民族の間で紛争が起こっている。

しかし，よほど変わった人は別として，誰しもできることなら紛争には巻き込まれたくないと思う。面倒なことにかかわって時間をつぶされたり，不快な思いをしたりするのはかなわない。まわりの人とはなかよくして，平穏な日常生活を送りたいというのが人情であろう。それにもかかわらず，紛争があとを絶たないのはなぜだろうか。次の例で考えてみよう。

> 　コンサート会場に向かって車を走らせていたＡ君は，交通渋滞に巻き込まれてうんざりしていた。このペースだと，だいぶ遅れそうだ。友人と20分前に待ち合わせしたのに，困ったなあ……。
>
> 　ようやく少し動き出したと思ったら，ガチャンという衝撃音。冗談じゃない，こんなときに乱暴に突っ込んでくるなんて！　この車は買ってまだ1ヵ月もたってないんだ。明日もアルバイト先に乗っていこうと思っていたのに……。話のわかる相手だったらいいけど，一体いくら払ってくれるんだろう。もうコンサートには間に合いそうもない。3ヵ月前から予約していたのに，なんてついてないんだ。

　このあと，Ａ君と追突した相手とは，路上で話合いをはじめたことだろう。どちらも事故ははじめての経験だとすれば，勝手がわからず，とまどったかもしれない。渋滞でいらいらしているので，言葉もとげとげしくなりがちだ。相手が事故の原因はＡ君にあると言い張って，話合いは平行線をたどることもありうる。仮に相手が責任を認めたとしても，賠償する金額が問題だ。Ａ君としては，車の修理代とアルバイト先までの明日の交通費，それにコンサートに行けなくなったので，チケット代を請求したいところだが，相手が納得するとは限らない。Ａ君の明日のアルバイトの予定もコンサートに3ヵ月前から予約していたことも，相手は知りようがない。自分を見くびって，金額を吹っ掛けてきたと思うかもしれない。Ａ君も，正当に請求できる金額がいくらかについて確信があるわけではない。素性もわからない相手に下手にかかわりあうと，あとで面倒なことになるかもしれないとも思う。しかし，新車に傷をつけられたのは事実だし，黙っていればそのままになってしまう。どうし

たらよいのだろうか。

紛争はなぜ起こるか

人間誰しも不注意からあやまちを犯すことはある。A君の例のような小さな事故は、いわば日常茶飯事であろう。気心の知れた者同士ならばけんかにならずにすむかもしれないが、初対面の人が相手となるとなかなかそうもいかない。相手の人柄はどうか、資力はあるのか、誠意をもって対応してくれるかなどについて不安があるために、ささいなことにも神経をとがらせてしまう。過去に同じような事故の経験がないと、自分の対応のしかたも不慣れで、それが相手との摩擦を大きくする。相手や問題状況についての情報が不足していることが、無用な争いを引き起こす原因になる。

しかし、相手の事情がよくわかっていれば紛争は起こらないというものでもない。歴史上、親子や兄弟、夫婦の間で争いが起きて、それが戦乱に発展した例は数多い（たとえば、保元の乱や応仁の乱など）。現代でも、会社を共同経営する一族に内紛が起こったり、遺産の分配をめぐって親戚同士が争ったりする話をしばしば耳にするし、破局を迎えた夫婦が、財産や子どもを取り合うこともある。隣接する地域の住民の間で、土地や水をめぐる争いが何十年にもわたって続く例もある。これらの場合には、紛争当事者間に利害の対立があって、それが解消できないでいる。つまり、分配されるべき資源の量が限られていて、人々の欲求をすべて満たすには足りないために、紛争が生じている。A君の事故でも、車の修理代を払ってほしいというA君に対して、相手が、不況で生活が苦しいので払

えないと言い張れば，紛争の原因は，限られた資金の用途をめぐる利害の対立だということになる。

紛争の解決——裁判

地球上の資源はほとんどの場合，有限であるのに，人間の欲望には限りがない。紛争は永久に発生し続けることだろう。しかし，そのたびに流血の騒動を繰り返すというのも愚かな話である。紛争が起こっていやな思いをしているというのに，このうえさらに身を危険にさらすというのでは，たまったものではない。平和的に解決して，なにごともなかったかのように日常生活にもどれるなら，それがいちばんよい。

そんな願いをかなえるために設けられているのが，**裁判制度**である。現在の裁判制度は，明治維新後にヨーロッパの制度をモデルにして作られたが，それ以前にもわが国に固有の制度が存在した（→ **2**）。庶民の紛争を穏便に解決することは，時代や場所を超えた要請だといえよう。

裁判には，**民事裁判**と**刑事裁判**の区別がある（→第7章 **12**）。紛争の原因を究明して，当事者間での解決の方法を示すことが目的であれば，民事裁判が適しているが，他人に迷惑をかけた者を処罰することによって，紛争の再発を防止するのが目的であれば，刑事裁判を経る必要がある。A君の事故を例にとれば，車の修理代を求めてA君が相手を訴えるのは民事裁判だが，追突事故は道路交通法違反だとして相手に罰金を支払わせるということになれば，刑事裁判になる。刑事裁判では，被害者が加害者を訴えるのではなく，国を代表する検察官が，犯罪を犯したとされている者を訴追する。有

民事単独法廷（最高裁判所提供）

①裁判官 ②裁判所書記官 ③裁判所事務官 ④原告代理人 ⑤被告代理人 ⑥傍聴人
（写真内の番号は編集部で付記）

罪判決が出て罰金の支払が命ぜられた場合には，罰金は被害者である A 君にではなく，国に対して支払われる。

　以上からわかるように，日常生活で生じた紛争を当事者間で解決するには，刑事裁判ではなく，民事裁判によることになる。以下では裁判といえば民事裁判を頭において，話を進めることにしよう。

Column ㉘　被告は悪い人？

　刑事裁判では，犯罪を犯したとして訴追されている者を**被告人**という。民事裁判においては，訴えた者を**原告**，訴えられた者を**被告**とよぶ。民事裁判の被告は刑事裁判の被告人と混同されることがあり，イメージがよくないから，別の名称に変えてはどうかという議論もあったが，訴えられるのは悪いことをしている人間だという偏見がなくならない限り，よび名を変えても事情は変わらないであろう。

紛争が裁判に持ち込まれた場合，裁判所は当事者双方の言い分を聞いて，何が争われているのか，それぞれの主張で食い違っているのはどこか，事の真相は何かを調べていく。こうして確定された事実関係に法を適用して，紛争の解決案を導く。たとえば，A君が相手のB氏に対して車の修理代とチケット代の支払を求めたところ，B氏が，事故はA君が急停止したために起こったもので，自分に責任はないといって争ったとしよう。ところが，たまたま近くで事故を目撃していた人がいて，その証言からB氏がわき見運転をしていたことがわかった。そこで裁判所は，不法行為に関する民法709条を適用してB氏の損害賠償責任を認め，車の修理代を支払うように命じた。しかし，チケット代については，たとえ事故が起こらなかったとしても交通渋滞のためにコンサートには間に合わなかっただろうという理由で，支払を認めなかった（これを，損害と事故の間に**因果関係**がないという。→第2章 *1*）。以上のような解決が考えられる。

　ここで，もし法というものが全く存在しなかったならばどうなるかを考えてみよう。

　紛争解決の内容を定める一般的な規準が存在しないので，どのような結論を導くかについてはそれぞれの裁判官の判断にゆだねられる。裁判官全員が同じ考え方の持ち主とは限らないので，事件を担当した裁判官が誰であるかによって結論が異なってくる可能性がある。結論の違いが個々の裁判官の人生観の反映ならばまだしも，偏見や気まぐれでまちまちな判断がなされるとすれば，当事者としてはとうてい納得がいかないであろう。極端な話として，当事者のへ

アー・スタイルによって判決の内容を変える裁判官がいたとしたらどうだろうか。その裁判官が，丸刈りやみつあみが好きで，それ以外の髪型をしていると不利な判決がなされるとしても，人々は，裁判官の好みにあわせてヘアー・スタイルを変えるよりも，そんな裁判は不合理だとして受け入れないほうを選ぶだろう。どのようなヘアー・スタイルにするかは個人の自己決定（→第7章 [7]）にゆだねられるべき事柄であり，紛争の解決とはなんの関係もないからである。

　法が存在し，裁判官を拘束することによって，恣意的な裁判を防ぎ，個人の自由を保障することができる。このことは，裁判制度に対する信頼を確保するためにも重要である。

法と日常生活　　ところで，法の機能は裁判における紛争解決の規準を提示することのみに限られない。私たち一般市民の日常生活を規律する役割も果たしている。人は道路の右側を，車は左側を通行すること，不動産を買ったら所有権移転の登記をしないと，自分がその不動産の所有者だと主張する者に対して所有権を主張できないこと，企業が新入社員の募集を外部に掲示するにあたって，「男子のみに限る」としてはならないことなどはその例である。これらについては，道路交通法，民法，男女雇用機会均等法という法律があって，明確な定めを置いている。法律が明確に規定している場合には，それに従って行動していればまず安心ということになる（まず安心といったのは，法律も憲法に違反していれば，無効とされることがあるからである。→第7章 [6]）。

これに対して，ある問題について適当な法律がない場合，または法律はあっても規定のしかたがあいまいな場合は，人々の行動を規律する共通のルールが存在しないので，それぞれが信ずるところに従って行動せざるをえない。いきおい，衝突して紛争を生ずることにもなる。そうした紛争について当事者が裁判による解決を求めてきたとき，裁判官は，法が存在しないからといって裁判を拒否するわけにはいかない。もしそんなことをしたら，裁判官としての任務を放棄することになってしまう。このような場合には，法に空白部分が存在するわけなので（これを「**法の欠缺**」があるという。→第7章②)，裁判官はこれを埋めなければならない（どうやって埋めるかについては，第7章③参照)。こうして法の空白が埋められると，そこには新しい法が誕生する。つまり，**裁判による法創造**が行われたことになる（→第7章②)。

　以上は，裁判官を拘束するために法が存在するといった先の説明と矛盾するようにみえるかもしれない。事実，裁判官に対する不信が強かったフランス革命直後の時代には，裁判官は立法府の作った法を機械的に適用すべきだとされ，自ら法を創造することなど認められていなかった。しかし，社会情勢の変化が急速に進むようになると，それに法が追いつけず，法の創造が必要とされる場合も多くなってくる。現に裁判になっている紛争があるというのに，立法府が法を作るまで判決を出さずに待っているわけにもいかないであろう。現代においては，まず裁判官がそれぞれの紛争に対応する法を創造し，これが判例法（→第7章②)としての拘束力をもつに至ったのちに，立法でこれを追認するという例も増えている。

|　　　　裁判の効用　　　|

「裁判沙汰にする」ということばにはどこ
かマイナスの響きがある。実際，裁判を起
こしたために周囲から白い目で見られるという例も皆無ではない。
しかし，裁判を起こすのは悪いことなのだろうか。

　答えの明確でない問題について紛争が起こり，当事者が裁判によ
る解決を求めたとしよう。その結果，裁判所が法を創造して紛争解
決の規準を示せば，その当事者はもちろん，社会全体としても利益
を受ける。なぜならば，当事者と同じような立場にある多くの人に
とっての行動の規準ができて，紛争を未然に防ぐことができるよう
になるからである。紛争が起こらなくなれば，それまで紛争の解決

に割いていた費用や時間を別の生産的な用途に回すことができる。

　経済学を勉強したことのある人は，外部効果とか，外部経済ということばを聞いたことがあるだろう。外部効果というのは，ある者の行動が直接的に他の者に有利な影響または不利な影響を与えることをいい，有利な影響を与えるときに外部経済があるという。外部経済の例としては，園芸家と養蜂家の関係がわかりやすい。園芸家が花を栽培すれば，みつばちを使って花の蜜を集めている養蜂家は利益を受ける。みつばちは花の受精を助けるので，園芸家も利益を受けることになる。同じように，誰かが裁判を起こして新しい法の解釈を引き出すことは，社会に対する外部経済になるわけである。

　このように考えると，裁判を起こす人は，悪いことをしているどころか，社会全体にも利益をもたらす行為をしていることになる。そういう人をむやみに非難するべきではない。

裁判をするには

　しかし，社会全体の利益になるのだったら喜んで裁判を起こそうといってくれるような奇特な人は，そう多くはない。私たち一般市民が裁判をするのは，やはりわずらわしいことだからである。裁判をするとなればある程度の法の知識が必要だし，自分で裁判所に出向くのもめんどうだ。第一，毎日会社や学校に行かなければならないのに，裁判所に行っているような暇があるだろうか。

　幸いにして，裁判は本人が裁判所に行かなくてもすることができる。代理人をたてることが認められているからだ。時間がないとか，めんどうだという人は，**弁護士**に代理を頼めばよい。そうすれば，

法律家としての専門知識に基づいて，こちらの利益を代弁してくれるはずである。

　もっとも，弁護士に代理してもらえばそれ相当の費用はかかる。お金のない人は，弁護士に依頼することができないのだろうか。また，経済的な問題は解決できるとしても，知り合いに弁護士はいないし，どうやって弁護士を探したらよいのかわからないという人も多いことだろう。それに，裁判には時間がかかるといわれている。何年も先にならないと解決できないようでは，裁判を起こす意味がないこともあるだろう。このほかにも，裁判ではどのようなことが行われるのかよくわからない，とか，裁判で勝ったとして，それまで強硬な態度をとっていた相手を従わせることができるのか，といった疑問が考えられる。

　以上の問題については **2** で検討しよう。そして **3** では，裁判に代わる紛争解決の方法について説明する。そこまで読み終わったところで，紛争に巻き込まれたとき，自分は解決方法として裁判を選ぶかどうかをあらためて考えてもらえばよい。ただ，忘れないでほしいのは，裁判を起こすことをいちがいに悪いと決めつけてはならないということである。すでに述べたように，裁判は社会に利益をもたらすこともある。裁判になるからには，当事者の間にさまざまな事情がある。なかには，相手に対するいやがらせが目的で裁判を起こす人もいるかもしれない。逆に，相手が一向に誠意ある態度を示さないため，やむなく裁判を起こしたという人もいることだろう。相手との力の差が障害になってまともに交渉することができないという人でも，裁判になれば，相手と対等な立場で議論し，裁判所の

公平な判断を求める機会を保障される。憲法が**裁判を受ける権利**を保障していることは（→第7章⑫），このような場合にとくに重要な意味をもっている コメント。

2 裁判のしくみ

●裁判制度の過去・現在・未来

神の裁き

人類の歴史において，裁判制度は古代文明にまでその起源をたどることができる。バビロニアのハンムラビ法典には，神判，すなわち神の意志による裁判を定めた規定があった。それによれば，疑いをかけられた者は水中に投げ込まれ，沈めば無罪，浮かべば有罪とされた。神判には火を使うもの，動物を使うものなど，さまざまな種類があって，世界各地に分布していた。たとえば，中世ヨーロッパにおいては，熱した鉄を握って歩き，3日後にその手がきれいであれば無罪，やけどをしていれば有罪といった神判が行われていた。わが国でも，大和朝廷の時代には，熱湯の中に手を入れて小石を取り出させ，やけどをしなければ無罪，そうでなければ有罪という裁判（盟神探湯）が

コメント 憲法32条は「何人も，裁判所において裁判を受ける権利を奪はれない」と規定している。ここでいう裁判は，民事裁判のほか，行政機関の違法な行為によって権利を侵害された個人が，その行政機関や国・公共団体を訴える場合を含んでいる。裁判を受ける権利は，訴える相手が役所であっても個人であっても同じように保障される。刑事裁判については憲法37条1項が「すべて刑事事件においては，被告人は，公平な裁判所の迅速な公開裁判を受ける権利を有する」と規定している。

行われていたという。

　しかし，人間の身体が水に浮き，熱いものにふれてやけどをするのはごく自然なことである。行いの正しい者には超自然的な力が宿るという信仰はあっても，それを合理的に説明することはむずかしい。神判で有罪とされた者のなかには，本当に有罪の者もいただろうが，無実の者もいたことだろう。

| 政治と裁判 | 前近代の裁判には，権力者の統治の手段としての側面がある。西欧封建社会において |

は，領主がその領地内の農民に対して裁判権を行使した。領主裁判権は，封建領主の支配権の重要な部分であった。領主階級が没落し，国王による支配が強まると，領主裁判権は国王の裁判権に吸収されていった。絶対王政の時代には，国王の裁判所の権限が強化され，反対派の弾圧に利用されたこともあった。

　わが国でも，封建制度が成立した鎌倉時代に裁判制度が発達した。その中心は，「所務沙汰」とよばれる所領に関する訴訟であった。御成敗式目においても，所領についての裁判に関係する規定が多かった。鎌倉幕府と御家人は，所領を媒介とする主従関係で結ばれていたから，所領をめぐる紛争を適切に解決することは，幕府の基盤にかかわる問題であった。

　江戸時代には，幕府，大名，旗本御家人がそれぞれ裁判権を行使した。民事裁判は「公事」とよばれ，金銭の貸借に関する紛争などを扱った。しかし，「大岡裁き」のように奉行が名裁判を下すことは少なかった。当事者間の和解（内済）が奨励されていたため，多

くの事件はお白洲での裁きにまで至らずに終了したからである。また、相対済令にみられるように、訴えそのものを受理しない例もあった。公事にはさまざまなしきたりがあって、それに従っていなければ門前払いされることもあった。地方から江戸へ訴え出る場合には、往復の旅費や滞在費の負担を覚悟しなければならなかった。一般庶民が裁判を起こすのは、現在以上に大変だったといえよう。

Column ㉚　大岡裁き

　「大岡政談」やテレビ番組によると、大岡越前守忠相は数々の名裁判を行ったことになっている。たとえば、子どもを2人の女が取り合う話がある。どちらも自分の子だといって譲らないので、越前守は「子どもの手をとって引き合い、勝ったほうに与えよう」といった。引き合いがはじまり、女たちは互いに力を込めて引いたので、子どもは痛みにたえかねて泣き出してしまった。すると、一方の女がハッと驚いて手を放した。それで、その女こそ本当の母親だとわかったという。これに似た話は、中国の名判決を編集した「棠陰比事」(1207年)に載っている。実話かどうかはさておき、母親であれば子どもの身体を気づかうはずであるという前提に立てば、合理的な裁判だといえよう。それに、仮に血はつながっていなかったとしても、愛情のあるほうに引き取られたほうが、子どもにとっては幸せではないだろうか。

| 明治維新から今日まで |

市民革命を通じて確立されたヨーロッパの裁判制度は、明治維新後にわが国に取り入れられた。明治政府は、不平等条約を改正するためには近代的な裁

判制度を備えることが必要だと考えていたから，ドイツから「お雇い外国人」を招いて，裁判所制度に関する「裁判所構成法」と民事裁判のルールである「民事訴訟法」をつくりあげた。1890年のことである。これらはいずれも，ドイツの法律を翻訳したような内容だった。

　裁判制度が一般市民になじみにくいのはなぜかという問いに対して，外国からの輸入品だからという理由が挙げられることがある。たしかに，外国生まれの制度を歴史も精神風土も異なるわが国に移植するについては，誤解や混乱もあったことだろう。しかし，裁判制度は発足当初から姿を変えずに今日に至っているわけではない。「民事訴訟法」は，施行後まもなく運用しにくいという批判を受け，大正時代に全面的に改正された。第二次大戦後には，日本国憲法の下で「裁判所構成法」が「裁判所法」に変わり，裁判所制度は一新された。さらに1996年に成立した現在の民事訴訟法は，それまでの実務慣行を考慮したわが国独自の手続を採用している。変化があったのは，法律の体裁や文言のみにとどまらない。戦後まもない時期の住宅難や労働運動，高度経済成長期の交通事故や公害，1980年代から増加した消費者破産など，それぞれの時代を反映した紛争が裁判所に持ち込まれるたびに，法律の運用にも工夫が凝らされてきた。現在では，外国の制度の模倣でない，日本独特の裁判制度が構築されるに至っているといってよいだろう。

現代の裁判の諸原則

かつては不合理な裁判や恣意的な裁判が行われていたことは，すでに述べた。専制君

主が絶大な権力をふるっていた時代であれば，そのような裁判に人人を従わせることもできたであろう。しかし，国民が主権者となった今日においては，そういうわけにはいかない。人々に信頼を寄せられるような裁判制度でなければ，とうてい長続きすることはできまい。現在では，適正で公平な裁判を実現するために，以下のような原則が採用されている。

(1)　**裁判官の独立**　　適正・公平な裁判を実現するためには，行政権などの権力が裁判について干渉したり圧力を加えたりすることを排除しなければならない。日本国憲法は，裁判官が裁判を行うにあたっては独立して職権を行使するものと規定した（76条3項「すべて裁判官は，その良心に従ひ独立してその職権を行ひ，この憲法及び法律にのみ拘束される」）。立法権や行政権が裁判官に対して圧力を加えることはもちろん，上級裁判所の裁判官が下級裁判所の裁判官に対して裁判の内容を指示することも排除される。さらに，裁判官が独立して職権を行使した結果，罷免や転任，減給などの不利益な処分を受けることのないように，憲法および裁判所法は，**裁判官の身分保障**を定めている。←憲法78条「裁判官は，裁判により，心身の故障のために職務を執ることができないと決定された場合を除いては，公の弾劾によらなければ罷免されない。裁判官の懲戒処分は，行政機関がこれを行ふことはできない」，裁判所法48条「裁判官は，公の弾劾又は国民の審査に関する法律による場合及び別に法律で定めるところにより心身の故障のために職務を執ることができないと裁判された場合を除いては，その意思に反して，免官，転官，転所，職務の停止又は報酬の減額をされることはない」。

Column ㉛　大津事件

1891（明治24）年に，滋賀県大津市で来
日中のロシア皇太子が巡査の津田三蔵に
刺されて負傷するという事件が起こった。
ロシアとの外交関係の悪化を恐れた政府
は，日本の皇族に対する罪を適用して津
田を死刑にするように大審院（当時の最上
級裁判所）に働きかけた。しかし，大審院
長の児島惟謙はこれに抵抗し，みずから
大津に行って事件の担当裁判官を説得し
て，津田を無期徒刑に処した。

児島　惟謙
（法曹会所蔵）

　この事件は，政府の干渉を排除して司法権の独立を守った出来事
として有名だが，今でいえば最高裁判所長官にあたる人物が，担当
裁判官に直接指示を与えるのは，司法内部での干渉にあたるとの見
方もできる。

　(2)　**裁判官の中立性**　　裁判官の独立が保障されても，不公平な
裁判が行われる可能性は否定できない。裁判官も生身の人間だから，
事件の当事者が自分自身だったり親子・兄弟，あるいは親しい友人
であるときには，公平な判断ができないおそれがある。このような
場合には，裁判官は事件の担当から排除されるか（**除斥・忌避**），ま
たは，裁判官のほうで自発的に事件を避ける（**回避**）ことになって
いる（民事訴訟法23条〜26条，民事訴訟規則10条〜12条）。

　(3)　**当事者の対等**　　一方の当事者の言い分だけを聞いて判断を
下すのは危険である。相手がその場にいないのをいいことに，ある

ことないこと大げさに言い立てているのかもしれない。そこまで意識的ではなくても，相手の言動をすべて悪意にとる一方で，自分のあやまちには気づかないということもある。当事者双方の主張を聞いてからでないと，紛争の全体像はつかみにくいものである。裁判所は，当事者双方を法廷に呼び出して，それぞれに主張を述べる機会を平等に与えなければならない。これは，公平な裁判を行うための根本原則だといわれている。

(4) **裁判の公開**　裁判は一般公衆が傍聴できる状態で行わなければならない（憲法82条1項）。ヨーロッパの絶対王政時代やわが国の江戸時代には，裁判は非公開で，公正に行われている保障はなかった。今日，裁判が一般に公開されているのは，司法に対する国民の信頼を確保するとともに，国民の監視によって裁判の適正・公平を維持するためだといわれている。

Column ㉜　裁判におけるウェブ会議の利用 ～～～～～～～～

　2022年民事訴訟法改正によって新設された87条の2第1項によれば，裁判所および当事者双方は，公開で行われる口頭弁論の手続を，カメラ付きのパソコンを使ったウェブ会議の方法で行うことができる（施行日は，2022年5月25日から起算して2年以内の政令で定める日）。この方法を用いれば，当事者は裁判所に出頭しなくても手続に関与することができ，出頭に要する時間と費用を節約することができる。裁判の傍聴に行くと，法廷には裁判官と裁判所書記官がいるだけで，当事者の姿は法廷に置かれたモニターを通じてみるということになるかもしれないが，裁判の公開原則に反するものではないとされている。

～～～～～～～～～～～～～～～～～～～～～～～～～～～

(5) **裁判に対する不服申立て**　これまでに述べた諸原則によって適正な裁判が保障されているが，それでも裁判官が事実認定や法の解釈を誤ることはありうる。そのような場合に，敗訴した当事者は上級の裁判所に裁判のやり直しを求めることができる。これを**上訴**という。

現在，上訴は2回まで認められている。つまり，当事者は最高で3段階の裁判所の審理を受けることができる（**三審制**）。1回目の上訴を**控訴**といい，2回目の上訴を**上告**という。控訴は，**少額訴訟**（→237頁）などを除き制限されていないが，上告には制限がある。すなわち，上告を最高裁判所にすることができるのは，判決に憲法違反があるか，または手続に関する重大な法律違反がある場合に限られる（民事訴訟法312条）。それ以外の法律違反を理由として最高裁判所の審理を求めるときには，上告ではなく，**上告受理の申立て**をする。上告受理の申立てがなされた場合に上告を受理するかどうかは，最高裁判所がその事件について判例違反その他の重要な問題があるかどうかを判断して決定する（318条1項）。上告受理の申立ては，最高裁判所の事件負担を軽減するために現在の民事訴訟法によって新設された制度である。

控訴，上告を問わず，上訴の審理は，複数の裁判官の**合議制**の下で行われる。1人の裁判官が裁判にあたる**単独制**と比べると，合議制には，「3人よれば文殊の知恵」ということわざがあるように，各人の能力を相乗して複雑な事件の審理を行うことができるというメリットがある。

こうして最高で3回の裁判を経るか，あるいは敗訴した側があきらめて決められた期間内に上訴をしなかったときは，裁判が確定する。つまり，もはやその裁判の内容を争うことはできなくなる。このことは，裁判が制度として成り立っていくために不可欠である。裁判に不満のある当事者がいつまでも争いを蒸し返すことができるようでは，紛争の解決のために裁判制度を設けた意味がない。適正・公平な裁判がなされる保障の下に双方の当事者が攻防を尽くした以上は，勝っても負けても裁判所の判断に従わなければならないというわけである。ただし，裁判に重大な欠陥があってそのままにしておけば正義に反するという場合には，確定後でも特別に裁判のやり直しを求めることができる（**再審**）。また，当事者が争っておらず裁判所も判断を下していない事項について，あらためて裁判を起こすことは禁じられない。どこまでが裁判で解決済みの事項かについては古くから議論があって，今も続いている。

　もう1つ重要なのは，確定した裁判に当事者が従わないときには，強制的にその裁判の内容が実現されるということである。たとえば，「被告B氏は原告A君に車の修理代として20万円を支払え」という裁判が確定したとしよう。B氏が「この裁判は不当だ」とか「今はお金がない」などといって20万円を支払おうとしない場合には，A君は裁判所に**強制執行**を申し立てることができる。そうすると，B氏の土地・家屋・銀行預金などが差し押えられ，競売などの手続を経て現金に換えられて，20万円がA君に支払われる。ただし，たとえば夫が家出をして妻をかえりみない場合（またはその逆の場

合）に裁判で夫婦の同居が命じられても，これを強制的に実現することはできない。一緒にいるのはいやだという者を無理やり同居させるわけにはいかないからである。このような例外を除けば，被告は○○の行為をせよ，あるいは××の行為をしてはならないという裁判の内容を強制的に実現することができる。たとえば，売買代金を支払ったのに売主が目的物である動産を引き渡そうとしないため，買主がその引渡しを求める訴えを提起し，これを認める裁判が確定したとすると，執行官が売主から目的動産を取り上げて買主に引き渡す方法で，裁判の内容が強制的に実現される（**直接強制**）。賃借している建物に生じた破損につき，賃貸人（家主）にその修繕を命じる裁判が確定した場合には，賃借人は，みずからまたは第三者に依頼して修繕し，かかった費用を賃貸人に負担させる方法で，裁判の内容を強制的に実現することができる（**代替執行**）。真夜中に騒音を出して周囲に迷惑をかけている人に対して「夜9時以降は騒音を発してはならない」と命じる裁判が確定したとすると，これに違反した場合には一定額の金銭を支払わなければならないという条件をつけて，間接的に強制することができる（**間接強制**）。

Column ㉝　子の引渡しの強制執行 〜〜〜〜〜〜〜〜〜〜〜〜〜〜〜

　子の引渡しの強制執行が問題になるのは，たとえば，父母の離婚に伴って父母の一方から他方へ子を引き渡すように命じる裁判がされた場合である。しかし，子の引渡しの強制執行をどのような方法で行うべきかについては明文の規定がなく，見解が分かれていた。すなわち，意思能力（→10頁）のない幼児については，動産の引渡しと同様に執行官による直接強制を認める見解，幼児であっても子

は物ではないので，直接強制は適当ではなく，引渡しを命じられた者に対する間接強制によるべきとする見解，原則として間接強制により，状況に応じて執行官による子の取上げ・引渡しを認める見解，間接強制と執行官による子の取上げ・引渡しを裁判所が適宜，選択すべきとする見解などが主張されてきた。

　2019年に改正された民事執行法の下では，子の引渡しの強制執行に関する条文が新設され，執行官による子の引渡しの実施と間接強制のいずれも認められることになった（同法174条1項。ただし，前者の方法をとることができる場合については制限がある。同条2項）。なお，国際的に奪取された子の返還については，ハーグ条約（→131頁コメント）を実施するための国内法（ハーグ条約実施法）の下で，まずは間接強制により，その後に代替執行の申立てを許すしくみが採用されたが，2019年の同法改正により，民事執行法と同様のしくみが採用されることになった（同法136条）。

時間との闘い　裁判の適正・公平の要請と迅速の要請は，なかなか両立しない。裁判が確定するまでに何年もかかることもある。その間に被告が事業に失敗して破産するようなことにでもなれば，被告に金銭の支払を命じる裁判が確定してもその実現の可能性は低い。それに，治療費の請求や現に行われている違法行為の差止めのように急を要する場合には，何年も先にならないと確定しない裁判では用をなさない。何か工夫はできないものだろうか。

　まず考えられるのは，**仮執行**である。これは，裁判所が裁判をす

るときに「この裁判は仮に執行することができる」という宣言（**仮執行宣言**）を行うと，裁判の確定前でも確定したのと同様にその内容を実現することができるという制度である。ただし，一般の事件では仮執行を許すかどうかは裁判所の判断にゆだねられていて，必ず利用できるわけではない。また，仮執行のできる裁判がなされるまでに時間がかかる場合には対応できない。

裁判所に訴えを提起してから裁判が行われるまでの間，あるいは訴えを提起する前であっても相手方の財産の処分や違法行為を仮に差し止めることのできる制度として，**仮差押え・仮処分**というものがある。仮差押え・仮処分は，裁判で原告の権利が認められる見込みがあり，裁判まで待っていたのではその権利の実現が困難になってしまう場合に利用することができる。手続は割合に迅速で，その日のうちに結論が出ることもある。しかし，仮差押え・仮処分は認められたが裁判では原告が敗訴するということもありうるので，通常は，申立ての際に裁判所の命じる額の金銭かそれに代わるもの（これは，**担保**とよばれている）を提供しなければならない。裁判で原告が敗訴した場合には，仮差押え・仮処分によって被告に与えた損害を賠償するためである。

迅速な裁判の実現　仮執行や仮差押え・仮処分は，あくまでも裁判が確定する前の暫定的な措置である。原告としては，自分が勝訴した裁判が確定するまでは安心することができない。裁判の確定までに要する時間を短縮することができれば，問題の根本的な解決になる。たとえば，審理の期日は1ヵ月に

1度くらいの割合で開かれることになっているが，集中的に審理を行うようにすれば，現在よりも短期間で裁判ができるようになるかもしれない。

　集中審理を成功させるためには，期日前に十分な準備が行われていなければならない。当事者の努力が重要なことはもちろんだが，必要な証拠を集められるように**証拠収集の手段**を充実させることも必要である。とくに問題になるのは，製品の欠陥による損害の賠償を求めて個人が大企業を訴えるような場合である（→第2章 *3*）。このように一方の当事者の側に証拠が偏在しているときには，その者に証拠の提出を強制できるようにしないと，当事者の実質的な平等を図ることができない。

　そのほか，少額の金銭の支払が問題になる事件については，審理は原則として1回で終了させ，上訴も制限する簡易・迅速な手続が1998年1月から発足した（民事訴訟法368条以下，**少額訴訟**）。これに対しては，裁判の適正・公平はどうなるのかという疑問が提起されるかもしれない。しかし，少額事件（60万円以下。368条1項）の裁判にも長期間を要するようでは，一般市民が裁判を利用しなくなるのも無理はない。正当な権利をもつ者が迅速に救済を受けられるようにすることは，是非とも必要であろう。

　2022年民事訴訟法改正によって新設された「法定審理期間訴訟手続」（381条の2以下）も，迅速な裁判を実現することを目的としている。法定審理期間訴訟手続は，当事者双方がこの手続による審理・裁判を求めており，裁判所がこの手続により審理・裁判をすることを決定した場合に開始され，この決定の日から2週間以内に期

日を指定し，その期日から 6 ヵ月以内に口頭弁論を終結し，終結から 1 ヵ月以内に判決を言い渡すこととされている（施行日は，2022年 5 月 25 日から起算して 4 年以内の政令で定める日）。消費者契約に関する訴えや個別労働関係民事紛争に関する訴えには適用されないが，少額訴訟のような金額による制限はない。当事者双方が迅速な審理・裁判を求める場合に，それに応じた訴訟手続の進行を可能にするものである。

| 裁判の費用 |

市民が裁判の利用をためらう理由としては，時間のほか，費用の問題も挙げられる。裁判をすると費用倒れになるといわれることがある。事件によってはそういう場合があることは事実だが，具体的にどのような費用がいくらかかるのかよくわからないまま，漠然と，裁判の費用は高いと考えている面もあるのではないだろうか。

　裁判に要する費用としては，まず，**裁判所に納める手数料**がある。手数料の額は，原告が勝訴したときに得られる経済的利益を金銭に換算した額（訴額）によって決まる。原告が求めているのが 20 万円の修理代の支払であれば 2000 円，3000 万円の損害賠償であれば 11 万円というように，請求する金額が高くなれば手数料も増加する。原則として原告は，訴えを提起するときに提出する書面（訴状）に手数料に相当する印紙を貼らなければならない。印紙が貼られていなかったり不足しているときには，訴えを受け付けてもらえない（コメント）。

　手数料のほかにも，証人の旅費や日当，書類を当事者に送るため

の費用などがかかるが，金額として大きいのは弁護士を頼んだときの費用である。**弁護士報酬**については，かつては，日本弁護士連合会（日弁連）や各地の弁護士会の会則で基準を定めていたが，2004年4月からは，会則で弁護士報酬の基準を示すことはなくなった。弁護士報酬をどういう方式で請求するか（訴訟の結果得られた経済的利益に応じて請求するか，事件処理に要した時間に応じて請求するか等）も，具体的な金額をどのように定めるかも，弁護士と依頼者が自由に決めればよいことになった。これによって，弁護士報酬が合理化されることが期待されている。その反面で，弁護士報酬の予測は以前よりも困難になるおそれもある。そこで，個々の弁護士に報酬に関する情報の開示義務や説明義務を課すことにより，弁護士報酬の透明化を図るものとしている。

弁護士報酬の負担　弁護士との間で取り決めた弁護士報酬は，裁判で勝訴すれば相手方に支払わせることができるのだろうか。答えを先にいえば，一般的には，勝訴しても相手方に弁護士報酬を負担させることはできない。交通事故などの不法行為については，判例は，原告の弁護士報酬が事件の難易など

（コメント）　2022年民事訴訟法改正により，訴状は紙ではなく，電子ファイルによって作成し，インターネットを用いて提出することができるようになった（民事訴訟法132条の10。訴訟代理人である弁護士など一定の範囲の者は，この方法による提出を義務づけられる。132条の11第1項）。手数料の納付は，原則として印紙の貼付に代えて電子納付の方法で行われることになる（民事訴訟費用等に関する法律8条1項）。以上の改正は，2022年5月25日から起算して4年以内の政令で定める日から施行される。

から相当と認められる範囲内であれば，損害の一部として敗訴した被告の負担となる，としている。また，当事者間の合意で，弁護士報酬を敗訴者の負担とすることもできる。これらの例外を除き，弁護士報酬はそれぞれの当事者が負担しなければならない。その理由としては，わが国では弁護士強制主義が採られておらず，弁護士に依頼するかどうかは本人の自由だからということが挙げられてきた。

　しかし，弁護士に依頼せず，当事者本人で裁判を進めることが認められているとはいっても，それは一般市民にとって多くの困難を伴う。弁護士に依頼することは，決して贅沢ではない。弁護士報酬が裁判の必要経費であり，その負担が人々を裁判から遠ざける結果になっているとすれば，何か対策を考えなければならない。

　1つの方法は，弁護士報酬を支払うだけの資力のない人に資金を援助する**法律扶助制度**を充実させることである。法律扶助制度のうち民事訴訟に必要な費用を援助するものは，**民事法律扶助**とよばれ，わが国では長い間，財団法人法律扶助協会という民間の団体が国から補助金を受けて運営してきた。2006年10月からは，**日本司法支援センター**（愛称：法テラス）によって運営されている。日本司法支援センターは，2004年に成立した**総合法律支援法**の規定に基づいて設立された法人であり，民事法律扶助をはじめとする総合法律支援に関する業務を行っている（総合法律支援法30条1項）。

　現在の法律扶助制度の下では，資力の不十分な人は弁護士報酬の立替払いを受けることができる。立て替えてもらった費用は，原則として訴訟の終了後に返済しなければならない。勝訴して，相手方から金銭の支払を受けることができた場合には，その中から返済す

ることになる。しかし，勝訴したからといって，ただちに弁護士報酬を支払えるようにはならないこともある。そのような場合にも返済義務が免除されないとすると，法律扶助制度を利用しても，資力の不十分な人の経済的負担は軽減されない結果となる。

　勝訴しても，弁護士報酬を支払うに足りるほどの経済的利益がもたらされるわけではない事件については，資力のある人でも裁判の利用を躊躇するという問題がある。これを解決する方法としては，弁護士報酬を敗訴者の負担とすることが考えられる。相手の態度が強硬だったため裁判にせざるをえなかった場合，あるいは，不当な裁判につき合わされた場合を考えれば，この解決法は公平であるように思われる。反面，勝訴できるかどうか微妙なケースでは，今まで以上に裁判を抑制しかねないという問題もある。

弁護士へのアクセス

わが国では，諸外国に比べて弁護士の数が少ないうえに，弁護士は大都市に集中していて，地方では弁護士不足が深刻であるといわれてきた。また，一般市民が弁護士に相談しようとしても，費用の問題のほか，どのように弁護士を探したらよいかわからない，どの弁護士が何を専門にしているかも明らかでない，といった問題もあり，弁護士へのアクセスには困難があるともいわれてきた。

　弁護士を一般市民に身近な存在にするためには，まず弁護士の数を増やすことが必要である。そのために，2004年4月から現行の法曹養成制度が導入された。この制度の下では，弁護士資格は，原則として，**法科大学院**で2年ないし3年の法学教育を受けて，司法

試験に合格した者に与えられることになった。司法試験を受験できるのは法科大学院修了後とされていたが，2019年に司法試験法が改正され，2023年の司法試験からは法科大学院在学中の者も受験できることになった（同法4条2項）。他方，経済的な理由から法科大学院に進学することができない人は，司法試験予備試験（予備試験）に合格すれば司法試験を受験することができる。予備試験の論文式試験の科目については，2019年の司法試験法改正により2022年から一般教養科目に代えて専門的な法律科目の中から受験者があらかじめ選択する1科目が課されている（同法5条3項2号）。

　弁護士過疎地域の人々や弁護士に相談する方法がわからない人々の弁護士へのアクセスを容易にするために，身近な相談窓口を設けて弁護士を紹介することも行われている。たとえば，日本司法支援センターは，弁護士の業務に関する情報を収集・整理し，一般市民に提供している〔コメント〕。

Column ㉞　変わりゆく弁護士——弁護士の活動領域の拡大 〰

　　かつては，弁護士を志望する若手法律家は，法律事務所（弁護士事務所）に就職して，開業弁護士としての経験を積むのが一般的であった。ところが最近は，日本司法支援センターの地域事務所でスタッフ弁護士として勤務したり，企業に就職して企業内弁護士（インハウスローヤー）として勤務したりする例が増えるようになった。

〔コメント〕　日本司法支援センターは，法的な紛争を抱えた一般市民からの相談を電話（法テラス・サポートダイヤル）やメールで受け付けている。相談に対しては専門のオペレーターが対応し，紛争解決のための法制度や裁判手続を説明したり，弁護士会などの関係機関を紹介している。また，司法過疎対策として地域事務所を設け，スタッフ弁護士を常駐させている。詳細は，日本司法支援センターのウェブページ（https://www.houterasu.or.jp）を参照。

これらの弁護士は，高齢者，障害者の法律問題や，企業活動における法令遵守（コンプライアンス），契約書の作成・審査，外国企業との交渉などの開業弁護士がこれまであまり扱ってこなかった業務に従事している。弁護士の職域を拡大し，法律業務を市民生活に広く行き渡らせるうえで，重要な役割を果たすことが期待される。

〜〜〜〜〜〜〜〜〜〜〜〜〜〜〜〜〜〜〜〜〜〜〜〜〜〜〜

裁判を利用しやすくするために

これまでみたように，裁判制度にはいろいろな問題がある。読者のなかには，やはり裁判はしたくないと思った人もいるかもしれない。

　しかし，裁判制度がいつまでも現状のままだとは考えないでほしい。古代文明の時代から現代までの間に，裁判は大きく変わった。現在も，利用しやすい裁判を求めて各国でさまざまな試みが続けられている。その1例として，共通の原因から多数の少額の請求が生じているときには，それらをまとめて1つの訴えを提起できるようにするという提案がある。たとえば，独占禁止法に違反するカルテルによって多数の消費者が不当に高い商品を買わされた場合には，1人ひとりが訴えても費用倒れになるだけだが，損害の総額を1つの訴えで請求して勝訴すれば，弁護士報酬を払ったうえで，各人に損害賠償金を分配することができる。こうした訴訟は，アメリカ合衆国などではすでに認められている（**クラスアクション**という）。市民の利用しやすい裁判制度がわが国で実現するかどうかは，私たちの

態度いかんにかかっているといっても過言ではあるまい（コメント）。

3 紛争解決方法のいろいろ
●Alternative Dispute Resolution

裁判外の紛争解決

　紛争を解決する方法は，裁判に限られない。それどころか，紛争の多くは裁判以外の方法で解決されている。紛争のなかには，事実関係をめぐって当事者が鋭く対立していたり，裁判所による法の解釈が求められているものもあれば，事実に争いがなく，法律問題もわりあい単純なものもある。すべての紛争が裁判による解決を必要とするわけではない。かりに，紛争を解決する方法として裁判しか用意されていないとすれば，単純な事件について不必要な時間と費用がかかるだけでなく，裁判所は処理能力を超える事件を抱えて，機能不全を起こしてしまうだろう。裁判のほかに多様な紛争解決方法が存在していることで，

（コメント）　わが国では，2013年12月に「消費者の財産的被害の集団的な回復のための民事の裁判手続の特例に関する法律」（消費者裁判手続特例法）が制定され，消費者契約に関して相当多数の消費者に生じた財産的被害の回復を容易にするための裁判制度（被害回復裁判手続）が導入されている（2016年10月1日施行）。これは，内閣総理大臣の認定を受けた特定適格消費者団体が，事業者の消費者に対する金銭支払義務を確認する訴え（共通義務確認の訴え）を提起し，勝訴の結果が得られた場合には，被害を受けた個々の消費者から授権を受けて，事業者に対する金銭の支払請求権を簡易な裁判手続（簡易確定手続）を通じて実現する，という制度である。アメリカ合衆国のクラスアクションと異なり，被害を受けた消費者の授権が不要なのは共通義務確認の訴えの段階に限られており，制度発足後の提訴件数はわずかであった。利用しやすい制度にするために，2022年に消費者裁判手続特例法が改正されており，今後の利用状況が注目される。

それぞれの紛争に最も適した解決が可能になる。

　裁判以外の紛争解決方法は，英語では Alternative Dispute Resolution（代替的紛争解決方法），略して **ADR** という。2004 年には，**ADR 促進法**（裁判外紛争解決手続の利用の促進に関する法律）が制定され，ADR を利用しやすくするための方策がとられている。以下では，わが国の代表的な ADR についてみていくことにしよう。

| 和　　解 |

当事者間で話合いをして，お互いに譲れるところは譲り合って紛争を解決することを和解という。たとえば，交通事故の被害者 A 君と加害者 B 氏が話し合って，B 氏が即金で 10 万円を支払う代わりに，今後 A 君は B 氏に対して一切の請求をしない，という条件で解決する場合がこれにあたる。保険会社が加害者に代わって被害者と交渉し，和解をすることもある。これは，一般に**示談**（じだん）とよばれているが，当事者双方の譲歩が内容に含まれていれば，法律上は和解契約（民法 695 条）にあたる。

　和解契約が成立したあとで A 君に後遺症が発生した場合に，B 氏に対してその損害賠償を請求することはできるだろうか。和解契約で「今後一切の請求をしない」と定めた以上，請求できないようにみえるが，判例は，和解契約の当時予想できなかった損害については請求できると解している（最高裁 1968 年 3 月 15 日判決）。

　なお，薬害訴訟などでみられるように，訴えが提起されたあとで裁判所が和解勧告をすることがある。当事者が勧告を受け入れて裁判所において和解をした場合には，**訴訟上の和解**とよばれる。

| 調　停 |

　調停とは，第三者が仲介して当事者間に紛争解決の合意を成立させることをいう。わが国では，裁判所で行われる調停が重要な機能を果たしているといわれる。これには，**民事調停**と**家事調停**の区別がある。家事調停は，離婚事件などの家庭に関する事件について家庭裁判所が行う調停である。家庭事件を解決するには，いきなり裁判に持ち込まずに，まず家事調停を経ることになっている（これを**調停前置主義**という）。

　民事調停でも家事調停でも，原則として，裁判官と調停委員から構成される調停委員会が当事者双方の言い分を聞いて，解決案を提示する。調停委員は，法律家でない者を含む民間人のなかから選任される。

　このほか，民間の紛争解決機関が，紛争の当事者双方からの依頼を受けて，調停を行うこともある。そうした紛争解決機関のうち，ADR 促進法に定められた厳格な基準を満たしているものは，法務大臣の認証を受けることができる（コメント）。

| 仲　裁 |

　日常用語で仲裁というときは，第三者を介した紛争解決を指し，調停とあまり区別がつかない。しかし，法律上は，仲裁とは，当事者が第三者を仲裁人として選び，その裁定に従うという合意に基づいて紛争を解決する

（コメント）　法務大臣の認証を受けて活動している紛争解決機関は，2022 年 12 月 12 日現在で 168 ある。どのような紛争解決機関が認証を受けているかについては，法務省の「かいけつサポート」のウェブページ（https://www.moj.go.jp /KANBOU/ADR/index.html）を参照。

ことをいう。調停では，第三者の提示した解決案を受け入れるかどうかは当事者の自由であるのに対し，仲裁では，第三者の裁定に従うことがはじめから予定されているところが異なる。

　仲裁は，欧米では発達しているが，わが国ではあまり使われてこなかった。しかし，2003年には，**仲裁法**が制定されて，仲裁に関するルールが刷新された。国際取引をめぐる紛争やスポーツに関連する紛争を仲裁で解決することも行われるようになっている。

| 相　　談 |

法律問題にかかわるトラブルに遭遇したとき，第三者が相談に応じてくれて，場合によっては相手方に問い合わせて事実関係を調査してくれると，順調に解決できることがある。こうした相談のサービスを提供している機関としては，国民生活センターや交通事故紛争処理センターなどがある。このほか，地方自治体も相談窓口を開いている。

| ADRと裁判の関係 |

ADRには，裁判と比べて一般に迅速で費用がかからず，手続も簡便で，気軽に利用することができるなどのメリットがあるといわれている。裁判では，当事者の一方を勝者，他方を敗者と決めつける結果となるが，ADRにおいては，どちらも満足する柔軟な解決を導くことができる。人間関係をさらに悪化させずに，将来に向けた解決を示すこともできる。たとえば，不和になって離婚寸前の夫婦がいたとしよう。妻が，家庭が崩壊したのは夫が愛人をつくったからだといって離婚を求める裁判を起こした場合，裁判所は，妻の主張どおりの事実が

あるかどうかを調べて，離婚を認めるか否かを判断する。この過程でプライバシーが暴露され，夫も妻も名誉を傷つけられることがありうる。これに対して，家事調停では，夫婦のそれぞれに反省を促し，仲直りをさせることができる。それが不可能なときでも，過去のあやまちを非難しあうのではなく，今後の財産の分配や子どもの養育などの問題を解決したうえで，**調停離婚**（→第4章 *2*）を成立させることができる。

　しかし，ADRで完全に裁判の代わりをすることはできない。裁判では，訴えられることを承知していない者も相手にすることができ，確定した裁判には強制的に従わせることができるが，ADRにおいてはこうした強制力が弱い。それに，裁判の存在を抜きにしては，ADRも効果を発揮することができない。裁判になればどのような解決がなされるかを予想することができるからこそ，ADRにおいて当事者は歩み寄ることができる。争われている問題に関する裁判例がなく，解決の規準が不明確な場合には，どちらの当事者も裁判に持ち込めば自分に勝ち目があるかもしれないと期待し，譲歩することはむずかしい。裁判とADRとは，互いに補い合っていることに注意すべきである。

第7章　法学フラッシュ

法の世界は奥が深い　これまで，あまり法というものを意識してこなかった人たちも，この本を読み進んでいくうちに，自分の生活にずいぶん法がかかわっていることに気づいただろう。また，法が，人間関係をスムーズに維持することや，発生した問題を解決するために力になってくれることもわかったことだろう。しかし，個人と個人の関係を問うことだけでは解決のつかない事柄もある。法の世界は幅が広く，奥も深い。入り込んでいけばもっとさまざまな景色が見えてくる。

　「法学フラッシュ」では，その道案内として，法を学ぶ上での共通ルールを示し，さらに法の世界の全体像を断片的に切り取ってお見せしよう。本章を学ぶことによって，自分自身で法の世界のパノラマ写真を組み立て，また探検し残した法分野に入っていくためのパスポートを手にして欲しい。

⟦1⟧ 一般法と特別法

<table>
<tr><td>法規範の重複</td></tr>
</table>

A君は，就職も内定し，卒業まで残すところあと5ヵ月あまりとなったある日，アパートの貸主から，「子どもが引っ越してくることになったので3ヵ月以内に出ていってくれ」といわれた。4月から会社の寮に入居予定のA君としては，3月末までこのアパートに住んでいたいと思っている。

さて，A君はアパートの賃貸借契約の中で契約期間について取り決めていなかったので，貸主からの解約の申入れは，いつでもできるように思われるがどうであろうか。このような契約上の問題についてルールを定めているのは民法という法律である（→第1章）。そこで民法を見てみると，期間の定めのない賃貸借契約については，いつでも解約の申入れができることになっていて，建物の賃貸借の場合はこの申入れ後3ヵ月経過したら契約は終了することになっている（617条1項2号）。しかし，建物の賃貸借契約に関しては，別に借地借家法があり，建物の賃貸借については賃貸人が解約の申入れをした場合には，申入れの日から6ヵ月経過後に賃貸借契約が終了することを定めている（27条）。このように建物の賃貸借契約という1つの事柄について複数の法律が規制していることがある。

<table>
<tr><td>一般法と特別法の
効力関係</td></tr>
</table>

1つの問題について複数の法律が規定している場合，当事者各々が自分に都合のよいルールの適用を求めたのでは，問題の解決

ははかれない。そこで，これら複数の法律の間の効力関係や適用の優先順位を決めておかなければならない。その1つが「特別法は一般法に優先する」という原則である。たとえば，契約全体を規定する民法のように，ある事項の全体について一般的に適用される法をその事項についての「一般法」といい，これに対して，たとえば，借地借家法のようにその中の一部分（特定の人，事物，行為または地域）にだけ適用される法を「特別法」という。

　一般法と特別法の区別は相対的な関係で決定されるのであって絶対的なものではないが，個人と個人の間の日常生活の全般にわたって規定している民法は，一般法としての性格が強い。これに対し，現実にある社会的・経済的不平等を前に，社会的正義や公平を実現するため，特定の問題について民法の原則を修正する法律が生まれた。たとえば借地借家関係については借地借家法，消費者保護については特定商取引法・割賦販売法や消費者契約法，自動車事故については自動車損害賠償保障法，労働者保護については労働基準法や労働契約法などである。これらの法律は民法との関係では特別法となり，まず特別法が適用され，特別法に規定がないものについては一般法である民法が適用される。さらに，これらの法律でカバーできない問題について，たとえば労働問題について，男女雇用機会均等法の適用があり，これが労働基準法との関係で特別法となる。

② 判 例 法

先例の拘束力

私たちは，文章で示された**成文法**（法律，命令，規則，条例を含む）だけを法と考えがちだが，文章で表現されない**不文法**（慣習，判例法，条理）とよばれるものも法としての役割を果たしている。とくに，英米では判例法が法の中心的役割を果たし，すでに同じような事件についての判決があれば，これを先例とするよう裁判官を拘束する「**先例拘束性の原則**」が確立している。これに対し，日本では，裁判官は「憲法及び法律にのみ拘束され」（憲法 76 条 3 項），上級審の判決でもその事件以外では下級審を拘束しないため（裁判所法 4 条），先例拘束性の原則は制度的には確立していない。しかし，最高裁判所が自ら判例を変更するには大法廷（15 人の裁判官全員が担当する）を開かなければならず（裁判所法 10 条 3 号），最高裁判所の従来の判例に反する場合は，上告申立てあるいは上告受理申立てができる（刑事訴訟法 405 条，民事訴訟法 318 条）など，判例の変更には慎重な態度がとられ，この点では日本でも先例の拘束力は認められている。

裁判による法創造

具体的紛争解決の規準としての法の役割からみた場合，成文法は，抽象的・一般的であるため，紛争解決のためにはその意味内容を具体的に明らかにする必要がある。たとえば，夫 A が妻 B 以外の女性 C と同棲し，C と結婚するために B に対し離婚を請求したとしよう。この離婚請求が認められるためには，民法 770 条 1 項 5 号の定める「婚姻を継

続し難い重大な事由」が必要であるが，この表現は抽象的であるので，どのような事実がこれに該当するかを具体的に明らかにする必要がある。これが法の解釈という作業である（→**3**）。しかし，民法770条が制定されたときには，夫が愛人を作って夫婦関係を壊した上で，離婚を求めるというような事態は予定していなかったとも考えられる。そうなると夫Aの離婚請求については判断の規準となる制定法は存在しない（「**法の欠缺**」）ことになるが，これを理由に裁判官は紛争解決を放棄することができるかというと，それは認められない。民事事件について適用すべき制定法が存在しない場合，裁判官は，当該紛争について正義に適った合理的解決をもたらすような具体的裁判規準を自ら創造し，それに基づいて判決を下すことになる。このように裁判の規準となる法は，裁判を通じて法の解釈や法の欠缺補充によって創造され，後の紛争においても先例として解決の規準となる。

判例法の形式

すべての判決が判例としての役割を果たすわけではない。原則として，最高裁判所の判決であって，先例としての役割を果たしうるものだけが判例法となる。さらに，判決文全体が判例法となるのでもない。判決文は，結論である「主文」と結論に至るまでの法的判断の過程を説明する「理由」の部分に分かれ，この「理由」の部分の中で，結論を出すのに必要な法律論を示す部分（レイシオ・デシデンダイとよぶ）だけが判例となり，結論に直接結びつかない裁判官が一般論を述べた部分（傍論）は先例としての拘束力を原則としてもたない。

③ 法 の 解 釈

法律には特殊な専門用語（善意・悪意，無効，取消しなど）が使われていたり，一般的，抽象的に表現されていて（第三者，「婚姻を継続し難い重大な事由」など）条文を読んだだけでは何をいっているかわからないことが多い。したがって，制定法の意味内容を明らかにする作業＝法の解釈が必要となる。

　法の解釈は，文学作品の解釈とは違ってそれ自体が目的ではなく，法的紛争の解決のために必要とされるものである。つまり，裁判官は法を規準に紛争の解決をするわけだが，法の意味内容がわからなければ規準にしようがないので，法の解釈が必要になる。さらに，裁判官は，具体的紛争の規準となる制定法を見つけ，その解釈を行うだけではなく，たとえば内縁関係の一方的解消といった問題のように直接適用すべき制定法が見つからない場合（「法の欠缺」）には，当該紛争にかかわる制定法を間接的な手がかりとしたり，慣習法や判例法を探求すると同時に，法の一般原則や，正義，衡平に配慮して，自ら合理的な紛争解決の規準を作るべきとされており，このような法の欠缺を補充する作業も広く法の解釈に含まれる。

　　法解釈の方法 法の解釈をどのような方法で行えばよいかについては，いくつかの方法が考えられる。法の解釈は，まず制定法に使われている文字や文章の意味から出発する。法規の文字や文章の意味を，その言葉の使用法や文法の規則

に従って普通の常識的意味に理解するのが**文理解釈**である。しかし，ある条文は，それだけが独立して制定されるというものではないので，その条文が位置づけられている法律の領域（たとえば，民法なら契約，不法行為，婚姻，離婚）やその法律全体，さらには他の関係諸法規との関連も考慮して体系的に理解する**論理解釈**も必要になる。この法規の体系的関連を明らかにするためには，法の目的を考慮する必要があり，法規自体の目的，基本思想あるいは法規の適用対象である社会生活の要求などを考慮しながら，それらと合うように法規の意味内容を理解する**目的論的解釈**が行われる。他方，制定法の意味や目的については，制定当時に立法者や法案起草者が見解を明らかにしている場合がある。これを参考にして，法規の歴史的意味内容を明らかにするのが**歴史的解釈**である。歴史的解釈は法解釈の基礎作業として不可欠であるが，立法者が意図していた結果とは異なる事態が発生することもあれば，制定後年月が経って社会経済的条件や価値観が変化することもあり，歴史的解釈に拘束されたのでは不合理な結果が生じることもありうる。

このように法の解釈は一般には，文理・論理解釈や立法者意思を明らかにすることによって行われるが，同じ条文について複数の解釈が主張されることがある。ある法規について複数の解釈が可能な場合に，どの解釈を選択すべきかは実は困難な問題であるが，ある解釈をとることによってどのような利益がどう保護され，別の利益がどう後退させられるかを分析し，これを他の解釈をとった場合と比較してどちらの解釈をとったほうがよいかを価値判断によって決定するほかないとされている。

4 公法と私法

区別の登場　制定法の中にも，個人と個人の生活関係に関する私法とよばれる法分野と，国家と国民の関係に関する公法とよばれる法分野がある。公法と私法の分類は歴史的なもので，この区別が確立されたのは個人の独立性を認める近代市民社会の成立によってである。しかし，さらに法が発展する中で，現代では，公法と私法の融合という現象も見られる。近代以前の社会で人の生活関係を規定していたのは身分であり，たとえば，農民が田畑を耕し農作物を作るというのも，領主との身分関係に基づき土地の利用が認められていたからにすぎず，農民の自由意思に基づくものではない。個人の生活は国家と切り離してとらえることはできず，私法は公法と一体化していた。封建的身分制社会を否定して登場した近代社会は，個人の独立性を承認した。個人の生活関係は個人の自由意思にまかせ，国家の干渉を排除した。これにより，個人間の生活関係を規律する私法の活躍の場が生まれた。

公法と私法の原理　公法は国家と国民の公的関係を規制し，憲法，行政法，刑法，訴訟法などがこれに含まれ，私法は個人と個人の私的関係を規制し，民法，商法などがこれに含まれる。公法と私法の区別はそれぞれの原理が異なることに基づくものである。近代社会は人の身分を否定し，個人の独立と平等を前提とする。個人と個人の関係では力関係に差はないのであるから，国家はこれに干渉せず，当事者の自治にまかせたほうがよい。

そこで私法は「私的自治」を原則とし，個人意思の自由に基づく「契約の自由」を認め，一方で個人の自由な経済活動の結果取得したものに対して「所有権の絶対」を認め，他方で，自由な経済活動の結果に対する責任については「過失責任の原則」を採用する。私法の役割としては，個人相互間の利害の調整といった法の機能が重視される。これに対し，国家と国民の関係は，国家が圧倒的に強力で，対等な関係ではない。ここでの法の役割は国民の権利を保障すること，つまり「基本的人権の保障」と，国家が不当に権力を行使することのないよう国家権力をコントロールすること，つまり統治権の枠組みを定めることである。

| 公法と私法の融合 | 私法の原理は，自分の稼ぎを自分のものにすることは保障するが，自分の稼ぎと他人 |

の稼ぎが等しくなることまでは保障していない。資本主義社会が進むにつれて，経済的格差はますます広がった。ここでの私法の原理の強調は，経済力をもっている者にのみ利益をもたらすことになり，経済力のない者にとっては自由を奪われることになる。そこで，個人と個人の関係についても，国家が当事者間に実質的な平等を保障するために積極的に介入することが必要とされる。個人と個人の関係であっても経済的力関係に基づく立場の違いがある場合（たとえば「使用者」と「労働者」，「事業者」と「消費者」）には，私的自治に基づく私法の原理に代わって，国家による「生存権の保障」（→🔢）や「実質的平等」の実現のための規制が登場した。このような法分野が「**社会法**」とよばれ，労働法，経済法，社会保障法などがある。

⑤　民事責任と刑事責任

> **法的責任の分化**

たとえば，夕方バイクでバイト先に急いで向かう途中，死亡事故を起こしたとしよう。

この場合の法的責任には民事，刑事，行政といった複数の責任が考えられるが，どうして複数の責任が発生するのだろうか。古く個人が独立性を認められておらず，国王や領主の支配に属していた時代には，個人の行動に対する法的責任の追及は，社会秩序の維持のための刑罰によって行われた。したがって，借金を返さなかったり，夫のいる女性と恋に落ちたりした場合といった，本来個人間の関係で発生する問題も刑罰の対象とされることがあった。これに対し，個人の独立性を前提とする近代社会では，個人間の問題と個人対国家の問題は区別して考えられるので，個人間では私的利益の調整に基づく民事責任の追及が，刑事責任の追及とは別に行われる。死亡事故という1つの問題についても，被害者と加害者との間での民事責任と，人を死なせたことに対する国家による刑事責任の追及が行われる。さらに，車の運転は，国の免許制度に基づいて行われているので，免許の取消し・停止といった行政上の処分も行われる。

> **民事責任**

個人が社会生活の中で他人に損害を与えた場合，損害の賠償義務を負わせるのが民事責任である。つまり，民事責任は受けた損害をカバー（塡補）することを目的とする。しかし，私たちの行動が思いもかけず他人に損害を与えることはしばしばある。このすべての損害に対して賠償義

務を負うべきとされたら，私たちは自由な活動はできない。そこで，どのような場合に賠償義務を負うべきかを予測可能にしておく必要がある。そうすれば法的責任の発生を回避する行動をとることもできる。したがって，他人の権利を侵害し損害を与えた場合に，損害賠償の責任を負うのは「故意または過失」がある場合に限られるという「過失責任の原則」を採用した（→第2章 *1*）。

刑事責任 犯罪行為を行った個人に対し国家が刑罰を与えるのが刑事責任である。国家と国民の関係では国家のほうが強大な力をもっているため，個人の人権の保障に配慮しなければならない。そのため何が犯罪として刑罰の対象となるかはあらかじめ法律によって定まっていなければならず（「**罪刑法定主義**」），法律の定める手続によらなければ刑罰を科することはできない（「**デュープロセス（適正手続）**」）。刑罰には，犯罪という悪行に対する「応報」という面と，犯罪予防による社会秩序維持の目的に奉仕するという面がある。また，犯罪といえるためには，人の生命・身体・自由・財産等といった法益を侵害し脅威を与える違法な行為であって，しかも，処罰に値する違法性を備えている必要がある（軽微な違法行為は除かれる）。また処罰するためには違法な行為を行った者に有責性が必要である。通常，違法な行為をあえて行った（故意がある）場合に処罰されるが，重大な結果の発生するような場合には，注意義務に違反した（過失がある）行為についても処罰されることがある。交通事故によって不注意で人を死なせた場合には過失運転致死罪（自動車運転致死傷法5条）に問われる。

⑥ 憲法と私たちの生活

国の基本法＝憲法

この本では，個人と個人の関係を中心とした法的ルールを学んでいる。他方，満18歳になれば選挙権が認められ（公職選挙法9条），国政にも参加することになり，選挙を通じて，個人が国家とつながることになる。ただ，私たちの生活は，国家との関係をそれほど意識せずに，個人と個人の関係を中心に動いていて，対等で自由な個人間の関係を前提とするルールさえあれば，個人の幸福は実現するとも思えるだろう。しかし，現実には，個人にまかせておくだけでは，対等で自由な関係を作り出すことは難しく，個人を超える強い権力として，国家というしくみが必要となる。ただし，強い権力をもつ国家がそれを濫用することがないように注意しておく必要もある。このためのしくみが権力分立制であり，国家の政治運営の最終的決定権は国民にあるとする国民主権の考え方である。このような国家の基本となる組織・構造や役割について定めているのが憲法で，憲法は国家の根本法といえる。

　日本国憲法も，**国民主権，基本的人権の保障，平和主義**の3つの原理を定め，日本の法秩序全体の基本法となっている。たとえば，日本国憲法の定める基本的人権の保障の中には，個人の平等や自由の保障が含まれ，これが，私たち個人間の生活関係では，私的自治や契約についての法原則として民法の中に具体化され，個人の自由を侵害する行為については，犯罪（殺人，傷害，強盗など）として処罰することが刑法により定められている。

| 違憲審査制 | 憲法は，根本法であり，その他の法（法律，命令，条例等）より強い効力をもち，**最高** |

法規性が定められている（98条）。したがって，憲法に違反する法律は効力をもたないことになっている。憲法に違反する法律の制定は避けられるべきであるが，制定された法律が憲法に違反する疑いがあるということは起こりうる。その場合，ただちにその法律が効力を失うわけではない。法律が憲法に違反するかを判断した上で，その効力を決定する手続が必要である。これが裁判所による違憲審査制である（81条）。つまり，裁判所は法律等が憲法の保障する権利，自由を侵害するような内容のものであれば，その法律を違憲と判断することによって適用を排除し，憲法の定める基本的人権の実現を保障している。ただし，日本の違憲審査制は，アメリカ合衆国の制度の流れをくむもので，法律などが憲法に違反するかどうかについては，具体的紛争が発生した場合に，通常の裁判所がその紛争解決のために必要な限度で判断を行うものと考えられている。さらに，日本では，憲法判断が避けられる傾向もあり，違憲審査権の行使には消極的立場がとられているとされる。最高裁判所が当該法令の規定そのものを違憲と判断した事例は，尊属殺重罰規定（1973年4月4日判決），薬局距離制限規定（1975年4月30日判決），在外日本国民選挙権制限規定（2005年9月14日判決）に関するものなど数少ないが，その後の国籍法3条1項に関する違憲判断（2008年6月4日判決）は，国籍法改正を促し，非嫡出子の相続分差別規定（民法旧900条4号ただし書前段）に関する違憲判断（2013年9月4日決定）は，民法改正を促した。

7 自己決定権

ずいぶん前のことになるが，某大学で，ジーンズをはいた女子学生が講義に出席したところ，先生から出席を拒否された事件が話題になったことがある。思い思いの服装や髪型をした学生であふれる大学のキャンパスで過ごしている現在の大学生には考えられないことであろう。どんな服装・髪型をするかは個人にとって重要な問題で，出かける前にヘアー・スタイルが決まらないときは気分が落ち込むことだってある。まさに，服装や髪型はその人の個性や人柄の表れであり，個人が自由に決定すべきものだ。しかし，中学生や高校生に目を転じてみれば，服装や髪型について校則で細かに規制している学校もある。たとえば，下着の色の指定，黒髪強要，丸刈強制といった内容である。もし，服装や髪型は個人が自由に決定すべきであるとしたら，これを規制することは許されるだろうか。また，大学生と中学生・高校生では事情が異なるのだろうか。

自己決定権とは

自己決定権とはどのような権利だろうか。憲法上，明示されてはいないけれど，13条が定める個人の幸福追求権は，「自分の私的な事柄について自由に決定できる」という自己決定権を当然含んでいると考えられている。それでは，どのような事柄について自ら決定できるのだろうか。①自分の生命・身体の処分にかかわること（たとえば，延命拒否，尊厳死，臓器移植など），②家族の形成・維持にかかわること（たとえば，

結婚相手の選択や結婚自体，婚姻の解消である離婚），③リプロダクションにかかわること（たとえば，妊娠，避妊，出産，中絶など），④その他のことで個人のライフ・スタイルや趣味，スポーツに関すること（たとえば，服装・髪型，登山，喫煙，飲酒など）である。しかし，④の中で，個人の人格と結びつかない事柄についても自己決定権を認めるかどうかについては考え方が分かれている。服装・髪型，喫煙，飲酒といった事柄は人格的生存にとって不可欠とはいえないので，これらについての自由を自己決定権には含めないという考え方もあるが，このような制限をすべきでないとの考え方も強い。

自己決定権は制限を受けるか

　自己決定権といっても，他人の権利や利益を侵害することまで認められているわけではない。親が宗教上の理由で子どもに輸血をすることを拒否することや，バイクに乗るのが好きだからといって，制限速度を超えたハイスピードで走ったり，暴走行為をしたりすることまで許されるわけではない。しかし，他人に危害を加えること以外に制限はないだろうか。他人に対する危害ではなく，自分に対して危害を加える行為，たとえば，自ら生命を絶つ自殺や，不治の病気に苦しむ患者が積極的に死を選ぶこと（積極的安楽死）についても許されないと考えられている。また，判断能力が十分ではない者，たとえば未成年者の自己決定権についても制限がある。しかし，未成年者に対して成年者と異なる制限が許されるには，判断能力が明らかに不十分で，制限することによる利益が自由を失うことによる不利益を上回ることが必要である。

8 プライバシー権

プライバシーの保護

　　　　　　学生寮が個室化するようになって久しく，
いわゆる相部屋での学生生活というのは姿
を消しつつあるのではないだろうか。個室の子ども部屋で育ち，親
が無断で部屋に入ろうものなら，「プライバシーの侵害だ」と主張
する世代にとっては，相部屋ではいわゆる「1人でほっておかれる
権利」としてのプライバシーの尊重にはほど遠いということになる
であろう。ただし，「1人でほっておかれる」といっても，独居し
て，完全非公開にするということではない。友人を自室に招いたり，
自室の写真を SNS 上に掲載することだってある。しかし，友人が
勝手に部屋の内部を写真にとって，友人の SNS 上で「A さんの 1
日」としてコメントと一緒に紹介したらどうだろう。自分の生活に
関する情報を友人であっても無断で公開することは許せない。私生
活には侵入されたくないし，自分に関する情報をどこまで，誰に開
示するかは自分で決めたい。それでは，プライバシーの保護とはど
のような内容かだが，法律にはプライバシー権についての直接的規
定はない。

プライバシー権

　　　　　　もともとプライバシー権はアメリカで認め
られはじめたもので，名誉の侵害とは別に，
精神的平穏さという独立した利益の侵害に対して保護するために主
張された。日本ではじめてプライバシー権を認めた，有名な「宴の
あと」事件についての東京地方裁判所 1964 年 9 月 28 日判決では，

プライバシー権とは，「私生活をみだりに公開されないという法的保障ないし権利」として人格権の1つであることを認めた。これは，人間には，他人から観察，干渉されない物理的および精神的生活領域があるという考え方に立つ。さらに，IT 社会の中で，インターネット上に私たちの個人情報が収集蓄積され，勝手に利用されるかもしれないという不安が高まり，個人情報の保護が必要となる（→⑭）。そこで，自己情報は本来情報主体が管理すべきとの考え方に立ち，情報主体が自己の情報を閲覧・訂正する権利をプライバシー権の中心に据える考え方が登場した。これを「自己情報コントロール権としてのプライバシー権」という。このように「データ保護」も視野に入れた新しいプライバシー権が主張されたが，すべての個人情報がプライバシー権の対象となるわけではない（→⑨）。判例では，保護の対象を，他人に「知られたくない」自己情報に限定する傾向がある。

| 救済手段 | プライバシーが侵害された場合には，精神的苦痛に対する賠償として慰謝料請求が認め |

られる（民法710条）。さらに，名誉毀損については名誉回復の方法として謝罪広告が認められている（723条）が，プライバシーの侵害についても謝罪広告を認める判決もある。また，いったん私生活が公表されれば，プライバシー権の回復は困難なので，事前に公表を差し止めることや誤情報の抹消・訂正を求めることができないかが問題となる。プライバシーや名誉といった人格権に基づいて，差止めや不正確な情報の訂正または削除を認める判決も登場した。

⑨ 個人情報の保護

――――――――
個人情報の収集・利用
――――――――

社会生活の中で，私たちは自分の情報を他人にある程度開示している。たとえば，サークル内で，氏名，住所，電話番号，メールアドレスなどをメンバー間で公開する。私たちが開示する自己情報には，個人を識別する索引情報（氏名，住所，電話番号など）だけではなく，家族情報，健康情報，職業，収入や趣味に関するものまで実にさまざまなものがある。これら自己情報の開示・収集によって，サークル活動が活発になったり，企業などから自分のニーズにあった商品情報が送られれば便利ではある。しかし，個人情報の大量高速解析や検索・集中・結合が容易になっている現在では，自分の意に反する情報の流出・利用の危険，たとえば，健康診断の結果 HIV 感染の事実を医師が会社に連絡し，会社に解雇されるといった問題も生じている。さらに，国や地方自治体も戸籍・住民基本台帳をはじめとする行政帳簿により網羅的包括的に個人情報を収集・利用しているため，これらによるプライバシー侵害の懸念はよりいっそう強くなる（→⑧，⑭）。

――――――――
個人情報保護法の制定
――――――――

行政機関がコンピューター処理した個人情報保護に関しては，「行政機関電算機個人情報保護法」（1988 年）が成立していたが，民間部門による個人情報保護は自主規制にまかされていた。しかし，民間分野でも高度情報通信社会の進展，電子商取引の普及などにより個人情報の利用が著しく拡大し，さらに，国際的な個人情報の流通に対して，十分な

レベルでの個人情報保護措置を確保すべきとの国際的要請（1995年EC指令）があった。また，1999年に住民基本台帳ネットワークシステムが構築されたことで，行政情報を民間が利用することに対して個人情報保護の必要性がいっそう強まった。そこで，2003年に「**個人情報保護法**」（2005年4月全面施行）が制定され，官民両部門を含む個人情報保護の基本理念と，民間部門についてはじめて個人情報の適正な取扱いに関するルールが定められた。

個人情報保護法の改正　個人情報保護法の制定以降，2013年5月には，いわゆる「マイナンバー法」（2015年10月から実施）が制定され，さらに，情報通信技術の進展により，膨大なパーソナルデータが収集・分析される，いわゆるビッグデータ時代を迎えていた（→⑭）。こうした状況を受けて，個人情報の保護と適切な規律のもとで利用を図る必要性を考慮し，2015年9月に個人情報保護法の改正が行われたが，3年ごとに実態に見合った法律の見直しが盛り込まれた。

　これを踏まえ，2020年6月12日に改正が行われた（「デジタル社会の形成」に関する施策の実施のため，2021年にも，改正が行われた）。改正は，個人情報に対する意識の高まり，技術革新を踏まえた保護と利活用のバランス，越境データの流通増大に伴う新たなリスクへの対応の観点から行われた。改正により，個人の権利保護の点で，利用停止・消去などの個人の請求権が認められる範囲が拡大した。AI・ビッグデータ時代を迎え，本人の予測可能な範囲内で個人情報の適正な利用がなされるよう，環境整備が必要とされる。

⑩　男女の平等

男女平等とは

憲法が保障する男女の平等を考えるとき，「男性と女性は違うのだから男女を同じに扱うわけにはいかない」という主張が，現在でも男女を問わず広く聞かれる。このような主張は，男性と女性ではどのような点が違うのか，それに基づいてどのような差別が許されるのかといったことを詰めた上で行われるわけではなく，かなり漠然とした主張ではあるが，非常に根強く男女平等の実現を妨げてきた最大の原因である。確かに，法の下の平等の意味は，すべての人をその属性や事情を無視して絶対的に同じに扱う絶対的平等ではなく，各人の属性や事情の違いを考慮に入れた上で，「等しきものは等しく，異なるものは異なるように」扱う**相対的平等**であると考えられている。したがって，異なる扱いをすることも合理性があるなら許される。

性差と法的平等

男女間に明らかな違い（＝性差。女性のみが妊娠・出産するといった生物学的差）があることは事実である。古くから，男女の生物学的違いを前提にし，女性の特性（女性の能力や教育の欠如，女性特有の性格）や役割が男性とは異なるという理由で，男女に対する異なる扱いが合理的とされてきた。このような男女の特性や役割の違いを考慮して男女の平等をはかる考え方は**機能平等論**とよばれ，このような立場からは家庭責任をもつ女性の保護は当然とされた。たとえば，働く女性については，時間外労働や休日労働の制限，深夜労働，危険有害業務の禁止

など男性労働者にはない保護規定が労働基準法に定められていた。しかし，機能平等論については見直しが必要とされる。なぜなら女性固有の特性や役割とされているものも社会的に形成され強制されたもの（社会的・文化的性差＝ジェンダー）にすぎず，合理的根拠はないことが明らかにされてきているからである。とくに，男女平等論の見直しに大きな影響を与えたのが，1979年に採択された国連の**女子差別撤廃条約**であり，これによって妊娠・出産といった生物学的性差以外の差異に基づいて男女に異なる扱いをすることは差別であることが明確にされた。日本でも，これまでの女性に対する労働保護がかえって女性の雇用の場への進出を阻む理由に利用されてきたことを考慮して，「**男女雇用機会均等法**」（以下，「均等法」）の成立と同時に，労働基準法の女性の労働保護が大幅に見直された。

法的平等と事実上の平等

法律上男女を平等に扱えば現実に男女平等は実現するであろうか。日本社会では男女の性別役割分業がかなり強固に確立されている実態から，法律上の男女平等が実現したからといって事実上の不平等は解消しない。男女平等の実現のためには，事実上の不平等解消のための積極的手段をとらなければならず，差別を是正する必要がある。その1つとして，雇用の面での女性に対する差別を是正するために均等法が1985年成立し（1986年4月施行），募集・採用から定年までの女性の雇用の全段階での差別の解消が定められた。ただし，この段階では募集・採用，配置・昇進については事業主の努力義務にとどまったため，均等法制定後も雇用の面での差別の解

消には未だ遠く，その後，幾度か改正された。1997 年の均等法改正では（主たる規定は 1999 年 4 月施行），募集・採用，配置・昇進についての差別の禁止，セクシュアル・ハラスメントの防止などのほか，**ポジティブ・アクション**に対する国の援助が定められた。均等法によって雇用上の差別を禁止するだけでは男女労働者の間にある事実上の差別の解消に十分ではないことから，企業が固定的な男女の役割分担意識を見直し，職種による男女の偏りや，女性が配置されていない部門の解消，女性の管理職への登用を進めるといった積極的取組みを行う必要がある。ポジティブ・アクションは事実上の差別の解消のために企業が進める積極的取組みのことであり，国は企業の取組みを支援することになった。2006 年均等法改正では，男性に対する差別の禁止も定められ，女性向きの仕事として男性を採用しないといったことも禁止され，また，事実上女性を排除することにつながる「間接差別」，たとえば，昇進の条件に転勤の経験があることを要求することも禁止対象となった。

**男女共同参画社会
基本法の成立**

1946 年制定の日本国憲法で，個人の尊重と男女の平等がうたわれてから半世紀以上も経っているのに，政治的・社会的・経済的な面で男女平等が実現しているかといえば，必ずしもそうはいえない状況にある。とくに，政策決定の場への女性の参加は少なく，男女平等の観点に立った政策実現に向けての力が弱かった。また，性別役割分業意識や，それに基づく社会システム・慣行は根強く存在し，これらを改めるには男女平等を実現するための総合的な基本

法が必要とされ，1999年6月「**男女共同参画社会基本法**」が成立した。この法律は，「男女共同参画社会の形成は，男女の個人としての尊厳が重んぜられること，男女が性別による差別的取扱いを受けないこと，男女が個人として能力を発揮する機会が確保されることその他の男女の人権が尊重されることを旨として，行われなければならない」(3条) と定め，国や地方自治体に男女共同参画社会の形成を促進するための積極的施策をとることを求めている。

ジェンダーと法 社会的・文化的性差＝ジェンダーも，男女の不平等や個人の人権，とりわけ女性の人権の侵害の理由とされることがある。とくに，「主たる稼ぎ手である男性とこれに経済的に依存せざるをえない女性」という性別役割分業に基づくジェンダー像はさまざまな法制度や法の解釈に影響を与えてきた。たとえば，社会保障制度や税制上の専業主婦の優遇措置といわれるものである。さらに，夫婦間で妻を夫に対する従属的依存的立場と考えることが，夫による暴力の容認につながることもある。そこで，ジェンダーの視点を含めた法制度の見直しや個人の尊重のための新しい立法が必要となる。たとえば，2001年に「配偶者からの暴力の防止及び被害者の保護等に関する法律」(DV防止法) が成立し，配偶者からの暴力の根絶が，男女間の長い間の不平等や，女性の人権侵害を解消するために不可欠であることを示した。しかし，国際社会における男女格差を測るジェンダー・ギャップ指数 (Gender Gap Index：GGI。経済，教育，健康，政治の4つの分野のデータから作成) を見ると，2022年では，日本は146ヵ国中，116位

にとどまり，今後もジェンダー平等に向けての施策が必要である。

男女を「超えた」平等へ　「男性は仕事に，女性は家庭に」という固定的な性別役割分業の考え方を前提とする法制度や社会システムは，女性に対してのみ差別や不利益をもたらしていたわけではない。女性と共に社会を形作っている男性にとっての差別や不利益を見えなくする原因ともなっていた。

「男性は一家の大黒柱として，家族を養う」といったステレオタイプの考え方は，これと異なる生き方や役割を選択している男性，たとえば，妻が仕事をし，夫が家事育児を引き受けていたような場合，生計を維持していた配偶者が死亡したときに認められる遺族年金について，遺族が「夫」である場合は「妻」の場合より要件が厳しい（厚生年金法59条1項1号）という，法的不利益にあらわれている。さらに，「容貌・外見は男性にとって重要ではない」といった考えが，従来，労災補償について，業務によって容貌に損害を受けた男性の損害額に関して女性との間で差別があり，女性と同じように「外貌に著しい醜状を残す」損害を受けた場合でも，男性の場合の障害の程度は低く位置づけられ，女性よりも補償額についてかなり不利益を受けていた。この点は，ようやく2011年2月に差別的取扱いが改められた。

男・女に関する差別や不利益は，「マジョリティ」を前提とする法制度や社会システムの問題であるから，さまざまな「マイノリティ」が受けている差別や不利益の問題にも目を向ける必要がある。

11　生存権の保障

国家の役割

　　　　　　　　「衣食足りて礼節を知る」という言葉もあ
　　　　　　　　り，普通の人間である私たちには，食うや
食わずの生活の中で尊厳のある生き方をしようとしてもできない相
談である。個人の尊重は，人間らしい生活が保障されることが前提
となる。私たちに人たるに値する生活をすることを権利として保障
するのが生存権という考え方であり，憲法 25 条は，「すべて国民は，
健康で文化的な最低限度の生活を営む権利を有する」と定めている。
しかも人間らしい生活をするためには，国家の積極的関与を必要と
するところに生存権の特徴がある。生存権が現代的権利とよばれる
のもここに原因があり，国家の役割についての大きな転換をもたら
した。これまでの法の役割は資本主義に基づく経済的発展を促すた
めに経済的自由を中心とする個人の自由を保障することにあり，国
家の役割も自由を侵害する行為を排除するといった治安維持などの
消極的役割に限定されていた（このような国家を**消極国家・夜警国家**な
どとよぶ）。ここでは，私たちの幸福は自立した個人の自由活動によ
る個人的努力によって獲得できるものと信じられていた。しかし，
その後の資本主義社会の発展は多数の人々の失業や貧困といった弊
害をもたらし，このような社会問題の解決なしには秩序の維持も個
人の幸福の達成も実現できない。そこで国家は国民の社会・経済生
活に積極的に介入し，貧困の解決や社会的緊張の緩和に努めるとい
う積極的役割を果たすことが必要となった（このような国家を**積極国
家・社会国家**などとよぶ）。つまり，自立した自由で平等な個人といっ

ても，私たちは現実には貧富の差があることや，精神的・肉体的ハンディキャップを負った人，幼い子どもや高齢者といったさまざまな人間がいることを知っている。法もこうした具体的人間像を前提として，すべての人に人間らしい生活を保障するために国家が積極的に関与することを認め，私たちに自由や平等・個人の尊重を実現するための条件整備を行おうとしたのである。

生存権とは

憲法の保障する「生存権」は，生活困窮者や援助を必要とする者に対して国家が積極的に関与して保護をはかることから出発したもので，救貧的性格をもつものである。しかし，私たちは，現在は安定した生活を送っていてもいつ病気や失業などにより生活に困ったり援助を必要としたりする状態になるかは予測し難いのであり，人間誰しも老齢の時期を迎えるものであるから，生存権の保障は防貧的性格をもつものも含めて，国民のすべての生活の面で「社会福祉，社会保障及び公衆衛生の向上及び増進」に国が積極的に関与することを必要とする。そこで，憲法25条は国民の権利を保障し，国の法的義務を定めたもの（「法的権利説」）と考えられ，それを実施する法律によって，権利の具体化がはかられる。この生存権の保障を具体的に実現するのが，国の社会保障制度であり，3つのしくみがある。第1は，私たちが老齢，病気，失業等によって生活できなくなることに備えて，あらかじめ保険料を支払うことによって，そのときが来たらサービスや金銭を受け取るというもので，社会保険という。これには，医療保険・介護保険・雇用保険・年金などが含まれる。第2は，生活

困窮者に対して，全面的に国の責任で金銭やサービスの給付を行うもので，公的扶助（生活保護）という。第3は，子どもや障害者，高齢者などの生活上の必要に応じるために，サービスや金銭の給付を国の責任で行うもので，社会福祉という。これには，障害者福祉・児童福祉・児童手当・高齢者福祉などがある。

| 公的扶助──生活保護 |

生活に困窮すれば誰でも，特別な条件なしに（「無差別平等の原理」），国（福祉事務所）に対して経済的援助（生活保護）を要求することができる。私たちが人間としての尊厳をもって自立的・主体的に生きていくためには，「健康で文化的な最低限度の生活水準」が保障されなければならないからである。何が「健康で文化的な最低限度の生活水準」かは，それぞれの時代で社会状況に応じて具体的に決定されることになるが（毎年「生活保護基準」が決定される），この点が裁判で争われたのが朝日訴訟である（最高裁大法廷1967年5月24日判決）。また，生活保護法には，「**保護の補足性**」が定められている。これは，第1に，自己責任を前提に，自分の資産・能力を活用して生活を維持すべきことが要件となっている。つまり，資産や能力のある者は，生活保護の受給が認められないことになり，たとえば保有が認められていない資産をもっていると処分して生活費にあてるように指導されたり，受給を取り消された事例が，問題として指摘されることもある。第2に，民法上の親族扶養義務や他の法律による援助がまず優先して行われるべきとされる。したがって，扶養義務を負っている親族がいれば，まずその親族が経済的援助をすべきで，そのような親族

がいない場合にのみ，生活保護の請求ができることになる。しかし，家族関係が変化し，国民の扶養の実態も変化していることを生活保護の運用においても考慮すべきである（→第4章**4**）。

| 年　金 |

今は若くて経済的な心配はなくても，高齢になり収入を失う可能性（リスク）は誰にでもあり，どのくらい長生きするかはわからないけれど，このリスクは長期化することになる。そこで，65歳以上の高齢者に長期（一生涯）にわたる所得を保障しようとするのが老齢年金（その他の年金に障害年金・遺族年金がある）である。老齢年金には，年金制度の基礎部分にあたる国民年金（いわゆる1階部分）への加入を前提として支払われる老齢基礎年金と勤めている人が加入する厚生年金（いわゆる2階部分）から支払われる老齢厚生年金がある。国民年金には，日本に住所のある人は誰でも20歳になれば加入し，保険料を支払わなければならない。全面的に国の負担となる生活保護と違って，年金は主に保険料が財源となっている（一部公的負担や事業者負担が加わる）。これは多くの人が迎える高齢期の長期にわたる所得保障をすべて国の税収によりまかなうことは困難だからである。そこで，高齢期の所得の減少というリスクを負うすべての人に保険料を負担してもらい，現にリスクに見舞われている人を助け合うという，相互扶助や社会的連帯（世代間）の原理に基づいた社会保険の制度として年金制度が維持されている。高齢社会を迎えた現在，保険料負担と給付の均衡をいかにはかるかが重要な課題となっている。

⑫　裁判を受ける権利

⑫　裁判を受ける権利

私たちと裁判

宮澤賢治の有名な「雨ニモ負ケズ」という詩の中に「北ニケンカヤ訴訟ガアレバ／ツマラナイカラヤメロト言イ」という一節がある。私たちの中にも同じように考える人はいるだろう。1985 年の日弁連の調査でも多くの人が「よほどのことでない限り裁判はしたくない」と答え，裁判回避傾向を示していた。これは，裁判が馴染みのない制度だからであろうか。実は裁判は法より古い歴史をもつといわれている。私たちの生活の中では紛争の発生は避けられず，発生した紛争をそのまま放置するわけにもいかないので，権威ある第三者に紛争の解決をゆだねるということは古くから行われ，このような紛争解決の過程で判断規準として示されたものが一般的ルールとなり法としての効力を認められるに至るという経過をたどったのである。

　日本でも古くから紛争を解決する裁判というものは存在したが，伝統的なイエ・ムラ的社会関係では，共同体の利益や「和」が尊重され，紛争はこれを壊す悪いことと考えられ，できるだけ内部的に処理することが好まれた。それでも解決できない場合に，「恐れながら」と「お上」に訴えるが，そこで行われる裁判もルールに従った解決よりも，有名な「大岡裁き」（→ *Column* ㉚）のように，義理人情を考慮して妥当な結論を導くほうが好まれた。しかし，明治以降ヨーロッパの近代的裁判制度にならって日本に導入された裁判制度は少し違っていた。近代的裁判は一定のルールや手続に従って，当事者間での権利義務の存否や法的責任の有無をはっきりさせるも

のである。このようなしくみが日本の伝統的な紛争解決方法とは異なっていることが，私たちが裁判を利用したがらない原因とも考えられる。たとえば，裁判以外の紛争解決の方法として認められている調停（→第6章 *3*）は，当事者の合意を中心に「条理に適い実情に即した解決」をはかるもので，日本では裁判より好まれることもこれを裏づけている。つまり，現在の裁判のしくみが日本人の法文化に合わないのではないかということである。しかし，私たちが裁判を避けるのはこの理由からだけではない。私たちの中には裁判に対して「お金がかかる」「時間がかかる」というイメージを抱く者も多い。実際に，訴訟費用や弁護士費用を負担して時間をかけても確実に勝訴する見込みがあるわけではないとしたら，裁判はやめておこうと考えるのも無理はない。したがって，裁判回避傾向については裁判の現状にも問題があり，改善の必要性が指摘されていた。そこで，1999年から司法制度改革が進められ，国民がより利用しやすい裁判制度の実現に向けた具体化がはかられてきた（→第6章 *2*）。

|　裁判を受ける権利　| 殴られてけがをしたとか，貸したお金を返してもらえないといったもめごとが起きたとき，一定のルールや手続に従って，当事者の法的責任の有無（処罰に値するか，損害賠償をすべきか）や権利義務の存否（返済請求ができるか）を判断することによって紛争を解決するのが裁判である。犯罪として処罰すべきかどうかという刑事責任を明らかにするのが**刑事裁判**で，当事者間での民事責任や権利義務関係を明らかにする

のが**民事裁判**である。そのほかに，国や地方自治体の行政処分や決定（原子力発電所の設置に対する国の許可等）を争う**行政裁判**もある。

とくに，刑事責任の追及には必ず刑事裁判手続が必要である。国が刑罰を科するにあたっては，被告人となった個人の人権を尊重し，公正な裁判を受ける権利が保障されなければならない。そのためには，国家権力から独立した機関である裁判所（「**司法権の独立**」憲法76条）の，国民に開かれた法廷（「**公開の裁判**」憲法37条1項）で，検察官による刑事責任の追及に対して被告人にも反論の機会が十分保障された裁判を受けることができるべきで，法律専門家である弁護士によって援助されることも保障される（憲法37条3項）。

紛争解決の手続と国民の司法参加

私たちが犯罪を行ったとして処罰が決定されるのは刑事裁判手続を経なければならないが，かつては，刑事裁判手続は法律専門家の手にのみゆだねられていた。そのため，刑事裁判の過程は国民にわかりにくいなどの批判もあった。そこで，刑事裁判の手続に，国民の健全な社会常識を反映させるため，国民が裁判官とともに責任を分担して，裁判内容の決定に関与することができる参加制度（「**裁判員制度**」）が導入されることになり，2009年5月21日から裁判員制度がスタートした。裁判員制度では，一定の刑事事件（死刑または無期の懲役・禁錮（2022年6月17日，刑法改正により無期拘禁刑となる）にあたる罪に関する事件など。裁判員法2条）について，裁判員に選ばれた一般市民6人が裁判官3人と一緒に刑事裁判手続で合議によって決定（評決）を行うことになる。裁判員は18歳以上の国

民から選ばれるから，私たち市民が刑事裁判にかかわる日が来ている。ただし，学生は，裁判員を辞退することが認められている。

　他方，刑事裁判とは異なり，民事裁判は個人間のもめごとを解決する唯一の方法ではない。裁判以外にも紛争解決の方法はある（ADR→第6章 *3*）。しかし，裁判以外の方法では有効適切な解決がはかれない場合や，相手方が交渉に応じない場合には，裁判を起こすことができる。公平中立な立場の裁判官が進める公開の法廷で，当事者が平等の立場で主張や証明を行い，法的規準に基づいて紛争の解決がはかられるという，裁判を受ける権利が保障されているのである（憲法32条）。さらに，判決を通じての紛争解決だけではなく，公開の法廷でくり広げられる弁論活動自体も第三者や社会に対して影響力をもちうるもので，このような裁判の影響力を期待して裁判を提起する現代型訴訟もみられる。また，民事裁判への国民の参加も，部分的ではあるけれど，進んできている。たとえば，簡易裁判所の民事裁判では，**司法委員**が和解に関与したり，審理に立ち会って意見を述べることがある。また，家庭裁判所での人事訴訟（家族紛争に関する裁判手続）でも，**参与員**が審理や和解の試みに立ち会って意見を述べることがある。これらの司法委員や参与員は毎年あらかじめ裁判所によって民間人から選任された者の中から，事件ごとに指定される。

⓭ 外国人と人権

日本にいる外国人の
状況

国際化の時代といわれている現在，日本国内でも多くの外国人に出会うようになった。もちろん日本にいる外国人といっても，留学生，日本で働いている人，さらには日本の植民地支配という歴史的状況のもとで，日本で生活することになった在日韓国・朝鮮人など事情はさまざまだ。外国人という言葉は日本人との区別のために用いられるが，法的には，人種や民族などに基づくのではなく，**国籍**を基準とし，日本国籍をもたない人が外国人ということになる。日本国籍を取得できる条件については国籍法に定められていて，出生や認知により（原則として親が日本人の場合。国籍法2条・3条）または**帰化手続**（4条）によって日本国籍を取得する。

日本にいる外国人の数が増えているように感じられるとはいえ，在留外国人数は日本人の人口との比較で約2.3％（2020年末）にしかすぎず，他の国と比べると決して多くはない。これは，日本が外国人の定住に消極的であることや，外国人が日本で仕事をすることを制限し，単純・非熟練労働者を受け入れない政策をとっていることによる（外国人労働者問題→第3章4）。そこで，外国人が日本に滞在するためには，日本に滞在する目的に応じて，活動範囲や在留期間に制限を受けた在留資格が必要となる。しかし，在留資格を失った後にも，日本に滞在し，日本で働いている外国人がかなりの数に上る（2022年1月1日現在の不法残留者は6万6759人）。このような**オーバーステイ**（超過滞在）となった人に対しては，罰則を定めたり日

本からの強制退去の手続を定めているため，オーバーステイで働く人は「不法就労者」とよばれ，法律上不安定な立場に置かれている。しかし，在留資格がどうであろうと，外国人が買い物をしたり，アパートを借りたり，会社に勤めたりする場合の私人間の関係では問題ない。つまり，日本の民法や労働基準法が適用される（この点について定めているのが「法の適用に関する通則法」という法律である）。したがって，契約違反があれば責任追及ができ，交通事故にあえば損害賠償請求もできる。それでは，これ以外の権利，とくに憲法が保障している基本的人権も外国人に保障されるであろうか。この点については，権利の性質上日本国民に限られるものを除いて，外国人にも保障されると考えられているが，どのような権利が外国人に保障されるかには議論がある。

生存権　　憲法25条が定める生存権の保障として，生活保護や社会保険，社会福祉といった社会保障制度が国の責任で実現されているが，外国人にも生存権の保障が及ぶであろうか。以前は生存権の保障は自国民に対する国家の責任と考えられ，否定的考え方が強かった。しかし，人間として生きていく上で生存権は根源的権利であり，日本社会の一員としてともに労働し生活する外国人にも当然に保障されるべきであるとの考え方に変わりつつある。従来の社会保障制度の中には日本国籍をもつ者だけを対象とすることを明示する（「国籍条項」）ものも多かったが，**国際人権規約**や**難民条約**への加入に伴って，一連の国籍条項が削除され，外国人も国民健康保険や国民年金への加入が可能とな

り，児童手当などの受給もできるようになった。しかし，生存権の保障にとって最後の砦となる生活保護については，外国人には恩恵的に認められるにすぎないという取扱いになっている。

<hr>

選挙権・公務就任権 国や地方自治体の政策決定や，政策の遂行に参加する権利，広い意味での参政権（選挙権・被選挙権，公務就任権など）が外国人にも認められるであろうか。この点，公職選挙法（9条・10条），地方自治法（18条・19条）が選挙権・被選挙権を日本国籍をもつ者に限っており，また，公務員の任用についても国籍条項を定めている場合が多いことから，否定的に考えられていた。これは，「国籍」を国家への忠誠義務を意味するものととらえ，また，「国民主権」の原理は日本国民のみが政治的決定に参加することができることを意味していると理解することによる。しかし，永住資格をもつ外国人を中心に選挙権等の要求が高まり，裁判上の主張も多くなっている（国政選挙については，最高裁判所1993年2月26日判決・1998年3月13日判決，地方選挙については，最高裁判所1995年2月28日判決）。そこで，とくに，地方選挙については，地域社会の構成員として生活している住民に，日常生活に密着する問題についての意思決定への参加を認めている地方自治の本旨から，地域社会でともに生活している定住外国人に選挙権を認めることは憲法上許されるという考え方が有力となっている（政党レベルで，「永住外国人地方選挙権付与」法案の国会上程も行われているが，膠着状態にある）。他方，公務就任権についても，地方公務員の任用について，一定の制限つきで国籍条項を廃止する動きがある（川崎市など）。

14 コンピューター社会と法

消費者のする電子契約

現在の社会は，急速に電子化・IT 化しており，そのことが法の世界にも大きく影響してきている。たとえば，コンサートのチケットをインターネットで買うなどのように，個人消費者がコンピューター上でいわゆる電子契約をすることも珍しくない。その際に，クリックを誤るなどの操作ミスで，契約をする意思がないのに誤った申込みをしたりするトラブルも急増した。しかし民法 95 条の錯誤による取消しが認められるためには，表意者（この場合は消費者）に重大な過失がないことが要求されている（同条 3 項）。そこで 2001 年 12 月に施行された電子消費者契約法（現在の正式名称は，「電子消費者契約に関する民法の特例に関する法律」）は，事業者対消費者の契約において，事業者が画面中の意思確認ボタンなどの確認措置を提供しておかなかった場合は，民法 95 条 3 項を適用しないと定めた（電子消費者契約法 3 条）。

← インターネットでの詐欺的商法の例として，無料サイトであるとうたっておきながら，18 歳以上かどうかを 2 度クリックさせ，意思確認をしたのだから有料サイトの視聴料金を払えと請求するというものがある。これは明らかにこの法律の要求する手続は経ていないものであり，放置しておくのがよい（返信すると自分のパソコンの情報を悪用される場合もある）。

電子的な本人確認

コンピューター上の契約では，相手が本当にその人本人であるかの確認がむずかしく，いわゆる「なりすまし」が行われる可能性がある。一般に消費者の

するインターネット上の契約では，メールアドレスと暗証番号程度で本人であることの確認をしているが，それらは他人に知られたり，推測されたりする可能性があり，確認手段としてまだ十分なものではない（最近，インターネットバンキングでは，この本人確認手段の不十分さにつけこむ犯罪が多い）。さらに本格的に間違いを防ぐためには，「電子署名」といって，コンピューターで送る契約書などの電子文書を，送信者本人の「秘密鍵」（情報を暗号にするやり方）でいったん暗号化し，それを相手方に与えた「公開鍵」で復元するという方法がとられる。そしてさらに，相手方に「公開鍵」を送ったのがまぎれもなく本人であることを第三者が証明するのである。このような通信当事者以外の第三者（認証機関）が行う証明業務を「電子認証業務」とよぶ。以上のしくみについては，「電子署名及び認証業務に関する法律」が 2001 年 4 月から施行されているのだが，最近の電子契約の普及にともない，当事者双方の電子署名を付す負担が重いとか，法人の電子署名ができない等の欠点が指摘され，法改正も望まれている。

身近なコンピューター利用犯罪

たとえば，家に泥棒が入って，銀行預金通帳が盗まれたとする。けれども，キャッシュカードは自分でもっていたし，銀行に登録してあるハンコは無事だったので安心していた。ところが，翌日何者かが銀行の窓口で全額を引き出していた。実は泥棒は，通帳のハンコの押捺面（副印鑑）をデジタルカメラで撮影していたのである。そしてそれをコンピューターに取り込んで，銀行に備え付けの

払戻請求書に印刷して，通帳と一緒に窓口に提示して払戻しを受けていた。専門の銀行員が規定どおりに印鑑照合をしても，まったく違いがわからない。このような犯罪が多発して，現在，多くの銀行では，通帳上に登録印鑑の印影（副印鑑）をつけないようにしているのだが，とにかく通帳と印は一緒に保管しないことが望ましい。さらに偽造や盗難のキャッシュカードによるATMからの預金引き出しの犯罪とその対策についてはすでに述べた（→34頁）。

またある人は，料理店でごく普通にクレジットカードで支払をした。ところが数日後，そのまま手元にあるそのカードで，何者かに数十万円の買い物をされてしまった。実は，この料理店のレジにあるカードを通す機械の中に，カードの中のデータを読み取る装置が取り付けられていて，それを取り付けた何者かが，離れたところから無線でその情報を読み取り，まったく同じ内容のカードをコンピューターで偽造していたのである（スキミングとよばれる）。このようなケースでは，カード使用の際のサインが本人のものと明らかに異なっているなどの事情があれば，カード所有者は支払をせずにすむ場合が多いが，最近では，暗証番号が要求されるICカードにするなどの対策も進められている。

コンピューターウイルスに関する犯罪

さらに，他人のコンピューターに誤作動をさせたりする，いわゆるコンピューターウイルスの作成や提供，取得等については，2011年6月に刑法が一部改正され，「不正指令電磁的記録に関する罪」が設けられた。

登記の電子化 | もちろん，コンピューターによってもたらされる利便も多い。民事法の関係でいえば，土地や建物を売買したりした場合にその権利を第三者に対抗するための不動産登記（→第1章**4**）については，2004年に法改正があり，電子化が実現した。また，法人が金銭債権を譲渡する場合については，すでに1998年に，民法で定められた第三者対抗要件（確定日付のある証書による，債務者への通知または債務者の承諾。民法467条2項）に代わる，磁気ディスクに多数の譲渡情報を入れてこれを電子的に登記する債権譲渡登記の方法を定めた債権譲渡特例法（2005年から動産譲渡登記制度も創設して動産債権譲渡特例法）という法律ができ，登記の電子化の第1号となり，現在広範に使われている。

個人番号制度 | 日本政府は，2001年はじめに，わが国が世界最先端のIT（情報技術。最近ではICT〔情報通信技術〕と表現することも多い）国家になるという目標を打ち出した。しかし現状では，日本は世界のトップクラスに入るとはいいがたい。

　すでに2002年8月には，全国の区市町村と各都道府県が，専用回線を通してコンピューターで結ばれ，住民基本台帳法に関する事務の処理や国の行政機関等に対して本人確認情報の提供を行うための「住民基本台帳ネットワークシステム」が稼働し，国民の住民票にコード番号が付された。これはさして活用可能性の広がるものではなかったが，2013年5月に，国民全員に個人番号を付与して広く行政事務の効率化を図ることを目的とした，「行政手続における

特定の個人を識別するための番号の利用等に関する法律」（いわゆる
マイナンバー法）が成立した。これによって，2015年10月から，国
民一人ひとりに，12ケタの個人番号（マイナンバー）が通知され，
年金，雇用保険，医療保険の手続，生活保護や福祉の給付，納税申
告手続など，法律で定められた事務について，この個人番号が利用
されることになった（民間事業者でも，社会保険，源泉徴収事務など法
律に定められた範囲に限り，個人番号を取り扱うことができる）。ただ，
マイナンバーカードの普及率は思うように上がらず，政府は，2021
年3月から，マイナンバーカードを健康保険証として利用できる制
度を開始し，2023年4月からはすべての医療機関・薬局で同カー
ドによる受診等が可能になる予定である。さらに2023年2月まで
の予定で，同カードの取得を促進するためのポイント事業も実施し
ている。

**IT化社会からDX化
社会へ**

ここで，政府が最近採用しているDX（デ
ジタル・トランスフォーメーション）化とい
う言葉を紹介しておこう。これは，ビジネ
ス社会の改革を対象にした概念である。まず単純な「デジタル化」
というのは，「デジタイゼーション」と呼ばれ，アナログのビジネ
スのやり方をデジタルに変えること，つまりたとえば作業の自動化
やペーパーレス化，オンライン会議の実施などを指す。これに対し
て「デジタル・トランスフォーメーション」とは，総務省の解説に
よれば，デジタル技術の活用による新たな商品・サービスの提供や，
新たなビジネスモデルの開発を通して，社会制度や組織文化なども

変革していくような取組みを指す概念である。まだ一般に理解が浸透しているとはいいがたいが，政府はすでに「IT化基本法」と呼ばれた法律（高度情報通信ネットワーク社会形成基本法）を廃止して，「DX化基本法」（デジタル社会形成基本法，2021年9月1日施行）に置き換えている。

知的財産法の発展

コンピューター化が進んでいく中で，特許権，商標権，著作権などの知的財産権（無体財産権ともいう）に関する法分野が急速に重要になってきていることも，覚えておきたい。これは何も国際的なライセンス契約のような大がかりな問題だけではない。身近な例でいえば，カラオケで歌う1曲ごとに音楽著作権使用料が発生し，カラオケ店から著作権協会を通じて著作者に支払われているのである。

また，商品のデザインやロゴマークなども，意匠登録（意匠法）や商標登録（商標法）によって保護される。最近では，外国で先に他者に登録をされてしまってその商品が販売できなくなるなどのトラブルもある。

コンピューター化社会のリスクとマナー

情報通信技術の進歩は，人々の生活に利便をもたらすとともに，さまざまな危険や紛争をもたらす。たとえば，特定の相手にだけ送ったつもりの写真がインターネットに流出した場合，たとえ流出させた加害者がそれなりの処罰をされたとしても，流出し拡散した情報それ自体はなかなか消しきれず，被害が続いてしまう。これ

が，最近，個人情報保護の観点から「忘れられる権利」として議論され始めている問題である。

　さらに，インターネット上の情報の多くは簡単にいわゆる「コピーアンドペースト」ができてしまうため，学生のレポートから研究者の論文まで，他者の文章や資料が安易に盗用されるケースが増えている。これらは，刑事上の犯罪や民事上の不法行為になるものも多いし，そこまでに至らないものでも，それぞれの分野での「不正行為」として糾弾されるものもある。著作権侵害にあたるいわゆる剽窃はもちろんのこと，他者の成果物の安直な利用は慎むべきである。

　もっと身近な例を挙げれば，授業で教員がスクリーンに映し出すパワーポイント画面も，その作成者の著作物である。ノートを取るかわりに許可なく画面をスマートフォンなどで撮影して利用することは，してはいけない。その上，パワーポイントの画面を（前後の文脈も示さずに）誤解を招くようなコメントをつけてSNSで拡散することは，立派な不法行為になりうる。最近，そのような事案で，教員に対する名誉毀損を認めて学生に損害賠償を命じた裁判例も登場している。

　法の世界は生きている。発展していく社会の中で，法は，人々を守る存在でなければならないが，その社会の発展を阻害するものになってもいけない。また，我々は自分自身を律することをせずに法の保護を頼ってもいけない。つまり法を学ぶことは，「法の世界の中で生きる自分」を意識し，向上させていくことに他ならないのである。

参 考 文 献 (2023年3月現在)

第1章　日常生活と契約

❖池田真朗著『スタートライン債権法〔第7版〕』（日本評論社，2020年）

❖大村敦志著『新基本民法1総則編〔第2版〕・2物権編〔第2版〕』（有斐閣，2019年）

❖藤岡康宏他著『民法Ⅳ－債権各論〔第5版〕』（有斐閣，2023年）

第2章　日常生活とアクシデント

❖窪田充見著『不法行為法－民法を学ぶ〔第2版〕』（有斐閣，2018年）

❖宮下修一他著『消費者法』（有斐閣，2022年）

第3章　雇用と法

❖小畑史子＝緒方桂子＝竹内（奥野）寿著『労働法〔第4版〕』（有斐閣，2023年）

❖野川忍著『わかりやすい労働契約法〔第2版〕』（商事法務，2012年）

❖野川忍編『レッスン労働法』（有斐閣，2013年）

第4章　家族関係

❖二宮周平著『家族法〔第5版〕』（新世社，2019年）

❖犬伏由子＝石井美智子＝常岡史子＝松尾知子著『親族・相続法
〔第3版〕』(弘文堂，2020年)

❖高橋朋子他著『民法7―親族・相続〔第6版〕』(有斐閣，2020年)

第5章　企業と法

❖大塚英明著『会社法のみちしるべ〔第2版〕』(有斐閣，2020年)

❖伊藤靖史他著『会社法〔第5版〕』(有斐閣，2021年)

❖中東正文他著『会社法〔第2版〕』(有斐閣，2021年)

第6章　紛争の解決

❖市川正人＝酒巻匡＝山本和彦著『現代の裁判〔第8版〕』(有斐閣，
2022年)

❖川嶋四郎他編『はじめての民事手続法』(有斐閣，2020年)

❖佐藤鉄男他著『民事手続法入門〔第5版〕』(有斐閣，2018年)

第7章　法学フラッシュ

❖宍戸常寿他編『法学入門』(有斐閣，2021年)

❖初宿正典他著『いちばんやさしい憲法入門〔第6版〕』(有斐閣，
2020年)

❖井田良著『基礎から学ぶ刑事法〔第6版補訂版〕』(有斐閣，2022年)

❖椋野美智子他著『はじめての社会保障〔第20版〕』(有斐閣，2023年)

❖犬伏由子他編著『レクチャージェンダー法』(法律文化社，2021年)

❖茶園成樹編『知的財産法入門〔第3版〕』(有斐閣，2020年)

索　引

本書では，学習の便宜を図るため，通常の五十音順の事項索引ではなく，親となる項目について五十音順に並べたうえで，関連する言葉や，近接概念などを子項目としてひとまとまりに置いてある。

また，参照してほしい項目があるときには，次のような印を付けてあるので大いに活用してほしい。

　　▲＝〔　〕に参照してほしい親項目を示してあるので，そこから関連項目を調べることができる。

　　▼＝そのことばは親項目として別途掲載しているので，そこから関連項目を調べることができる。

なお，本書でふれている法令等については，最後にまとめてある。

な　行

ま　行

や　行

【有斐閣アルマ】

法の世界へ〔第9版〕

1996 年 3 月 30 日 初 版第 1 刷発行	2012 年 3 月 10 日 第 5 版第 1 刷発行
2000 年 3 月 20 日 第 2 版第 1 刷発行	2014 年 10 月 5 日 第 6 版第 1 刷発行
2004 年 3 月 10 日 第 3 版第 1 刷発行	2017 年 3 月 20 日 第 7 版第 1 刷発行
2005 年 2 月 28 日 第 3 版補訂第 1 刷発行	2020 年 3 月 30 日 第 8 版第 1 刷発行
2006 年 2 月 20 日 第 4 版第 1 刷発行	2023 年 3 月 30 日 第 9 版第 1 刷発行
2009 年 4 月 10 日 第 4 版補訂第 1 刷発行	2024 年 1 月 20 日 第 9 版第 2 刷発行

著　者	池田真朗　犬伏由子　野川 忍　大塚英明　長谷部由起子
発行者	江草貞治
発行所	株式会社有斐閣
	〒101-0051 東京都千代田区神田神保町 2-17
	https://www.yuhikaku.co.jp/
装　丁	デザイン集合ゼブラ＋坂井哲也
印　刷	大日本法令印刷株式会社
製　本	大口製本印刷株式会社
装丁印刷	株式会社亨有堂印刷所

落丁・乱丁本はお取替えいたします。定価はカバーに表示してあります。
©2023, 池田真朗・犬伏由子・野川忍・大塚英明・長谷部由起子.
Printed in Japan ISBN 978-4-641-22212-0